Self Travel Guide 지금, 여행 시리즈 **Planner Stickers**

MY TRAVEL PLAN

Day 1

Day 2

Day 3

Day 4

Day 5

MY TRAVEL PLAN

Day 1

Day 2

Day 3

Day 4

Day 5

지금, 대마도

지금, 대마도

지은이 한수진
펴낸이 임상진
펴낸곳 플래닝북스

초판 발행 2017년 11월 25일

2판 1쇄 인쇄 2018년 11월 5일
2판 1쇄 발행 2018년 11월 15일

출판신고 1992년 4월 3일 제311-2002-2호
10880 경기도 파주시 지목로 5(신촌동)
Tel (02)330-5500 Fax (02)330-5555

ISBN 979-11-6165-515-4 13980

저자와 출판사의 허락 없이 내용의 일부를
인용하거나 발췌하는 것을 금합니다.
저자와의 협의에 따라서 인지는 붙이지 않습니다.

가격은 뒤표지에 있습니다.
잘못 만들어진 책은 구입처에서 바꾸어 드립니다.

www.nexusbook.com

나만의 맞춤 여행을 위한
완벽 가이드북 15

지금, 대마도

한수진 지음

Daemado

prologue

《지금, 대마도》가 나오기까지 참으로 사연이 많습니다. 《지금, 규슈》 초고에서는 26개의 도시를 다루었기에 대마도 즉, 쓰시마시対馬市 한 도시만이니 정말 만만히 본 것입니다. 금방 끝날 줄 알았는데 반전의 연속이었죠. 보면 볼수록 볼거리가 많았고, 쓰면 쓸수록 쓸거리가 많았기 때문입니다. 게다가 지난해 말부터 한국 여행객들이 급속히 늘어 지난주에는 없던 터널이 뚫리고, 한 달 전에는 없던 건물이 서 있으며, 음식점이 단체 손님들을 받느라 더 이상 개별 손님을 받지 않는 등 정신 못 차리게 할 정도로 변화가 빨랐습니다. 취재 여행 다녀올 때마다 고치고, 또 고치고, 다시 고치고. 책을 내려면 적당한 시점에서 정리를 해줘야 하는데 이게 참 어려웠던 대마도입니다. 게다가 보면 볼수록 새로움이 가득하고, 알면 알수록 궁금해지는 여행지이기도 하니 말입니다.

《지금, 대마도》 취재 여행 또한 만만치 않은 여정이었습니다. 계획했던 취재 여행이 태풍 때문에 무산된 것이 여러 번이며, 배가 뜰까 싶어 수시로 날씨 정보만 계속해서 열어 본 날도 여러 날이었습니다. 무사히(?) 배는 탔는데 기상 악화로 하루 종일 들통으로 들이붓듯 비가 와서 호텔방만 지켰던 적도 있었습니다. 좋은 사진 건지겠다는 욕심에 지글거리는 돈짱에 새 카메라 들이대고 신나게 찍다가 기름 범벅으로 속상했던 일도 있었습니다. 계획했던 사진 한 장 찍으려고 먼 길 여러 번 갔었는데 결국 그 사진은 책에서 빠지기도 했었죠. 원하는 스케줄로 배 예약이 가능하면 렌터카가 없고, 렌터카가 되면 호텔방이 없는 일도 다반사였습니다. 쉽지 않은 취재 여행이었지만 그래도 감사한 것은 한국으로 되돌아가는 게 아쉬울 정도로 뭔가 쉬어가는 듯한 충전 파워를 얻은 것입니다. 그래서 공식적인 취재 여행이 끝났음에도 불구하고 오늘 또 선박을 뒤져 보고, 렌터카를 찾아보고 있습니다.

취재 여행 중 한 번은 여동생이 동행했습니다. 여동생의 여행 스타일은 관광보다는 휴식 위주인데 무엇이 동생에게 매력적이었는지 대마도는 참 재미있는 곳이라고 다음에도 또 같이 가자고 하더군요. 그래서 조카에게 대마도의 역사도 보여줄 겸, 내년 휴가 때 대마도 캠핑 여행, 렌터카 여행, 낚시 여행을 일찌감치 계획해 봅니다.

《지금, 대마도》를 쓰면서 이 책이 많은 사람에게 정말 큰 도움이 되었으면 좋겠다는 생각을 하면서 한편으로는 너무나 빠르게 변화하는 대마도의 여행 환경에 대한 걱정을 합니다. 여행 작가 한 사람이 홀로 대마도를 보기에는 볼거리, 먹거리, 즐길 거리가 너무나 많았습니다. 그러한 정보들은 발 빠른 업데이트를 필요로 합니다. 대마도에서는 더욱더 빛의 속도로 바뀌기 때문이죠. 《지금, 대마도》는 저 한 사람의 책이 아닌, 대마도를 여행하는 여행자 모두가 함께 만드는 가이드북이 되었으면 합니다. 저의 블로그나 이메일을 통해 《지금, 대마도》에서 잘못된 점은 질책해 주고 바뀐 정보는 알려 주며 더욱 좋은 가이드북으로 거듭날 수 있도록 아낌없는 격려를 부탁드립니다. 《지금, 대마도》의 시작은 여행 작가 한 사람이지만 대마도를 여행하는 모든 여행자가 만드는, 대마도 최고의 가이드북이 되었으면 좋겠습니다.

끝으로, 마감이 늦어져 긴장의 나날을 보내셨을 정효진 과장님, 항상 꼼꼼함과 세심함으로 좋은 책을 만들어주셔서 감사합니다. 《지금, 대마도》의 근사한 디자인을 해주신 디자인팀에게도 감사 말씀 드립니다. 홍보와 마케팅 직원들 역시 고맙습니다. 딸내미가 어떤 것을 하던 간에 커다란 지지로 힘이 돼 주신 부모님, 내 몫의 일까지 도맡아 해주었던 동생에게도 감사함을 전합니다. 무엇보다도 하나님께 감사기도 드립니다.

《지금, 대마도》가 여러분의 대마도 여행에 최고의 여행 동반자가 되기를 바랍니다.

여행 작가 뚜껑이 함수진

지금, 대마도 책 활용법

하이라이트

《지금, 대마도》에서 보고, 먹고, 즐겨야 할 것들을 모았다. 대마도의 매력 포인트를 하나하나 확인하면서 대마도를 미리 여행하는 기분을 만끽해 보자.

추천 코스

지금 누구와 떠나든 모두를 만족시킬 수 있는 여행 코스를 제시했다. 자신의 여행 스타일에 맞는 코스를 골라 따라하기만 해도 만족도, 편안함도 두 배가 될 것이다.

지역 여행

지금 여행 트렌드에 맞춰 대마도를 크게 3개의 지역으로 나눠 지역별 핵심 코스와 관광지를 소개했다. 코스별로 여행을 하다가 한 곳에 좀 더 머물고 싶거나 혹은 그냥 지나치고 다른 곳을 찾고 싶다면 지역별 소개를 천천히 살펴보자.

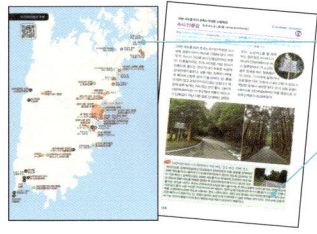

지도 보기 각 지역의 주요 관광지와 맛집, 숙소 등을 표시해 두었다. 종이 지도의 한계를 넘어서, 디지털의 편리함을 이용하고자 하는 사람은 해당 지도 옆 QR코드를 활용하자.

팁 활용하기 직접 다녀온 사람만이 충고해 줄 수 있고, 여러 번 다녀온 사람만이 말해 줄 수 있는 알짜배기 노하우를 담았다.

추천숙소

대마도에는 편리하고 깔끔한 호텔부터 머물기만 해도 여행이 되는 민박이나 민숙까지 다양한 종류의 숙소가 있다. 더불어 각 지역에서 숙소를 선정하는 좋은 팁과 숙소 선택 시 유의해야 할 점들까지 모두 담았다.

여행 정보

대마도 기본 정보뿐만 아니라 대마도 여행 준비부터 입·출국하기, 항구에서 시내로 들어가기, 교통 패스, 노선버스, 렌터카 활용하기까지 대마도 여행의 처음부터 끝까지 필요한 노하우를 담았다.

지도 및 본문에서 사용된 아이콘

- 관광 명소
- 쇼핑
- 식당
- 커피숍
- 항구
- 버스
- 호텔
- 온천
- 기념비
- 해수욕장
- 공원
- 박물관
- 관공서
- 관광안내소

이 책에 대해 알아두기

- 호텔 및 민박이나 민숙 등은 1인당 요금으로 소비세를 포함한다. 최저가를 표기하므로 그 이상의 요금으로 예산을 책정해야 무리가 없다.
- 시간표는 평일을 기준으로 한다. 주말 및 공휴일의 경우 운행 대수, 시간표 변경이 있을 수 있다. 사전에 반드시 확인해야 한다.
- 지명이나 인명은 외래어 표기법에 준한다. 즉, 가미소花海莊는 카미소가 아닌 가미소, 구타久田 지역은 쿠타 지역이 아닌 구타 지역 등이다. 단, 버스 정류장의 표기는 여행자의 편의를 위해 소리나는 대로 표기했다.
- 추천 코스 중 트레킹 코스의 시라다케, 조야마 정상 사진은 나가사키현 관광연맹에 저작권이 있다.

contents

하이라이트

대마도에서 꼭 가 봐야 할 명소 BEST 12
대마도에서 꼭 찾아봐야 할
우리나라 관련 유적지 BEST 18
대마도에서 꼭 먹어 봐야 할 음식 BEST 22
대마도에서 꼭 사야 할 마트 아이템 BEST 26
대마도에서 꼭 사야 할 의약품 아이템 BEST 30
대마도 액티비티 BEST 7 34

추천 코스

당일치기 쇼핑 여행 66
1박 2일, 렌터카 여행 68
2박 3일, 대마도 완전 일주 여행 70
2박 3일, 캠핑 여행 73
2박 3일, 트레킹 여행 76
3박 4일, 아이와 함께하는 역사 여행 78

지역 여행
이즈하라항과 주변 85
히타카쓰항과 주변 135
기타 지역 161

추천 숙소
일본 숙소에 대한 TIP 197
이즈하라항 주변 199
히타카쓰항 주변 208

여행 정보
대마도 기본 정보 214
대마도 여행 준비 217
대마도 여행 준비물 220
부산항 국제여객터미널 가기 222
입출국 준비하기 224
대마도 들어가기 225
시내 들어가기 227
대마도 내에서의 교통편 228
여행 회화 242

Daemado

하이라이트 7
대마도

대마도에서 꼭 가 봐야 할 명소 BEST
대마도에서 꼭 찾아봐야 할 우리나라 관련 유적지 BEST
대마도에서 꼭 먹어 봐야 할 음식 BEST
대마도에서 꼭 사야 할 마트 아이템 BEST
대마도에서 꼭 사야 할 의약품 아이템 BEST
대마도 액티비티 BEST 7

대마도에서 꼭 가 봐야 할
명소 BEST

티아라 TIARA ティアラ MAPCODE 526 139 118

대마도에서 가장 큰 복합 쇼핑센터. 레드 캐비지 슈퍼마켓을 비롯해 캐릭터 문구 잡화점, 100엔 숍 등이 있다.

조선 통신사의 비 朝鮮国通信使之碑
MAPCODE 526 139 053

1992년 2월 조선 통신사의 업적을 기리고자 한일 조사단이 세운 비다.

덕혜옹주 결혼 봉축 기념비 德惠翁主結婚奉記念碑
MAPCODE 526 139 078

1931년 덕혜옹주는 영어 학자이자 시인이었던 쓰시마 번주 후손 백작과 결혼하나 정신병을 앓고 딸이 실종되는 등 불행한 생활을 하다가 이혼 후, 1962년 우리나라로 돌아와 낙선재에서 여생을 보냈다.

미야타니 지구 무사 가옥 宮谷地区武家屋敷
MAPCODE 526 139 748

지체 높은 가신들이나 상급 무사들의 가옥이 있던 곳이 바바스지 거리고, 그 뒤쪽에 하급 무사들의 가옥이 있던 곳이 미야타니 지구다. 화재를 막기 위해 방화벽으로 사용된 돌담길을 볼 수 있다.

이사리비 공원 漁火公園 MAPCODE 526 140 269

밤에는 오징어 배 불빛, 새벽에는 일출을 볼 수 있는 곳이다. 탁 트인 잔디밭 끝으로 바다가 연결돼 무한한 해방감을 맛볼 수 있다. 겨울을 제외한 기간 중 오전 10시부터 오후 8시까지 운영하는 족탕 또한 인기 있다.

이시야네 石屋根 MAPCODE 526 188 213

화재를 막기 위해 지붕을 돌로 만든 창고다. 습기를 방지하고 야생 동물의 침입을 막기 위해 바닥을 지면에서 띄운 것이 특이하다.

아유모도시 자연공원 鮎もどし自然公園
MAPCODE 850 550 119

공원 내에 있는 구름다리에서 바라보는 세가와의 풍경이 그야말로 절경이다. 아유모도시 자연공원이 위치한 다테라산은 천도 신앙의 성지로 천연 화강암 산지이자 원시림이 장관을 이루는 곳이다.

쓰쓰자키 豆酘崎 MAPCODE 850 365 104

대마도 최첨단 지역으로, 해류의 흐름이 빠르고 암초가 많아 어장이 풍부해 낚시 포인트로도 유명하다. 특이하게 이곳에서는 우리나라 휴대 전화로 통화할 수 있다.

미우다 해수욕장 三宇田海水浴場 MAPCODE 539 898 671

1996년 일본의 물가 백선 日本の渚·百選에 뽑힌 해수욕장으로, 에메랄드빛 바다에 고운 모래사장이 있어 우리나라 여행자들에게 인기가 높다. 히타카쓰항 국제터미널에서 차로 5분 거리라 당일치기 여행으로도 많이 방문한다.

도노사키 공원 殿崎公園 MAPCODE 539 899 273

러일 전쟁 때 일본 연합 함대에 패전한 러시아 발틱 함대의 병사들이 상륙한 장소로, 일본해 해전 기념비와 '평화와 우호의 비'가 있다. 동백나무 길이 있어 트레킹 코스로도 유명하다.

아지로의 연흔 網代の漣痕
MAPCODE 539 837 403

모래와 점토로 이루어진 바위가 파도의 침식과 바람의 풍화로 인해 물결 모양으로 변한 곳으로 푸른 바다를 배경으로 신비한 분위기를 자아낸다.

한국 전망소 韓国展望所 **MAPCODE** 972 068 849

우리나라 여행자들이 가장 많이 방문하는 곳. 탑골 공원 팔각정과 부산항 국제여객터미널 입구의 문을 본떠 만들었다. 날씨가 좋은 날에는 부산의 산과 아파트가 보인다.

도요포대 유적 豊砲台跡 **MAPCODE** 972 098 475

도요포대는 1934년 세계 최대의 박격포였던 전함 아카기 주포를 가져와 만든 것으로, 한 번도 발사된 적이 없으나 그 위용이 일본을 방어하기에 부족함이 없었다고 전해진다.

슈시 단풍길 舟志のもみじ街道 **MAPCODE** 539 591 776

39번 국도 변을 따라 흐르는 슈시강 주변 7km 구간을 '슈시 단풍길'이라고 부른다. 우리나라 단풍철 같은 모습은 아니지만 곳곳에 붉게 물든 모습이 아름답다. 가을이 아니어도 삼림욕 삼아 가 볼 만하다.

다이렉스 | 미쓰시마점 ダイレックス美津島店
MAPCODE 526 323 600

저렴한 상품가로 우리나라 여행자들에게 인기 있는 대형 마트이다. 이즈하라 중심가에서 1일 26회 운행하는 버스 때문에 편리하게 이용할 수 있다. 5,401엔(소비세포함) 이상 구매 시 면세(Tax Free)가 되니 여권을 준비해가자.

드러그스토어 모리 | 미쓰시마점 ドラッグストアモリ美津島店
MAPCODE 526 383 135

다이렉스와 가격 비교 후 구매하면 좋을 만큼 이곳 역시 가격이 저렴한 편이다. 매장이 깔끔하고 시원스럽게 배치돼 있어 아이쇼핑하기에도 좋다. 이곳 역시 5,401엔(소비세포함) 이상 구매 시 면세(Tax Free)가 된다.

와타즈미 신사 和多都美神社 **MAPCODE** 526 772 110

일본의 용궁 신화에 나오는 도요타마히메와 그의 남편을 모신 신사다. 5개의 도리이가 바다와 육지를 연결하는데 그중 2개가 밀물이면 바다에 빠져 신비스러운 장관을 연출한다.

만관교 万関橋 **MAPCODE** 526 477 329

1900년 대마도 서쪽에 있던 군함을 동쪽으로 빠르게 옮기기 위해 하나의 섬을 나눠 인공 해협을 만든 곳에 설치된 붉은색 다리다.

만제키 전망대 万関展望台 **MAPCODE** 526 477 739

만관교가 바라보이는 언덕에 세운 전망대다. 저 멀리 만관교를 비롯해 주변 바다의 정취를 감상하기 좋다.

에보시다케 전망대 烏帽子岳展望台 MAPCODE 526 743 367

전망대 주변이 탁 트여 360도 조망이 가능하기 때문에 일출과 일몰을 함께 볼 수 있다. 전망대에서 바라보는 풍경이 너무 근사해 자리를 떠나고 싶지 않을 정도다. 대마도에서 가장 인기 있는 전망대로 언제나 사람들로 북적인다.

사오자키 공원 棹崎公園 MAPCODE 539 788 896

푸른 수목 사이로 산책로가 잘 정비돼 있고, 곳곳에 러일 전쟁 관련 군사 시설이 있어 의외로 볼거리가 많다. 일본 최북서단의 비 또한 이곳에 있다. 바다 옆에 무료 캠프장이 있어 캠프와 낚시를 즐길 수 있다.

쓰시마 야생 생물 보호 센터 對馬野生生物保護センター
MAPCODE 539 789 751

우리나라 살쾡이(삵)에 해당하는 쓰시마 야마네코에 대한 전시관이다. 일본의 국가 지정 천연기념물인 쓰시마 야마네코는 현재 100여 마리밖에 없어 쓰시마 야마네코를 보면 운이 좋다는 이야기를 할 정도로 희귀하다.

센뵤마키산 千俵蒔山 MAPCODE 539 822 082

산 정상에 두 개의 풍력 발전기가 있는 곳이다. 거센 바람과 커다란 풍력 발전기의 위용에 두려움마저 느껴지지만 그 경치가 볼 만해 산을 오르게 한다. 가을에는 억새들이 지천이라 이 또한 절경이다.

대마도에서 꼭 찾아봐야 할
우리나라 관련 유적지 BEST

조선 통신사의 비 朝鮮国通信使之碑 **MAPCODE** 526 139 053

1607년부터 1811년까지 12회에 거쳐 일본을 방문한 외교 문화 사절단인 조선 통신사를 기리는 비

가네이시성 유적 金石城跡
MAPCODE 526 139 105

조선 무역을 확대했던 쓰시마 3대 번주가 1665년에 세운 성

덕혜옹주 결혼 봉축 기념비
德惠翁主結婚奉記念碑
MAPCODE 526 139 078

1931년 덕혜옹주와 쓰시마 번주 후손의 결혼을 축하하기 위해 현지 우리나라 사람들이 세운 비

만송원 萬松院
MAPCODE 526 139 100

쓰시마 번주 일가들의 무덤이 있는 곳. 조선 국왕이 쓰시마 번주에게 하사한 삼구족이 있는 곳

이즈하라 하치만구 신사
厳原八幡宮神社
MAPCODE 526 139 329

삼한 정벌, 임나일본부설 등 일본 역사 왜곡의 중심에 있는 진구 황후가 세운 신사

나카라이 도스이관
半井桃水館
MAPCODE 526 140 366

일본 최초의 특파원으로 춘향전을 번역한 나카라이 도스이 기념관

바바스지 거리 馬場筋通り
MAPCODE 526 140 451

조선 통신사가 번주의 거성으로 갈 때 행차하던 길

사지키하라성의 고려문
桟原城の高麗門
MAPCODE 526 140 843

조선 통신사의 행렬을 맞이하던 문

슈쿠보 쓰시마 서산사
宿坊対馬西山寺
MAPCODE 526 109 684

조선과의 외교 문서 작성, 조선 통신사와의 교류, 조선 무역 감시 등을 담당했던 이테이안이 있던 곳

수선사 修善寺
MAPCODE 526 110 732

백제의 비구니인 법묘 스님이 창건한 절로, 의병을 일으켜 대마도로 유배된 최익현 선생의 비가 있는 곳

국분사 国分寺
MAPCODE 526 140 255

조선 통신사의 숙소이자 쓰시마 번주의 접대 장소였던 곳

오후나에 유적 お船江跡
MAPCODE 526 079 097

쓰시마 번주의 선착장이자 조선 통신사 역시 이용했던 곳

가미자카 공원 上見坂公園
MAPCODE 526 259 676

덕혜옹주 남편, 소 다케유키宗武志의 시비가 있는 전망대

고모다하마 신사 小茂田浜神社 MAPCODE 526 218 639
고려와 원나라(몽골)가 대마도를 정벌하기 위해 두 차례 전투를 한 지역

쓰쓰 豆酘
MAPCODE 850 427 486
우리나라 사람들이 건너가 마을을 이룬 것이라는 전설이 있는 곳

다쿠즈다마신사 多久頭魂神社
MAPCODE 850 427 507
2012년 10월 우리나라 절도단에 의해 도난당한 고려 대장경과 함께 고려 시대 금북이 있는 곳

한국 전망소 韓国展望所
MAPCODE 972 068 849
한국식으로 지어진 전망대로, 부산이 보이며, 역관사 순난 추도비가 있는 곳

긴의 큰 은행나무 琴の大銀杏
MAPCODE 539 505 300
1,500년 전 백제로부터 전해져 온 일본에서 가장 오래된 은행나무

고후나코시 小船越
MAPCODE 526 628 346
서쪽과 동쪽 바다에 있는 배들을 육지로 이동시켰던 곳. 견당사와 견신라사의 배 또한 이용한 곳

매림사 梅林寺
MAPCODE 526 628 475
2014년 11월 한국인에 의한 도난 사건이 있었던 절로, 통일 신라 시대 탄생불과 14세기 대반야경이 있는 곳

기사카 해신 신사
木坂海神神社
MAPCODE 539 154 278

2012년 10월 우리나라 절도단이 훔쳐 갔던 통일 신라 시대 불상이 있는 곳

원통사 円通寺
MAPCODE 539 134 533

조선 전기 통신사로 조선과 대마도의 무역에 지대한 공을 세웠던 이예의 공적비가 있는 곳

센뵤마키산 千俵蒔山
MAPCODE 539 822 082

우리나라조선시대에봉화를올렸던 곳으로, 조선과 대마도를 오갔던 배들의이정표가됐다.

이국이 보이는 언덕 전망탑
異国の見える丘展望塔
MAPCODE 539 822 473

이국 즉, 우리나라가 보이는 바닷가 전망탑

사스나 마을 佐須奈地区 MAPCODE 539 797 359
에도 시대 조선 통신사가 대마도에 왔을 때 처음 도착했던 항구이자 일본으로부터 고구마가 전래된 항구

대마도에서 꼭 먹어 봐야 할
음식 BEST

회 刺身, さしみ

대마도 주변 바다는 어장이 풍부해 어느 음식점을 가도 맛있는 회를 먹을 수 있다. 활어회보다는 숙성회가 많은 편이라 생선 고유의 맛을 느낄 수 있다. 민숙이나 민박집에서도 회를 포함한 해산물이 다양하고 풍부하게 식사로 제공된다. 히타카쓰항 중심가에 있는 미나토 스시みなと寿司나 산라쿠 스시三楽寿し 등이 있다.

아나고 穴子, あなご

도요타마마치에 있는 아나고테이あなご亭나 히타카쓰항 국제터미널에서 가까운 스시토코로 신이치すし処 慎一에서 맛볼 수 있다. 우리말로는 '붕장어'로 회는 물론 구이, 조림, 튀김, 찜, 초밥, 아나고카쓰 등 다양한 음식으로 만들어져 미각을 자극한다. 특히 아나고테이는 수산 가공 회사를 운영하고 있으며 일본 전체에서도 아나고 전문 요리집으로 이름이 나 있다.

로쿠베 ろくべえ

대마도 향토 요리 중 하나인 로쿠베는 툭툭 끊어지는 식감이 다소 낯설긴 하지만, 부드러움과 쫄깃함을 함께 느낄 수 있어 한 번 맛보면 가끔 기억나는 음식 중 하나다. 생김새는 우리나라 올챙이 국수와 비슷하며 고구마 전분을 자연 발효시킨 후 센단고라는 경단으로 만들어 채에서 뽑는다. 3대째 가업을 이어 온 노포인 란테이らん亭는 공장제가 아닌 수작업으로 만들기 때문에 그 어느 곳보다도 맛있고 제대로 된 로쿠베를 맛볼 수 있다.

이리야키 いりやき

대마도 향토 요리 중 또 다른 유명 음식으로 이리야키 いりやき가 있다. 생선이나 닭으로 육수를 만들어 각종 해산물과 표고버섯, 야채, 소면이나 메밀국수를 넣어 끓여 먹는 전골 요리다. 사스나마을에 있는 소바 도장 아가타노사토 そば道場あがたの里 등 몇몇 음식점에서는 이리야키소바를 팔기도 한다. 이리야키에 대마도산 메밀로 만든 소바를 넣은 것으로 우리 입맛에도 잘 맞는다. 이즈하라 쪽에 있다면 쓰시마 병원에서 가까운 소바 도장 미쓰시마점 そば道場美津島店에서도 맛볼 수 있다.

돈짱 とんちゃん

돈짱은 양념 돼지고기의 일종으로, 대마도에 정착한 한국인들에 의해 전해진 음식을 현지인들의 입맛에 맞게 변형시킨 것이다. 대마도 대부분의 음식점에서 돈짱 정식 또는 돈짱덮밥을 판매한다. 야보텐 やぼてん에서는 직접 구워 먹을 수 있다. 우리나라 입맛에도 잘 맞는다.

돈가스 豚カツ, とんカツ

일본식 돈가스는 우리나라에서도 흔한 메뉴지만 일본 여행에서 빼놓을 수 없는 먹거리다. 사스나 마을에 있는 갓포레 かっぽれ의 돈가스는 우리나라에서 찾기 힘든 비주얼로 살코기 부분이 매우 두툼하며 육즙이 가득하다. 고기 한 덩어리를 그대로 튀겼기 때문에 사람에 따라서는 제거하지 않은 비계 부분이 다소 익숙하지 않을지 모르나 순살과 어우러져 오히려 부드러운 맛을 만든다.

오므라이스 オムライス

오므라이스는 일본화된 서양식 요리 중 하나로, 오믈렛(omelette)에 밥이 들어가 있는 형태다. 편의점 도시락 중 인기 메뉴일 정도로 대중화돼 있다. 오므라이스는 밥에 햄과 야채 그리고 토마토케첩을 넣어 볶은 다음 그 위에 계란을 얇게 펴서 감싼다. 웬만한 음식점에는 오므라이스가 거의 다 있다. 구타 지역에 있는 G 카페 Gカフェ 오므라이스는 좀 색다른데, 오므라이스가 국물과도 같은 소스 안에 잠겨 있어 보기와는 달리 덜 느끼하고 덜 빡빡해 술술 잘 넘어가며 한층 업그레이드된 오므라이스를 맛볼 수 있다.

나가사키짬뽕 長崎ちゃんぽん

뽀얀 국물에 각종 해산물을 넣어 시원한 국물 맛이 일품인 나가사키짬뽕을 나가사키현에 속해 있는 대마도에서도 맛볼 수 있다. 약간 짠 듯한 느낌이 있지만 국수 반, 해물 반이라고 표현해도 될 정도로 해물이 풍부해 먹는 재미가 있다. 가이칸식당かいかん食堂 역시 나가사키짬뽕이 유명한데 이곳뿐만 아니라 웬만한 음식점에서는 나가사키짬뽕을 팔기 때문에 손쉽게 맛볼 수 있다.

하카타라멘 博多ラーメン

대마도는 후쿠오카로부터 항공과 배로 연결되기 때문에 나가사키현에 속해 있지만 후쿠오카 생활권에 더 가깝다. 이러한 이유로 일본 라멘 중 하카타라멘 집이 여러 군데에 있다. 히타카쓰항 중심가의 마루후쿠 라멘マルフクラーメン, 이즈하라 중심가의 쿄토 잇케이 라멘京都いっけいラーメン, 미쓰시마마치 쇼핑 스트리트의 하루짱 라멘春ちゃんラーメン 등이 유명하다. 하카타라멘은 돼지뼈를 장시간 고아서 만든 국물에 쫄깃쫄깃한 가는 면발을 넣고 파, 목이버섯, 차슈チャーシュー라는 간장 조림한 돼지고기를 얹었는데 진한 국물이 의외로 우리나라 입맛에 잘 맞는다.

카스마키 かすまき

에도 시대 조선 통신사와 함께 에도에 다녀온 쓰시마 번주의 무사 귀환을 축하하고자 만들기 시작한 대마도의 명물 중 하나다. 얇게 편 카스텔라 판에 검은색 혹은 흰색 팥소를 넣어 돌돌 말아 만든다. 카스텔라의 부드러움과 달지 않은 팥소가 은근히 조화롭다. 제대로 된 카스마키를 맛보려면 전문 제과점을 찾는 것이 낫다. 슈퍼마켓이나 대형 마트에서도 판매하지만 공장제라 아무래도 맛이 덜하다. 와타나베 과자점渡辺菓子舗과 흰색 팥소 카스마키의 원조인 에사키타이헤이도江崎泰平堂가 유명하다.

붕어빵 たい焼

우리나라 인기 길거리 간식 중 하나인 붕어빵을 대마도에서도 만날 수 있다는 것이 신기하다. 사실 붕어빵의 역사를 일본은 메이지 시대(1868~1912)요, 우리나라는 일제 강점기로 보고 있으니 어쩌면 일본의 붕어빵이 우리나라에 전래된 것일 수도 있다. 우리나라에서는 붕어빵, 일본에서는 도미빵たい焼[타이야키]이라 부르는데, 이는 양국의 대중적인 어종이 다르기 때문이지 않나 싶다. 우리나라의 붕어빵은 검은 팥소 위주인 반면 일본의 붕어빵은 다양한 재료를 넣는데 원통사 앞의 나가도메카시텐永留菓子店 역시 검은 팥소와 흰 팥소 두 가지를 사용한다. 우리나라에 없는 흰 팥소 붕어빵은 잼과 같은 식감에 단맛이 적어 배부르게 집어먹게 된다.

야키소바빵 焼きそばパン

일본 고유의 제빵으로 빵 위 혹은 빵 사이에 볶음국수를 얹은 빵을 말한다. 짭짤한 야키소바 덕분에 느끼하지 않게 빵을 먹을 수 있으며 한 끼 식사로도 훌륭하다. 가격이 비교적 비싸지 않은데다가 휴대하기도 좋아 학생들 간식으로도 인기가 높다. 사실 야키소바빵은 단순히 빵 위에 볶음국수를 올려 놓는 것이 아니다. 야키소바의 수분으로 인해 빵이 축축해지면 안 되므로 빵의 부드러움이 살아 있으면서도 야키소바가 너무 퍽퍽하지 않게 만들어야 한다. 야키소바빵은 일본 제과점들의 인기 메뉴인데 히타카쓰 중심가에 있는 포에무ポエム 할머니 빵집의 야키소바빵은 그야말로 예술이다.

블루베리 롤케이크 ブルーベリー ロールケーキ

우리나라에도 고급 제과점들이 많아 일본의 낙도落島인 대마도까지 가서 어떤 빵을 사 먹으라고 할 필요는 없겠지만 빵을 좋아하거나 간식으로 빵을 사고 싶다면 지나칠 수 없는 제과점이 있다. 대마도에서 가장 유명한 제과점인 야마다쇼게쓰도山田松月堂는 어느 빵을 먹더라도 부드러우면서도 촉촉한 빵 맛을 느낄 수 있지만 특히 블루베리 롤케이크는 빼놓지 말아야 할 인기 넘버원 빵이다.

쓰시마 햄버거 対馬ハンバーガー

일본은 일찍이 수제 버거가 유명한데 수제 버거 하면 사세보를 떠올리지만 쓰시마의 햄버거도 우리나라 여행자들에게는 먹방 필수 코스로 자리 잡을 만큼 인기가 있다. 오후 늦게 가면 재료가 떨어져 먹지 못할 확률이 높으니 쓰시마 햄버거가 목적이라면 이즈하라 중심가에서는 친구야&키요Chinguya & Kiyo, 히타카쓰항 중심가에서는 친구야부터 들르는 것이 낫다. 부드러운 빵에 촉촉한 햄버거 패티와 아삭한 양배추, 거기에 다른 곳에서는 찾아볼 수 없는 오징어의 쫄깃함이 입맛을 사로잡는다.

대마도에서 꼭 사야 할 마트 아이템 BEST

곤약 젤리 蒟蒻畑 [콘야쿠바타케]

곤약 젤리는 여러 가지 종류가 있지만 만난라이프マンナンライフ에서 만든 곤야쿠바타케蒟蒻畑가 단연 최고다. 일본 간식 아이템 중 쇼핑 1순위로 그 맛과 식감이 타사의 추종을 불허한다. 곤약 젤리는 탄성과 미끈함으로 인해 어린이나 나이 드신 분이 드실 때 목이 막히지 않도록 주의해서 섭취해야 한다.

고로로 コロロ [코로로]

과일 맛이 나는 과일 모양 그대로의 젤리다. 2017년 5월부터 편의점을 통해 우리나라에서도 판매하고 있지만 여전히 인기 쇼핑 아이템 중 하나다. 고로로는 마트마다 가격 차이가 많아 대량 구입한다면 비교해 구입하도록 한다.

킷캣 녹차 맛 キットカット抹茶 [킷토캇토 맛차]

해외 쇼핑 아이템 중 인기 있는 것들은 거의 수입돼 더 이상 희소성을 띤 제품은 아니지만 특가 행사를 많이 하니 눈에 띈다면 한두 개쯤 담아와도 좋다.

마카다미아 초콜릿 マカダミアチョコレート [마카다미아 초코레토]

부드러운 초콜릿 속에 숨어 있는 마카다미아의 아삭함은 아몬드나 땅콩과는 사뭇 다르다. 아몬드 초콜릿과는 현지 가격에 있어서 크게 차이가 없으나 우리나라에서는 고가에 판매되기 때문에 선물용으로 좋다.

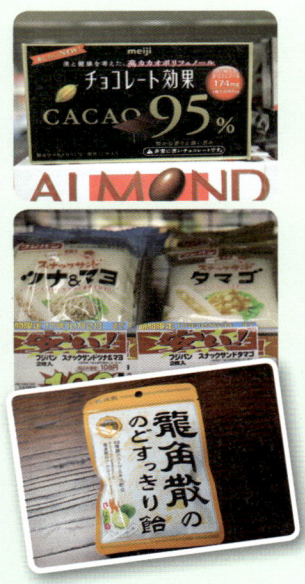

카카오 95% チョコレート効果カカオ95%
[초코레토코카카오쿠쥬고파센토]

카카오에는 폴리페놀이라는 성분이 들어 있어 피로 회복, 노화 방지, 동맥 경화 예방 등에 효과적이다. 발행 초기에는 99%도 있었으나 지금은 72%, 86%, 95%만을 생산하고 있다.

샌드위치 サンド [산도]

일본 맥도날드의 햄버거 빵을 공급하는 후지판フジパン의 산도(샌드위치의 준말)들이다. 편의점 및 마트에서 판매하는데 제과점 못지않다. 햄 달걀, 참치마요, 야키소바, 달걀 샌드위치 등 다양한 종류가 있다.

용각산 목캔디 龍角散の のどすっきり飴
[류카쿠산노 노도숫키리칸]

각종 생약으로 만든 용각산은 에도 시대부터 이어 온 유서 깊은 약품인데, 용각산을 생산하는 회사에서 만든 목캔디다. 제품에 따라 시콰사나 레몬, 벌꿀, 허브 등을 배합해 만들었다.

매운 명란 과자 辛子明太子大型揚せん
[카라시멘타이코오가타아게센]

후쿠오카의 특산물 중 명란明太子이 있는데 명란 노포인 야마야やまや의 제품으로 만든 명란 맛 과자다. 달달하고 짠 튀김 과자에 매운맛을 첨가해 맥주 안주로도 그만이다.

팝핀 쿠킹 ポッピンクッキン [폽핀쿡킨]

화장품, 뷰티 케어, 과자, 식품, 한방 의약품에 이르기까지 다양한 제품을 생산하고 있는 크라시에クラシエ에서 만드는 유아 및 어린이용 과자다. 아는 교육 과자知育菓子[치쿠카시]로 불리는데 직접 만들어 먹는 재미가 있어 아이 선물로 좋다.

인절미 과자 ふんわり名人 きなこ餅 [훈와리메이진 키나코모찌]

흔히 인절미 과자, 콩가루 과자 등으로 불린다. 입에 넣는 순간 사르르 녹을 만큼 부드럽다. 콩고물은 홋카이도산을 사용했다. 부피가 크고 잘 부서지기 때문에 포장에 유의해야 한다.

호로요이 ほろよい [호로요이]

산토리サントリ에서 만든 3%의 알코올이 들어 있는 음료. 호로요이는 현재 14개 맛이 출시 중인데, 수시로 계절 한정판을 출시하거나 맛을 조금 변경하는 등 다양한 시도를 하고 있다. 우리나라에서도 일부 제품이 판매 중이나 가격이 현지의 3배 정도라 대마도 여행 시 호로요이만을 잔뜩 사가는 여행자들도 많다.

추하이 酎ハイ, チューハイ [츄하이]

추하이의 일종인 호로요이가 히트를 치자 각 주류사에서 여러 가지 추하이를 제조하고 있다. 호로요이의 맛이 다소 부드러운 반면, 타 제품은 동일한 3% 알코올 지수를 유지하면서 다소 강한 맛을 내는 등 다양한 입맛의 소비자에게 어필하고 있다.

드립 커피 ドリップコーヒー [도롯푸코히]

다양한 종류의 1회용 드립 커피를 판매하고 있다. 가격도 저렴한 편이라 커피를 즐겨 마신다면 필수 쇼핑 아이템이다. 간단한 조립으로 카페 커피 못지않은 맛과 분위기를 연출할 수 있다. 우리나라에서도 많이 판매하고 있는데 가격 차이가 천차만별이니 출발 전 비교해 쇼핑하는 것도 나쁘지 않다.

명란 파스타 소스 明太子パスタソース [멘타이코파스타소스]

서양식이 발달한 일본에는 집에서 직접 해 먹을 수 있는 다양한 재료가 발달해 있는데 파스타 소스 역시 예외는 아니다. 파스타를 좋아한다면 각종 파스타 소스를 보는 것만으로도 즐거울 것이다. 명란 파스타 소스는 수프 형식으로 뿌리는 것과 레토르트 형식이 있다.

다마고 간장 たまごにかけるお醤油 [타마고니카케루오쇼유]

버터나 마가린을 넣은 밥에 계란을 얹고 간장으로 비벼 먹을 때 사용하는 간장이다. 달걀프라이 및 달걀국을 비롯해 어묵국, 각종 조림에도 잘 어울린다. 다마고 간장은 150ml, 300ml 소량으로만 판매하며 지인들에게 선물하기 좋다. 다마고 간장은 인기가 높아 싹쓸이 쇼핑의 대상이니 봤을 때 사는 것이 유리하다.

큐피 마요네즈 キューピマヨネーズ [큐피마요네즈]

1925년에 만든 일본 최초의 마요네즈다. 진하고 고소한 것이 한번 맛보면 이 제품만 찾게 된다. 1회용으로 포장된 제품도 있어 사용하기 편리하다.

카레 カレー [카레]

카레에 대한 일본인들의 애정은 각별하다. 메이지 시대 영국으로부터 전래된 카레는 편의점 도시락, 일반 음식점에서 빠짐없이 등장하는 메뉴이기도 하다. 카레는 대형 마트에서도 넓은 진열장을 전부 차지할 정도로 다양한 제품으로 출시돼 있다. 소고기가 들어 있는 레토르트 제품은 원칙적으로는 우리나라에 갖고 들어갈 수 없다.

수프 누들 スープヌードル [스프누도루]

니신식품日淸食品의 컵 누들カップヌードル은 1971년부터 판매된 세계 최초의 컵라면이다. 2006년 3월부터 발매된 수프 누들은 일본의 장기적인 불황을 타개하고자 만든 저가품이다. 오리지널 컵 누들보다 국수의 양이 적다. 간장, 카레, 해물 맛이 판매된다.

후리카케 ふりかけ [후리카케]

밥 친구御飯の友[고한노토모]라고 불리는 후리카케는 일본 비즈니스호텔 조식장에서 빠짐없이 만날 수 있을 만큼 일본 식사에서는 기본 반찬 중 하나다. 후리카케는 소금에 절인 각종 생선을 말린 보존식으로부터 발전했다. 후리카케 천국이라 할 정도로 다양한 제품이 출시돼 있다.

폰즈 ポン酢, ポンず [폰즈]

일본 조미료의 하나로 스다치, 레몬, 라임, 유자 등의 감귤류가 들어간 식초의 일종이다. 에도 시대 네덜란드로부터 전해져 스키야키 등 나베 요리 먹을 때 고기나 야채를 찍어 먹는 소스로 사용한다. 최근에는 다이어트할 때 샐러드에 뿌려 먹는 드레싱으로도 인기가 높다.

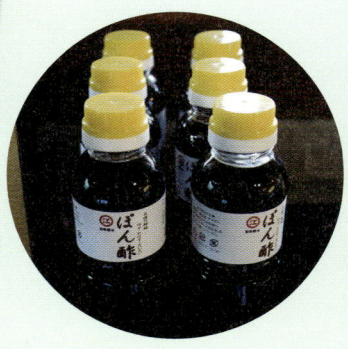

대마도에서 꼭 사야 할
의약품 아이템 BEST

캬베진 キャベジン [캬베진]

코와興和 사에서 만든 일본 국민 소화제이다. 손상된 위장의 점막을 회복하고 정상적인 위의 기능을 돕는다. 제2류 의약품.

오타이산 太田胃散 [오타이산]

캬베진과 쌍벽을 이루는 국민 소화제이다. 복통, 속쓰림, 소화 불량, 복부 팽창에 효과가 빠르다. 생약 성분의 가루약으로 되어 있다. 제2류 의약품.

로이히쓰보코 ロイヒつぼ膏 [로이히츠보코]

우리나라에서는 동전 파스라 불리는 직경 2.8cm 둥근 원형 파스다. 직경 3.9cm 대형도 있다. 제3류 의약품.

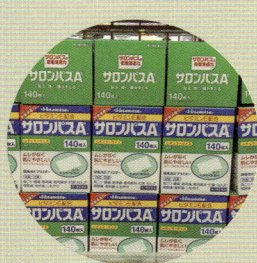

샤론 파스 サロンパス [샤론파스]

손가락이나 손목에 딱 맞는 크기로 관절통, 염좌, 근육통, 어깨 결림 등에 효과가 있다. 제3류 의약품.

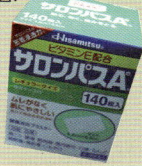

페이타스 5.0 フェイタス5.0 [훼이타스5.0]

일본 파스는 같은 회사, 같은 브랜드라도 배합하는 진통제가 다르다. 파스계의 1인자인 히사미스 제약久光製薬의 제품으로 통증 완화에 매우 효과적이다.

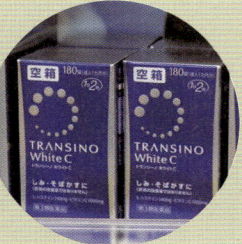

트란시노 화이트 C
トランシーノ ホワイトC
[트란시노 호와이토C]

기능성 미백 약품으로 기미, 주근깨 제거에 탁월한 효과가 있다. 제3류 의약품으로 한 달 이상 복용해야 한다. 트란시노 II는 보다 강력한 성분으로 제1류 의약품이다. 트란시노 II 구매 시 약사와 상담하는 것이 좋다. 노령자, 심장 관련 질환이 있는 사람은 복용에 유의해야 한다.

페아 ペア. PAIR [페아]

정식 명칭은 페아 아쿠네 크리무 W ペアアクネクリームW다. 성인 여드름 연고다. 여드름은 물론 뾰루지에도 효과적이다. 화장을 할 때는 세안 후 페아를 바르고 토너와 크림을 바르면 된다. 제2류 의약품.

세나큐아 セナキュア [세나큐아]

등에 나는 여드름 치료제다. 등쪽 여드름은 물론 얼굴이나 그 밖의 신체 부위에도 사용할 수 있다. 스프레이 타입이며 1일 2회 2주간 꾸준히 사용하면 된다. 제2류 의약품.

복숭아 잎 ももの葉 [모모노하]

약용 로션으로 보습 효과가 뛰어나다. 복숭아 잎과 알로에 성분을 함유하고 있으며 땀띠あせも [아세모], 여드름 등에 효과적이다. 신생아부터 성인까지 전 연령 사용 가능하다. 의약부외품.

부테나롯쿠 Vα ブテナロック Vα [부테나롯쿠브이알파]

증상 완화 및 무좀균 자체를 박멸하는 일본 제1의 무좀약이다. 연고, 액체, 스프레이 등 다양한 형태로 판매되어 범위 및 사용 편이에 따라 선택하면 된다. 1일 1회 바르기 때문에 편리하다. 제2류 의약품.

에쿠시부 エクシブ [에쿠시부]

발뒤꿈치와 발바닥 무좀 치료제이다. 맨발로 다니거나 샌들을 신을 때 발뒤꿈치가 갈라지거나 각질이 많으면 미용상 좋지 않고 아프고 불편한데 발뒤꿈치 무좀일 수 있다. 잘 씻은 후 1일 1회 도포한다. 제2류 의약품.

나이시토루 ナイシトール [나이시토루]

복부 지방 제거에 탁월한 생약 성분의 한방약이다. 지방의 분해 및 제거에 효과적인 18가지 한방으로 만들었으며 함유량에 따라 나이시토루 85(2,500mg), 나이시토루 G(3,100mg) 그리고 나이시토루 Z(5,000mg)로 나뉜다. 다이어트 보조제들은 위장에 무리를 줄 수 있으니 함량이 높은 것을 찾기보다는 약사와 상담 후 본인에게 맞는 것을 택하는 것이 좋다. 제2류 의약품.

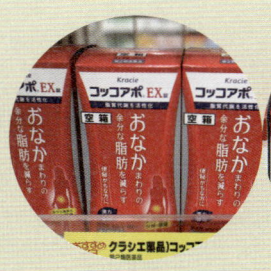  

콧코아포 コッコアポ [콧코아포]

3가지 종류가 있다. 복부 비만 및 변비에는 콧코아포 EX 인데 나이시토루와 마찬가지로 방풍통성산防風通聖散이 들어 있다. 스트레스로 살찌는 체질이라면 대시호탕大柴胡湯이 들어 있는 콧코아포 G다. 피로에 따른 신진대사가 문제라면 방이황기탕防已黃耆湯이 들어 있는 콧코아포 L이다. 제2류 의약품.

이노치노하하 命の母 [이노치노하하]

13가지 생약 성분과 11가지 비타민으로 만든 갱년기 치료제다. 호르몬 변화에 따른 우울감, 나른함, 어깨 결림, 스트레스 등을 완화시켜 준다. 부모님 선물로 추천하는 아이템이다. 제2류 의약품.

초코라BB프라스 チョコラBB プラス [초코라비비프라스]

B2 1일 최대량 함유. 여드름 제거 및 구내염에 우수하다. 제3류 의약품.

  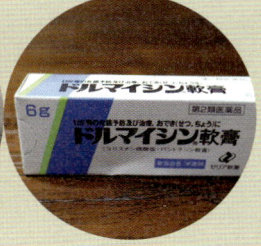

버퍼린 프리미엄

バファリン プレミアム, BUFFERIN PREMIUM [바파린 프레미아무]

진통제를 보면 특정 진통 성분 하나로 조제하는 경우가 대부분인데 버퍼린은 이부프로펜과 아세트아미노펜을 복합 처방했기 때문에 빠르고 강력한 진통 효과를 볼 수 있다. 위장 장애 억제도 우수하다. 제2류 의약품.

아레지온 アレジオン [아레지온]

감기 증상처럼 재채기를 하는 경우 역시 알레르기 비염의 일종이다. 보통 알레르기 비염약은 복용 후 잠이 오는데 타케이 에미가 광고하는 아레지온은 복용 시 졸리지 않아 더욱 더 인기다. 제2류 의약품.

도루마이신 연고 ドルマイシン軟膏 [도루마이신난고]

우리나라 후시딘, 마데카솔처럼 일본 국민 연고다. 창상, 화상, 염증뿐만 아니라 벌레 물린 데를 비롯해 벌레 예방에도 바를 수 있다. 특히 화상 연고라고 불릴 정도로 화상이나 종기 등에 탁월하다. 제2류 의약품.

무히패치 A ムヒパッチA
[무히팟치에이]

벌레 물렸거나 겨울철 가벼운 동상으로 인한 가려움증에 부치는 패치다. 호빵맨이 그려져 있어 아이들이 좋아한다. 어른도 사용할 수 있다. 제3류 의약품.

어린이 감기약
ムヒのこどもかぜシロップ
[무히노코도모카제시롯푸]

무히사에서 만든 호빵맨 종합 감기약이다. 딸기 맛과 복숭아 맛이 있어 어린이들이 잘 먹는다. 여행 중 혹은 캠핑 중에 참고할만하다. 콧물, 기침, 가래, 오한, 통증 등 제 증상에 쓸 수 있다. 만약 기침이 심하면 세키도메せきどめ, 콧물이 심하면 비엔鼻炎을 선택한다. 지정 제2류 의약품.

아이폰 W 비타민 アイボンW
ビタミン [아이폰W비타민]

눈이 가렵거나 이물감을 느낄 때 사용한다. 사용하기 다소 까다롭게 보이지만 습관이 되면 시원함과 청결함을 동시에 얻을 수 있는 제품이다. 뚜껑에 액체를 따라 눈에 대고 눈을 뜨면 된다. 만약 렌즈를 사용한다면 렌즈를 빼고 해야 한다. 제3류 의약품.

오로나인 H 연고 オロナインH
軟膏 [오로나인에이치난고]

일본에서 집에다가 하나쯤 두는 만능 연고다. 창상, 화상, 여드름, 피부병, 동상, 가벼운 무좀 등에 사용 가능하다. 단, 습진이나 벌레 물린 데는 사용을 피해야 한다. 제2류 의약품.

스피루리나 スポルリナ
[스피루리나]

스피루리나는 지구상에서 가장 오래된 해초류로서 고단백, 강알카리성 식품이다. 항산화, 콜레스테롤 저하, 면역 증진, 당뇨 조절 등에 효과가 있어 부모님 선물로 괜찮다. 일본 현지의 제품이 우리나라보다는 상당히 저렴한 편이다.

양명주 養命酒 [요메이슈]

1603년 도쿠가와 이에야스에게 헌상된 술이다. 알콜 지수 14도로 14가지 생약이 녹아 있는 일본의 약술이다. 손발이 차거나 안색이 좋지 않을 때, 식욕이 없거나 소화가 안 될 때, 피로 회복, 혈액 순환, 기력 증진 등 거의 모든 증상에 해당되는 보양주다. 부모님이나 어르신의 선물로 고려해볼 만하다.

액티비티 BEST 1 Daemado

대마도 여행의 기본
렌터카 여행

대마도의 주요 관광지들은 노선버스가 다니지 않거나 있더라도 연결이 나쁘기 때문에 우리나라 여행자들이 여행할 때 렌터카를 많이 이용한다. 대마도 렌터카 업체는 우리나라 사람이 직접 운영하거나 대마도 현지 업체를 연결해 주거나 혹은 전국적인 체인 렌터카 회사거나 운영 형태가 다양하다. 렌터카 업체를 선택할 때 자신의 여행 날짜에 가능하거나 요금이 저렴한 것을 먼저 보겠지만 시간적 여유가 있다면 보험 부분을 유의해서 비교하는 것이 좋다. 대마도는 89% 이상이 산악 지대로 도로가 매우 좁고 구불거리는 곳이 많고, 왕복 1차선 도로가 많아서 반대편 차선을 피해 주다 옆을 긁히는 사고가 많이 발생한다. 차선이 반대라 우회전할 때 크게 돌아야 할 것을 작게 돌아 반대편 차선으로 역주행하는 경우도 많다. 또한 시내를 제외한 대부분의 도로는 제한 속도가 40~50km/h인데 우리나라처럼 생각하고 과속하거나 마구잡이로 추월해 접촉 사고가 나기도 한다. 이 때문에 대마도에서는 사고로 인해 보험료가 인상될 수 있는 자차 보험에 가입하지 않거나 NOC(Non-Operation Charge, 영업보상대금)를 면제해 주는 NOC 보험이 적용되지 않는 렌터카가 많다. NOC 보험 가입이 불가한 렌터카를 이용할 경우 사고 시 차 수리비와는 별도로 주행 가능 시 2만 엔에서 주행 불가능 시 5만 엔까지 영업 손실 비용을 추가적으로 지불해야 하니 NOC 보험이 적용되는지 살펴보는 것이 필요하다.

🚙 친구야 렌터카

우리나라 여행사에서 '친구야' 카페와 함께 운영하는 렌터카로 대마도 여행자들 사이에서 인기가 좋아 예약하기가 쉽지 않다. 대인, 대물, 자손을 포함하고 있으면서 1일당 1,000엔으로 사고 시 고객 부담금이 면제되는 보험을 선택할 수 있다. 단, NOC 보험은 가입이 되지 않으므로 사고 시 주행 가능하면 2만 엔에서 주행 불가 시 5만 엔까지 추가 요금을 물어야 하니 운전에 주의를 기울여야 한다. 이즈하라와 히타카쓰에서 렌트가 가능하다.

홈페이지 japanrent.co.kr

🚙 오릭스 렌터카 オリックスレンタカー

오릭스 렌터카는 일본 대형 렌터카 업체 중 하나로, 일본 전역에 1,000여 개의 영업소를 갖고 있다. 대마도의 경우 이즈하라에 두 곳, 쓰시마 공항에 두 곳이 있다. 특히 이즈하라의 한 군데는 쓰시마 호텔에 있어 이즈하라 중심가에 투숙하면서 렌트할 때 편리하다. 단, 직원이 한국어를 못하기 때문에 처음 렌트하는 여행자라면 다소 불편할 수 있으나 한두 번 렌트해 본 경험이 있다면 크게 문제되지 않는다. 오릭스 렌터카는 인터넷으로 예약이 가능하며 예약 시점에 따라 할인이 되어 보다 저렴하게 이용할 수 있다. 오릭스 렌터카에는 사고 시 고객 부담금이 면제되는 면책 보상 제도(CDW)와 2~3만 엔의 NOC를 면제해 주는 렌터카 안심팩(RAP)을 가입할 수 있으며 렌터카 안심팩으로 타이어 펑크 수리비 및 타이어비까지 면제받을 수 있다.

홈페이지 car.orix.co.jp

🚙 버짓 렌터카 バジェット・レンタカー

버짓 렌터카는 미국의 세계적인 렌터카 회사인 에이비스 렌터카와 같은 그룹으로, 일본에서는 1985년부터 영업을 시작해 120여 개의 영업소를 갖고 있다. 버짓(budget)이라는 이름처럼 보다 저렴한 렌트비를 특징으로 하며 회원 가입할 경우 25% 할인이 된다. 대마도에는 쓰시마 공항, 이즈하라, 히타카쓰에 각각 1개씩 영업소가 있으나 반납은 같은 영업소로만이 가능하다. 버짓 렌터카의 보험은 면책 보상 코스 免責補償コース와 세이프티팩 코스セーフティパックコース가 있

는데 NOC 보험인 세이프티팩 코스의 경우 대마도에서는 가입이 불가능하다. 버짓 렌터카는 홈페이지를 통해 직접 예약하는 방법과 우리나라 여행사를 통해 예약하는 방법이 있는데 가격은 그리 차이나지 않는다. 각 예약 채널별로 차량 수가 배정돼 있으니 우리나라 여행사에서 예약이 안 되더라도 홈페이지에서는 예약이 가능할 수 있으니 여러모로 살펴보도록 하자.
홈페이지 budgetrentacar.co.jp

🚌 도요타 렌터카 トヨタ レンタカー

일본 렌터카 업계 1인자로 영업소나 차량 수가 일본 최대다. 도요타 렌터카는 일본 전역에 63개 렌트리스회사를 설립해 각 회사가 1,200여 개의 영업소를 각각 나누어 운영하고 있다. 대마도에는 쓰시마 공항점과 이즈하라점이 있으며 몇 개의 분류로 차량을 나누어 무작위로 배정된다. 만약 특정 브랜드 차량을 지정하고 싶다면 24시간당 540엔의 추가 요금이 있다. 도요타 렌터카는 대인, 대물, 자손, 탑승자 피해가 포함돼 있고, 면책 보상료와 NOC 보험을 별도로 가입할 수 있다. 도요타 렌터카는 렌트비가 다른 곳보다 비싼 편이며 우리나라 여행사, 렌터카 예약업체 등을 통할 때는 별도의 예약 대행 수수료를 받는다.
홈페이지 rent.toyota.co.jp

🚌 히토쓰바타고 렌터카

히토쓰바타고 렌터카는 버스 대절 사업을 겸하는 주식회사 야마다 株式会社ヤマダ에서 운영하고 있다. 렌터카 예약은 우리나라 여행사나 렌터카 예약업체 등을 통해 할 수 있으며 예약 대행 수수료가 있다. 히토쓰바타고 ひとつばたご 렌터카는 NOC 보험은 선택적으로 가입할 수 있으나 타차 보험만 가입돼 있고 자차 보험은 미가입돼 선택으로라도 가입이 불가능하다. 이런 경우 사고가 나면 자기 과실 혹은 상대방이 없을 때 렌터카 수리 비용은 본인이 부담해야 한다.

홈페이지 yamada-doboku.net/rentacar

렌터카를 탈 때 유의해야 할 점

❶ 일본 내비게이션은 전화번호 입력만으로도 목적지에 갈 수 있지만, 전화번호가 관리 부서인 관공서 전화번호라 다른 곳으로 안내할 수 있으니 가급적 맵코드를 이용하는 것이 낫다.

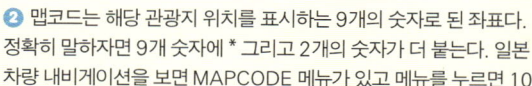

❷ 맵코드는 해당 관광지 위치를 표시하는 9개의 숫자로 된 좌표다. 정확히 말하자면 9개 숫자에 * 그리고 2개의 숫자가 더 붙는다. 일본 차량 내비게이션을 보면 MAPCODE 메뉴가 있고 메뉴를 누르면 10개 버튼이 나온다. * 버튼이 없어 당황하기 쉬운데, * 와 뒤의 숫자 2개는 정밀한 좌표로서 무시해도 된다. 즉, 맵코드는 9개의 숫자라고 기억하면 편하다. 인터넷 주소창에 'japanmapcode.com/ko'를 검색해서 원하는 장소를 넣으면 아래쪽에 맵코드가 나온다.

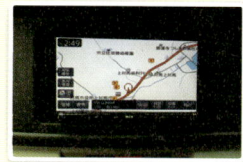

❸ 대마도 대부분의 렌터카는 내비게이션을 기본 장착하고 있다. 한국어도 지원이 되니 운전하기 어렵지 않다. 만약 한국어가 지원되지 않은 내비게이션이라면 휴대전화에 구글 좌표를 찍어 함께 보고 다니는 방법이 있다. 구글 좌표는 도보 여행자에게도 유용하며 지역 정보 각 관광지에 함께 기재돼 있다. 구글 좌표는 인터넷이 안 되는 곳에서도 GPS가 작동해 쓸 수 있는데 지도 확대는 안 된다. 인터넷이 연결되는 곳에서 사전에 미리 해당 지역을 확대해 놓으면 인터넷이 연결되지 않는 곳에서도 확대해 볼 수 있다.

❹ 내비게이션 종류에 따라 맵코드나 장소 입력 시 사이드 브레이크가 올라가 있지 않으면 입력이 불가능한 것도 있다. 주행 중에는 절대 수정이 안 된다.

❺ 내비게이션 종류에 따라 길 안내를 미리미리 하지 않고 갑작스럽게 나오는 경우가 있으니 주의해야 한다. 되돌려 다시 오더라도 무리해서 운전하지 않도록 한다.

❻ 5세 이하는 반드시 차일드 시트를 이용해야 렌트가 가능하다. 신생아용은 신생아~1세(10kg 미만), 유아용은 9~18kg(1~4세), 아동용은 15~36kg(4~10세) 등이 있으니 적절한 것으로 대여하도록 한다.

❼ 운전 중 정지止まれ[토마레] 표시에서는 무조건 섰다가 출발해야 한다. 우리나라와 차선이 반대이므로 좌우를 살펴보고 출발하는 것을 잊지 않도록 한다.

❽ 좌회전이던 우회전이던 해당 신호등이 점등되거나 파란불일 때 돌아야 한다. 특히 우회전 신호등이 없거나 차선이 없는 곳에서의 우회전은 교차로 중간에 기다리고 서 있다가 반대편 차선의 차들이 다 지나갈 때까지 기다린 후 돌면 된다.

❾ 일본을 렌터카로 여행하다 보면 특이한 모양의 마크를 단 차량들을 볼 수 있다. 70세 이상 노령 운전자를 표시하는 모미지もみじ 마크와 초보 운전자를 표시하는 와카바わかば 마크 등이 그것이다. 이들 마크를 단 차량을 추월했을 때 걸리면 교통 법규 위반이 되므로 주의해야 한다. 참고로 국제 운전면허증으로 운전하는 차들은 상대방이 알 수 있도록 국제 면허国際免許라는 스티커가 붙어 있는 경우도 있고 없는 경우도 있다.

❿ 모든 렌터카의 대여 기간 중 연료비는 본인 부담이다. 대마도는 연료가 가득 채워진 상태로 인수하고 가득 채워서 반납하는 것이 원칙이다. 렌터카 반납 시 반드시 가득 채워서 반납해야 하므로 반납 전 주유가 문제없도록 한다. 주유소에 가서 직원에게 "만땅滿タン"이라고 말하면 알아서 해 준다. 결제는 현금으로만 가능하다. 대마도 주유소들은 평일에는 오전 7시에서 오후 7시, 일요일 및 공휴일은 오전 8시에서 오후 6시까지 영업하며 일요일은 휴무인 곳도 있다. 참고로 2박 3일 일정이라면 적게는 2,000~3,000엔 많게는 5,000~6,000엔 정도 나온다.

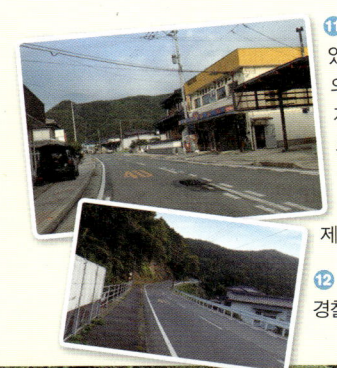

⓫ 대마도 대부분의 도로는 제한 속도가 50~60km다. 마을이 있는 곳은 30~40km다. 우리나라와 비교하자면 답답할 정도의 속도이나 운전을 하다 보면 더 달릴 수도 없다는 것을 느끼게 된다. 대마도는 도로 폭이 좁아 경차가 제일 적격이다. 경차의 배기량이 658cc이기 때문에 속도가 나지 않는다. 더욱이 에어컨이라도 틀었다면 약간의 오르막길에도 힘이 달려 에어컨을 꺼야 무리 없이 달릴 수 있다. 이러한 이유에서가 아니라도 제한 속도는 지키며 운전하도록 한다.

⓬ 대마도를 여행하다 보면 현지인 만나기가 쉽지 않다. 그런데 경찰차는 여러 번 보는 경우가 많다. 일본은 무엇보다 불법 주차,

음주 운전, 안전벨트 착용에 대한 단속이 엄격하다. 사고 발생 시 안전벨트 또는 어린이용 카시트를 착용한 사람에 한해 보험이 적용되므로 항상 운행 중에는 전 좌석 안전벨트를 착용한다.

⑬ 일본에서는 제네바 조약 가맹국에서 발행하는 국제 자동차 운전면허증이 필요하며 그 운전면허증에는 반드시 1949라는 연호가 각인돼 있다. 더불어 여권과 한국 면허증을 함께 지참하는 것이 좋다.

⑭ 우리나라 여행자들이 대마도에서 운전하다가 사고를 당하는 이유 중 하나는 반대편 차선의 차가 오고 있을 때 이 차가 지나갈 수 있도록 도로변으로 피하다가 차량을 긁히거나 도랑에 빠지는 경우다. 만약 사고가 발생했다면 상대방의 유무 및 긁힘이나 패임의 대소에 관계없이 사고로 처리되므로 경찰서에 연락(전화 110)해 필요한 수속을 해야 후일 사고를 증명할 수 있다.

⑮ 대마도 관광지의 주차장은 대부분 무료다. 이즈하라 중심가의 티아라는 쇼핑에 관계없이 90분까지 무료. 대마도를 여행하다 보면 웬만해서는 주차 때문에 고생하는 일이 거의 없는데, 만약 주차장이 아닌 곳에서 비상등을 켜고 서 있는 것을 경찰차가 보면 100% 주의를 받는다. 운 나쁘면 딱지를 뗄 수도 있으니 불법 주정차는 하지 않는 것이 좋다. 만약 불법 주차로 적발될 경우, 경찰서에 출두해 범칙금을 지불한 후 렌터카를 반납해야 한다. 반납 시 범칙금 지불 영수증 등의 서류를 영업소에 제시해야 한다. 만약 사정에 의해 범칙금을 내지 않고 렌터카를 반납한 경우, 영업소에서 범칙금을 지불 대행하며 추후 청구하게 된다.

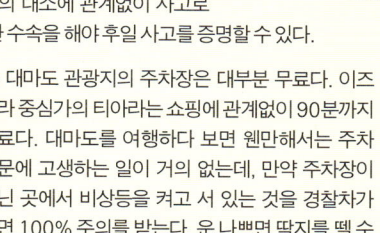

⑯ 렌터카 사고 발생 시 우리나라와 같은 빠른 처리는 없다고 봐도 무방하다. 일정이 망가지는 것은 한순간. 몸도 마음도 피로와 두려움에 지칠 수 있다. 사고 발생 시 여행은 끝이라는 생각으로 항상 안전 운전하도록 한다.

액티비티 BEST 2 Daemado

캠프장에서의 특별한 하룻밤
캠프장 여행

대마도는 2017년 10월 이후 5개 유료 캠프장을 비롯해 곳곳에 무료 캠프장들이 있다. 사용료나 대여비가 저렴한데다가 샤워실, 바비큐 시설 등이 무료다. 대마도는 어디를 가나 원시림을 방불케 하는 곳들이 많다. 자연을 거의 훼손하지 않고 잘 보존해 놓았기 때문에 한국인 입장에서는 캠핑하기 좋은 곳들이 많다. 넓은 잔디도 곳곳에 보이고 어디를 가나 화장실이 있다. 마치 대마도가 하나의 캠프장과 같이 느껴질 정도다. 하지만 텐트를 칠 좋은 장소가 있다고 해서 누가 뭐라고 하지 않는다고 해서 정해진 유·무료의 캠프장 외의 장소에서의 캠핑은 원칙적으로 불법이다. 그냥 넘어가는 경우도 많으나 누군가 신고를 하여 경찰이 출두하거나 단속에 걸리면 곧바로 텐트를 철거해야 한다. 숙박 시설도 부족한 대마도에서 곤란한 일이 생길 수도 있으니 되도록 지정된 캠프장을 이용하는 것이 좋다.

캠프장 이용 시 유의해야 할 점

❶ 2016년 10월 1일 쓰시마시 캠프장 홈페이지(www.camp-tsushima.jp)가 오픈하면서 대마도에 있는 5개 유료 캠프장 중 아유모도시 자연공원을 제외한 4개 캠프장이 인터넷으로 예약이 가능해졌다. 한국어도 지원하며 각 캠프장 시설의 예약 여부를 실시간 확인할 수 있어 편리해졌다. 단, 회원 가입에 있어서 한국어 사이트는 오류가 날 수 있기 때문에 일본어 사이트에서 가입하는 것이 낫다. 이용하고자 하는 캠프장 시설물에 대한 확정은 실시간이나 취소는 인터넷으로 불가한 경우가 있기 때문에 팩스 등을 이용해야 한다.

❷ 쓰시마 부산사무소 홈페이지(www.tsushima-busan.or.kr)에서 예약 신청서를 다운받아 팩스로 발송해 회신을 받을 수도 있다. 신청은 사용일 기준 2개월 전부터 가능하다. 만약 팩스가 없을 때는 모바일 팩스를 이용하면 된다. 휴대 전화에 있는 스토어에서 모바일 팩스를 치면 여러 개가 나오는데 가입비나 월정액 없이 휴대 전화 MMS 차감을 통해 팩스를 주고받을 수 있는 것들이 있다. 본인의 팩스 번호도 받을 수 있기 때문에 팩스 송수신 모두 문제가 없다. 팩스를 보낼 때는 일본어나 영어 혹은 한자로 표기를 하면 된다. 연락처는 82(우리나라 국가 번호), 10(휴대폰 식별 번호), 자신의 휴대폰 번호로 써 주면 된다.

❸ 캠프 예약 후 부득이하게 이용하지 못할 때는 반드시 취소(Cancel, キャンセル)해야 한다. 결항으로 인해 사용 불가일 때도 자동 취소가 되지 않기 때문에 반드시 취소 팩스를 보내야 한다. 그런데 비가 많이 오거나 바람이 셀 때는 텐트를 설치했어도 철수하게 하므로 기상이 좋지 않은 것을 사전에 알았을 때는 무리해서 강행하지 않는 것이 좋다.

❹ 캠프장 체크인, 체크아웃 시간은 반드시 준수해야 한다. 관리인이 상주하는 것이 아니므로 체크인 시간이 지나 도착했을 때는 이용하지 못할 수 있다. 체크인 시 일본 숙박법에 의해 외국인들은 무조건 여권을 복사해야 하기 때문에 사전에 사본을 준비해 가는 것이 좋다. 특히 캠프장에 따라 투숙객 전원의 여권 사본을 요구할 때도 있으니 일행 모두의 여권을 비상용으로 복사해 가는 것이 좋다. 캠프장 이용료는 현금으로만 가능하며 거스름돈은 주지 않으니 정액으로 준비하도록 한다.

❺ 무료 캠프장도 관리되고 있어 캠핑하는 데 나쁘지 않다. 하지만 전기가 공급되지 않거나 시기에 따라 물이 나오지 않는 등 시설이 다소 열악할 수 있다. 또한 주변에 인가가 없어 비상 시 문제가 될 수 있고, 안전에 유의를 기울여야 하는 점도 있다.

❻ 대마도 들어갈 때 가스는 반입 금지다. 가스는 캠프장에서도 판매하며 마트에서는 용량에 따라 700~1,200엔 정도다. 육류나 통조림, 햄, 소시지, 흙이 묻는 야채 또한 반입 금지다. 햇반이나 김치는 가져가도 되나 현지 마트에 다 있으니 짐이 무겁거나 번거롭다면 굳이 가져갈 필요 없다. 캠프 장비도 현지에서 대여 또는 저렴하게 판매하는 것도 있어 살펴볼 만하다.

❼ 대마도는 자연 그대로 보존해 놓은 곳들이 많아 우리나라 캠핑 환경과는 다소 차이가 있다. 특히 잔디밭에는 어른 손가락만 한 곤충들이 많고 무는 것들도 많다. 가려운 데 바르는 약, 모기 기피제, 모기약 등은 다른 어떤 것보다도 철저히 준비해야 여행 중 그리고 여행 후에 편안한 나날을 보낼 수 있다.

미우다 캠프장 三宇田キャンプ場 [미우다캄푸바]

주소 対馬市上対馬町西泊 1210 **mapcode** 539 898 884 **위치** ① 히타카쓰항 국제터미널에서 차로 5분 ② 이즈하라항 국제터미널에서 차로 100분 **시간** 5~10월(상설 텐트 구역), 5~3월(텐트 지참 구역)/13:00~17:00(체크인), 8:30~10:00(체크아웃) **요금** 3,600엔(6인용 상설 텐트[취사도구, 버너 포함, 18동 있음]), 1,500엔(텐트 사이트[15동 있음]), 500엔(6인용 취사도구 세트[18개 있음]), 500엔(바비큐 세트, 17개 있음), 500엔(침낭, 70개 있음), 700엔(가스), 600엔(숯 3kg[착화제 2개 포함]), 500엔(랜턴[건전지 4개 포함]), 100엔(쓰레기봉투[2장]) **홈페이지** camp-tsushima.jp(예약 가능) **전화** 0920-86-4678(관리동), 0920-86-4678(예약 Fax)

미우다 캠프장은 히타카쓰항 국제터미널에서 가까울 뿐만 아니라 바로 옆에 미우다 해수욕장三宇田海水浴場과 나기사노유渚の湯 온천이 있어 대마도 캠프장 중 우리나라 여행자들에게 인기가 많은 곳이다. 이곳은 상설 텐트 구역과 텐트 지참 구역이 분리돼 있다. 상설 텐트 구역에는 데크 위에 18동이 설치돼 있으며 매년 5월에서 10월까지 운영한다. 캠프장 한 가운데 개수대 및 바비큐 시설이 있어 자유롭게 사용 가능하다. 화장실은 상설 텐트 구역 입구에 있으며 캠프장 안으로의 자동차 진입은 불가하나 바로 앞쪽에 있는 나기사노유에 주차를 하면 되므로 그리 불편하지 않다. 다른 캠프장에 비해 잔디가 무성한 편이며 이로 인해 각종 곤충들이 많으니 벌레 물린 데 바르는 약, 모기약 등을 반드시 지참하는 것이 좋다. 텐트 지참 구역은 정자가 하나 있는 넓은 잔디며 원하는 장소에 텐트를 설치하면 된다. 이곳은 매년 4월에는 운영하지 않는다. 화장실은 미우다 해수욕장에 있는 것을 이용해야 하며 상설 텐트 구역 및 텐트 지참 구역 모두 샤워장은 미우다 해수욕장에 있는 것을 이용해야 한다.

🏕 신화의 마을 자연공원 神話の里自然公園 [신와노사토시젠코엔]

주소 対馬市豊玉町仁位 51-1 **mapcode** 526 742 857 **위치** ❶ 이즈하라항 국제터미널에서 차로 50분 ❷ 히타카쓰항 국제터미널에서 차로 80분 **시간** 13:00~16:30(연중 체크인), 10:00(체크아웃) **요금** 3,000엔(코티지[2인 기준, 1동 있음]), 2,000엔(오토 캠프장[8동 있음]), 3,000엔(오토 캠프장 6인용 상설 텐트[7~8월에만 이용, 2동 있음]), 1,500엔(텐트 사이트[8동 있음]), 1,000엔(5인용 텐트[6동 있음]), 5,000엔(6인용 텐트[2동 있음]), 500엔(침낭[50개 있음]), 200엔(샤워실[남녀 각 2실]) **홈페이지** camp-tsushima.jp(예약 가능) **전화** 0920-58-0123(관리동), 0920-58-1111(쓰시마시 나카쓰시마 진흥부 지역진흥과), 0920-58-0317(예약 Fax)

신화의 마을 자연공원 캠프장은 연중 이용이 가능한데다가 에보시다케 전망대와 가까워 일출과 일몰을 볼 수 있어 매우 인기 있다. 특히 이곳에는 1동뿐이지만 에어컨, 가스난로, 화장실, 샤워실 그리고 2층 침대 등이 갖춰져 있는 코티지コテージ가 있어 더욱더 인기다. 신화의 마을 자연공원에는 오토 캠프장과 텐트 사이트 구역이 있는데 텐트 사이트에서도 바로 옆에 차량을 주차할 수 있으며 이때는 주차료 500엔(1일)이 추가된다. 만약 교류동 옆에 있는 주차장에 차를 세운다면 무료다. 대부분의 캠프장에서는 1인용 텐트는 1동의 텐트 사이트에 치도록 하나 이곳에서는 예외적으로 1인용 텐트 2개까지 허용하고 있어 인기를 더해 준다. 원두막 스타일의 사이트 또한 유료며 계단 아래 바다와 인접한 잔디에서의 야영은 금지돼 있다. 이 캠프장은 각 사이트에서 전기와 수도를 사용할 수 있으며 취사동 이용은 무료이나 취사도구 및 식기는 준비돼 있지 않으며 랜턴, 가스, 숯 등도 지참해야 한다. 샤워실 이용 시 200엔의 사용료를 내야 하며 코티지와 텐트를 함께 빌릴 때 일행 모두 코티지에서 샤워를 하는 것은 금지돼 있다. 한 가지 더, 이곳에서는 시카약 체험이 가능한데 13척이 있으며 1시간 기준에 600엔이다. 오전 9시부터 오후 5시까지 탈 수 있으며, 일본어가 가능하다면 전문 강사의 시카약 강습도 가능하다. 90분 교습에 4,000엔이다. 참고로 가장 가까운 마트는 니이 마을에 있는 슈퍼 사이키 도요타마점スーパーサイキ豊玉店(mapcode 526 833 070)이며 영업시간은 9:00~22:00로 차로 8분 정도 걸린다.

아소 베이 파크 오토 캠프장 あそうベイパーク オートキャンプ場) [아소베이파쿠 오토캄푸바]

주소 対馬市美津島町大山 584-1 **mapcode** 526 507 640 **위치** ① 이즈하라항 국제터미널에서 차로 30분 ② 히타카쓰항 국제터미널에서 차로 93분 ③ 이즈하라(嚴原)−히타카쓰(比田勝) 노선버스 타고 이누보에이리구치(犬吠入口) 버스 정류장 하차 후 도보 20분 **시간** 13:00~16:30(연중 체크인), 10:00(체크아웃) **요금** 2,000엔(오토 캠프장[12동 있음]), 1,000엔(텐트 사이트[10동 있음]), 3,600엔(6인용 텐트[11동 있음]), 100엔(이불 베개 세트[20세트 있음]), 300엔(바비큐 그릴[2세트 있음]), 300엔(휴대용 가스레인지[3개 있음, 가스 포함] **홈페이지** asoubaypark.com, camp-tsushima.jp(예약가능) **전화** 0920-54-4994(관리동), 0920-54-4995(예약Fax)

아소 베이 파크 오토 캠프장은 가성비가 좋다. 데크가 있는 오토 캠프장이나 텐트 사이트가 다른 곳에 비해 저렴하며 온수가 나오는 24시간 샤워실, 취사동, 냄비, 식기, 조리 세트 등이 모두 무료이기 때문이다. 이곳에서는 렌털용품 및 판매용품이 다양하게 준비돼 있어 별도의 준비 없이도 편리하게 캠핑할 수 있다. 숯 3kg, 석쇠, 토치, 집게, 가위, 목장갑, 라이터, 모기향 등을 포함한 바비큐 세트(3세트 있음)를 1,600엔에 대여할 수 있다. 휴대용 가스레인지(100엔)나 토치용 가스(700~1,000엔), 숯(500~800엔), 장작(500엔) 등도 판매한다. 오토 캠프 사이트에 콘센트 시설이 되어 있기 때문에 100V 변환 돼지코를 준비해 간다면 전기 사용이 가능하다. 캠프장 내의 무선 와이파이를 무료로 이용할 수 있는 것도 이곳의 특징이다. 무엇보다도 사이트 수에 비해 대마도에서 가장 넓은 캠프장이라는 점을 장점으로 꼽을 수 있다. 캠프장 안쪽으로는 카누 타기를 할 수 있는 바다와도 연결돼 있다. 잘 정돈된 캠프장에서 느끼는 해방감, 편리한 시설, 이즈하라 중심가에서 30분 만에 도달할 수 있다는 점 등 매력이 많은 곳이다.

아오시오노사토 오우라 캠프장 靑潮の里 尾浦キャンプ場 [아오시오노사토 오우라캠푸바]

주소 対馬市厳原町尾浦 24 **mapcode** 850 589 429 **위치** ❶ 티아라에서 차로 15분 ❷ 이즈하라항 국제터미널에서 차로 17분 ❸ 이즈하라(厳原)에서 구타·아가미선(久田·安神線) 버스 타고 오우라(尾浦) 버스 정류장 하차(12~13분 소요, 1일 3회 운행) 후 도보 1분 ❹ 이즈하라(厳原)에서 구타·아가미선(久田·安神線) 버스 타고 오우라이리구치(尾浦入口) 버스 정류장 하차(9분 소요, 평일 1일 10회 운행, 토요일 1일 8회 운행, 일요일 1일 7회 운행) 후 도보 26분 ❺ 이즈하라(厳原)에서 아자모하마(浅藻浜)행 버스 타고 오우라이리구치(尾浦入口) 버스 정류장 하차(9분 소요, 1일 2회 운행) 후 도보 26분 ❻ 이즈하라(厳原)에서 아자모(浅藻)행 버스 타고 오우라이리구치(尾浦入口) 버스 정류장 하차(9분 소요, 1일 2회 운행) 후 도보 26분 ❼ 이즈하라(厳原)에서 우치야마(内山)·구네하마(久根浜)·고쓰키(上槻)행 버스 타고 오우라이리구치(尾浦入口) 버스 정류장 하차(9분 소요, 1일 2회 운행, 토요일 1회 운행, 일요일 운휴) 후 도보 26분 **시간** 13:00~17:00(체크인, 7월 1일~9월 30일), 10:00(체크아웃) **요금** 7,000엔(6인용 방갈로[3동 있음]), 6,000엔(5인용 로그캐빈[4동 있음]), 3,000엔(5인용 상설 텐트[5동 있음]), 1,500엔(텐트 사이트[4동 있음]), 1,000엔(바비큐 세트[숯 포함]) **홈페이지** camp-tsushima.jp(예약 가능) **전화** 0920-52-0081(관리동), 0920-53-6111(쓰시마 시청 총무부 재산관리운용과), 0920-52-0140(예약 Fax)

아오시오노사토 오우라 캠프장은 이즈하라 중심가에서 가장 가까운 캠프장이다. 캠프장 관리동에는 간이매점이 있는데 생수, 음료, 맥주, 라면, 아이스크림 등을 판매한다. 이곳 캠프장에는 상설 텐트나 텐트 사이트 외에 호텔이나 민숙 못지않은 시설을 갖춘 방갈로와 로그캐빈이 있어 캠핑에 익숙하지 않은 여행자들도 이용이 가능하다. 방갈로, 로그캐빈, 상설 텐트, 취사도구는 포함돼 있으니 별도로 준비하지 않아도 된다. 6인용 방갈로의 경우 부엌, 화장실, 샤워실 등이 갖춰져 있으며 냉장고, 가스레인지, 전기밥솥, 선풍기 등이 있어 편리하게 묵을 수 있다. 방갈로에는 돗자리와 베개는 있으나 침구류는 없기 때문에 개별적으로 준비해야 한다. 5인용 로그캐빈에는 2층 침대를 비롯해 침구류, 냉장고, 가스레인지, 전기밥솥, 에어컨 등이 갖추어져 있으나 화장실 및 샤워실은 없으므로 외부의 것(온수 사용)을 이용해야 한다. 캠핑장과 오우라 해수욕장이 바로 붙어 있어 편리하다는 점, 해변을 바라보면서 바비큐 파티를 할 수 있다는 점, 무엇보다도 렌터카 없이 노선버스로도 올 수 있다는 점이 이곳의 특징이다.

아유모도시 자연공원 鮎もどし自然公園 [아유모도시시젠코엔]

주소 対馬市厳原町豆酘 1249 **mapcode** 850 550 119(공중화장실, 주차장) **위치** ❶ 이즈하라항 국제터미널에서 차로 20분 ❷ 이즈하라(厳原)에서 아자모하마(浅藻浜)행 버스 타고 아유모도시(鮎もどし) 버스 정류장 하차(21분 소요, 1일 2회 운행) ❸ 이즈하라(厳原)에서 고쓰키(上槻)행 버스 타고 아유모도시(鮎もどし) 버스 정류장 하차(20분 소요, 1일 2회 운행, 일요일휴휴) **시간** 13:00~17:00(체크인, 7월 15일~8월 31일), 10:00(체크아웃) **요금** 3,600엔(6인용 상설 텐트[10동 있음]), 6,000엔(10인용 상설 텐트[5동 있음]), 1,500엔(텐트 사이트[10동 있음]), 1,000엔(바비큐 세트[숯 제외]), 400엔(숯) **전화** 0920-57-1283(관리동), 0920-53-6111(쓰시마시시청), 0920-53-6112(예약Fax)

아유모도시 자연공원은 7, 8월 두 달만 운영하고 인터넷으로 예약이 불가능해 우리나라 여행자에게는 가장 인기 없는(?) 캠프장이다. 하지만 주변 경치가 매우 수려하며 천도 신앙天道信仰의 중심지로 신성시되는 지역이기 때문에 일본인들에게는 인기가 높다. 이곳은 캠프장 크기가 그리 넓지 않지만 세가와瀬川가 내려다보이는 산기슭에 나무로 둘러싸여 있어 아늑함을 느낄 수 있다. 상설 텐트 위주로 운영되며 상설 텐트에는 취사도구가 비치돼 있다. 랜턴(건전지 불 포함)은 무료로 대여 가능하나 침구류는 각자 준비해야 한다. 취사동이나 온수가 나오는 샤워실은 무료로 사용할 수 있다.

대마도 만끽
트레킹(Trekking) 코스

대마도의 또 다른 매력은 트레킹에서 찾을 수 있다. 대마도의 89%가 산악지대라 다양하게 트레킹 코스가 개발돼 있다. 대마도에는 높고 험준한 산이 없어 경험만 있다면 초등학생도 할 수 있을 초급·중급 코스들이 많다. 대마도 패키지여행객의 반절은 관광이고, 또 다른 반절은 트레킹이라고 할 정도로 우리나라 여행자들은 대마도에 트레킹하러 많이 간다. 관광 패키지여행으로 왔더라도 관광 대신 아리아케산 有明山, 시미즈산淸水山에 오를 수도 있다. 대마도 트레킹은 우리나라와는 다르게 원시림을 방불케 하는 산속을 걷는 코스가 많기 때문에 등산로를 찾지 못해 순간 당황하거나 시간을 지체하는 일이 발생할 수 있다. 자연을 있는 그대로 보전하고 최소한의 장치만 하기 때문에 우리나라에서는 흔하게 보는 안내용 리본이나 이정표가 거의 없다. 간혹 기념 삼아 그 리본들을 가져가거나 개인이나 단체의 리본을 달아 놓거나 하는 것은 삼가야 하는 이유다. 대마도의 산에는 멧돼지나 야마네코 등 야생 동물도 서식하기 때문에 가급적이면 트레킹을 오전 중에 일찍 시작하고 너무 늦게 올라가지 않는 것이 좋다. 또한 소수의 인원보다는 다수의 인원이 함께 움직이는 것도 한 방법이다. 워낙 사람의 손길이 거의 닿지 않은 천연의 산지가 많아서 한낮에 가더라도 다소 으스스한 분위기를 느낄 때도 있다. 더욱이 로밍이 터지지 않는 곳도 많기 때문에 문제 발생 시 대처가 늦을 수도 있다는 점을 염두에 두어야 한다.

곤겐산 삼림 공원 権現山森林公園 [곤겐야마신린코엔]

주소 対馬市上対馬町西泊　**mapcode** 539 896 026(182번 국도변 트레킹 시작점 인근), 539 897 115 (곤겐산 전망대)　**위치 ❶** 히타카쓰항 국제터미널에서 차로 2분 또는 도보 13분　**요금** 무료

곤겐산에는 '기타타키로木啄路' 일명 '딱따구리 로드'라 불리는 곤겐산 삼림 공원 트레킹権現山森林公園 トレッキング 코스가 있다. 2016년 3월에 완성된 4,860m의 트레킹 코스로, 초보자도 이용 가능하며 약 3시간 정도 소요된다. 트레킹 코스로는 히타카쓰항 국제터미널에서 오른쪽 길을 따라 약 7분 정도 가다가 182번과 181번 국도의 갈림길이 나오면 182번 국도를 따라 약 6분 정도 더 걸어간다. 도로 오른쪽에 있는 샛길로 내려가면 기타타키로 트레킹 코스의 시작점이 나온다. 갈림길에서 따져 보면 세 번째 내리막길이다. 기타타키로 트레킹 코스는 총 여섯 개의 구간으로 나뉘는데 오르막길, 빼곡한 산림으로 채워진 나무숲, 곤겐산 전망대에 이르는 잘 정비된 산길, 곤겐산 전망대에 이르는 도로, 멧돼지 등 야생 동물을 막아 주는 철조망길 그리고 도노사키 공원길 등이다. 트레킹 코스 중간중간 방향을 알려 주는 딱따구리 표지판과 함께 붉은색 딱따구리 리본이 묶여 있지만 많지 않아 자칫하면 길을 잃기 쉬우니 조심해야 한다. 또한 워낙 자연 그대로 전혀 가꿔 놓지 않아서 홀로 트레킹을 한다든지 늦은 시간까지 트레킹하는 것은 가급적 삼가야 한다. 만약 시간이 충분하지 않거나 이 코스가 부담된다면 도노사키 공원길만 걸어 보는 것도 좋다. 겨울부터 봄까지 흐트러지듯 피어나는 동백꽃과 연리지 나무들, 바닷가 전망을 동시에 맛볼 수 있는 곳이기 때문이다.

아리아케산 有明山 [아리아케야마], 시미즈산 淸水山 [시미즈야마]

주소 対馬市厳原町　**mapcode** 526 139 053(쓰시마 역사 민속 자료관)　**위치 ❶** 이즈하라항 국제터미널에서 쓰시마 역사 민속 자료관까지 도보 12분 ❷ 쓰시마 역사 민속 자료관 옆길로 진입해 등산 입구까지 도보 10분 ❸ 히타카쓰항 국제터미널에서 차로 111분　**요금** 무료

아리아케산과 시미즈산은 등산 입구가 시내에 있어서 우리나라 여행자들이 가장 쉽게 접근할 수 있을 뿐만 아니라 비교적 가벼운 산행도 가능한 곳이기에 인기가 높다. 시미즈산에는 1591년 도요토미 히데요시가 임진왜란 때 세운 시미즈산성 유적清水山城跡이 남아 있다. 시미즈산성 유적 중 산노마루三の丸에서는 이즈하라 시내 전경이 한눈에 들어와 본격적인 트레킹이 아니어도 한 번쯤 올라와 보는 것도 나쁘지 않다. 현지인들은 학

생들의 소풍 장소로 많이 이용한다. 해발 558m의 아리아케산은 정상에 넓은 초원이 있어 날씨가 좋다면 인근 지형은 물론 남쪽으로는 멀리 이키섬이나 북쪽으로는 대마도 최고봉인 미타케御岳까지도 조망할 수 있다. 등산 입구로부터 아리아케산 정상까지 2.9km로 아리아케산과 시미즈산은 개인차에 따라 코스를 나눠 트레킹할 수 있다. 가벼운 산행이라면 시미즈산성 유적 중 산노마루까지 왕복 1~2시간 잡으면 되고, 시미즈산 정상까지는 왕복 2~3시간 정도 그리고 아리아케산 정상까지는 왕복 5~6시간 정도 잡으면 된다.

시라타케 白嶽 [시라타케]

주소 対馬市美津島町洲藻 **mapcode** 526 348 795(시라타케 등산자용 화장실·주차장), 526 317 691(시라타케 등산 입구) **위치** ❶ 이즈하라항 국제터미널에서 시라타케 등산자용 화장실·주차장까지 차로 29분 ❷ 이즈하라(嚴原)에서 히타카쓰(比田勝)행 버스 타고 쓰시마뵤인(対馬病院) 버스 정류장에서 오자키선(尾崎線) 환승 후 스모(洲藻) 버스 정류장 하차 뒤 시라타케 등산 입구까지 도보 50분 ❸ 시라타케 등산자용 화장실·주차장에서 시라타케 등산 입구까지 차로 10분 또는 도보 35분 ❹ 히타카쓰항 국제터미널에서 시라타케 등산자용 화장실·주차장까지 차로 106분 **요금** 무료

519m의 시라타케는 대마도를 대표하는 산으로 시라타케 등산 입구로부터 정상까지는 약 2.2km다. 산 정상까지 일반적인 소요 시간은 왕복 약 3~4시간 정도다. 시라타케는 울창한 산림으로 뒤덮여 있고 간혹 급경사가 있으며 정상 암반 등 다소 쉽지 않은 코스가 간혹 있으나 정상 암반에서 보는 멋진 풍경으로 인해 트레킹을 즐긴다면 한 번쯤 도전해 볼 만한 산이다. 하늘을 향

해 훌쩍 키가 큰 삼나무杉(스기) 숲에서의 시간은 그 속을 걷는 것만으로도 힐링이 되는 느낌을 준다. 우리나라 여행자들은 스모 등산구洲藻登山口를 왕복하는 대신 스모 등산구洲藻登山口에서 가미자카 등산구上見坂登山口 쪽으로 넘어가거나 혹은 반대 방향으로 진행하는 경우가 많다. 도리이鳥居 분기점으로부터 가미자카 등산구까지는 5km다. 시라타케 정상에는 석영 반암으로 이루어진 오다케雄嶽와 메다케雌嶽가 있는데 오다케가 사실상 산 정상이고 메다케는 오를 수 없다. 오다케에 서면 인근 풍경을 비롯해 대마도 공항, 아소만의 크고 작은 섬들이 만들어 내는 빼어난 경치가 한눈에 들어온다. 시라타케 등산자용 화장실·주차장까지는 대형 버스 진입이 가능하며 이곳으로부터 시라타케 등산 입구로는 좁은 도로라 소형 버스, 승용차만이 통행이 가능하다. 시라타케 등산 입구에는 5대의 승용차를 세울 수 있다. 화장실은 대형 버스도 주차할 수 있는 주차장에만 있기 때문에 이곳에서 볼 일을 보고 올라가는 것이 좋다. 특히 국정 공원으로 지정돼 있는 시라타케는 울창한 원시림과 함께 천연기념물로 지정돼 있는 특이한 식물 생태군이 많아 트레킹 시 자연을 훼손하지 않도록 주의해야 한다. 쓰레기 발생 시 반드시 가져가야 한다는 것을 기억하자.

🌲 조야마 城山 [조야마]

주소 対馬市美津島町黒瀬 **mapcode** 526 407 825(조야마 입구) **위치** ❶ 이즈하라항 국제터미널에서 24번 국도 변에 있는 조야마 입구(城山入口)까지 차로 24분 ❷ 이즈하라(厳原)에서 히타카쓰(比田勝)행 버스 타고 쓰시마뵤인(対馬病院) 버스 정류장에서 오자키선(尾崎線) 환승 후 미카타(箕形) 버스 정류장 하차 뒤 조야마 입구까지 도보 15분 ❸ 조야마 입구(城山入口)에서 등산 입구(登山口)까지 차로 12분 ❹ 히타카쓰항 국제터미널에서 조야마 입구(城山入口)까지 차로 103분 **요금** 무료

그리 높지 않은 272.8m의 조야마城山는 667년 덴지天智 일왕이 조선식 축성술로 지은 가나타노키金田城(가네다조라고 하지 않고 가나타노키로 읽는다)라는 산성이 있던 곳이다. 덴지 일왕은 나당연합군과 싸우는 백제를 돕기 위해 지원군을 파견하는데 백제가 멸망하자 불안을 느껴 가나타노키를 축성한다. 가나타노키가 있는 조야마는 석영 반암의 돌산으로 5.4km의 성벽 중 2.5km가 지형을 이용한 자연 성벽이었을 만큼 천연 요새다. 조야마에는 3개의 성문, 방어용 수문, 주거지 등 가나타노키의 유적이 비교적 많이 남아 있을 뿐만 아니라 러일 전쟁에 대비한 요새도 남아 있어 가벼운 트레킹은 물론 역사 탐방의 목적으로도 많이 찾는다. 등산 입구로부터 정상까지는 2.6km며 일반적으로 왕복 2시간 정도 잡으면 된다. 해변가를 따라 가나타노키 유적을 돌아보는 코스라면 최소 5시간 정도 잡아야 한다. 조야마 입구로부터 등산 입구까지는 매우 좁은 도로이기 때문에 승용차만이 진입 가능하며 일부 구간은 비포장도로라 조심 운전해야 한다. 등산 입구에는 경차 3~4대만이 주차할 수 있는 공간이 있다. 참고로 24번 국도 변에 있는 조야마 입구나 등산 입구 모두 화장실이 없으므로 트레킹 전 화장실이 급하다면 미카타箕形 버스 정류장(mapcode 526 436 489) 인근에서 볼일을 보는 것이 낫다. 미카타 버스 정류장에서 조야마 입구까지는 도보 15분 또는 차로 1분 정도 걸린다.

🌲 다테라산 龍良山 [타테라잔]

주소 対馬市厳原町豆酘字西龍良 **mapcode** 850 550 119(아유모도시 자연공원 공중화장실), 850 551 049(다테라 산록 자연공원 센터) **위치** ❶ 이즈하라항 국제터미널에서 차로 20분 ❷ 이즈하라(厳原)에서 아자모하마(浅藻浜)행 버스 타고 아유모도시(鮎もどし) 버스 정류장 하차(21분 소요, 1일 2회 운행) ❸ 이즈하라(厳原)에서 고쓰키(上槻)행 버스 타고 아유모도시(鮎もどし) 버스 정류장 하차(20분 소요, 1일 2회 운행, 일요일 운휴) **요금** 무료

해발 558m의 다테라산은 예로부터 천도 신앙의 발원지로 입산이 금지돼 온 산이다. 이 때문에 다른 어느 산보다 원시림이 잘 보존돼 있어 국가천연기념물로 지정돼 있을 뿐만 아니라 학술적 가치가 매우 높다. 이곳에서는 나무 하나, 풀 한 풀이라도 꺾어서는 안 되며 반출이 되지 않는다. 다테라산은 사람의 손이 가지 않는 곳이 많아서 트레킹할 때 특히 주의해야 한다. 중간중간 산 정상으로의 방향 표지판이나 리본들이 있긴 하나 이 또한 최소한으로 설치해 놓고 있다. 하늘이 캄캄할 정도로 울창한 산림 속에서의 트레킹은 자칫하면 길을 잃기 쉬우며 안개나 운무가 낄 때는 트레킹을 중단하고 하산하는 것이 바람직하다. 다테라산 트레킹은 쉬운 코스가 아님에도 불구하고 매력적인 이유는 천도 신앙의 성지답게 신령스러워 보이는 고목들이나 우리나라 산에서는 볼 수 없는 특이한 생태계를 만날 수 있기 때문이다. 아유모도시 공원 주차장에서 정상까지는 약 2.8km이고 왕복 4~5시간 이상 걸린다. 다테라산까지 노선버스를 이용할 때는 아유모도시 자연공원鮎もどし自然公園에서 하차한다. 렌터카로 갈 때는 내비게이션에 아유모도시 자연공원鮎もどし自然公園을 찍고 가서 주차장에 차를 세운 다음 흔들 다리를 건너 등산 입구로 가는 방법과 다테라 산록 자연공원 센터龍良山麓自然公園センター로 가서 등산 입구까지 가는 방법이 있다. 다테라 산록 자연공원 센터는 다테라산에 대한 각종 자료를 볼 수 있을 뿐만 아니라 주차장과 화장실이 있어 편리하다. 이곳으로부터 등산 입구까지는 약 600m인데 승용차로 갈 수 있으나 등산 입구에 주차장이 없어서 곤란하니 그냥 다테라 산록 자연공원 센터에 주차한 다음 걸어가는 것이 좋다.

🌲 미타케 御岳 [미타케]

주소 長崎県対馬市上県町　**mapcode** 539 583 597(미타케 공원), 539 583 687(미타케 입구 90m 전)　**위치** ❶ 히타카쓰항 국제터미널에서 차로 30분
요금 무료

해발 479m의 미타케御岳는 상대마도에서는 가장 높은 산으로 오타케雄岳, 메타케雌岳, 히라타케平岳 세 개의 높은 산이 연달아 있어 삼악 즉, 미타케三岳로 부르기도 한다. 미타케는 쓰시마 야마네코ツシマヤマネコ와 딱따구리キタタキ의 서식지로도 유명하다. 이 때문에 천연기념물, 특정 동물 생식지 보호림으로 지정돼 있다. 미타케 등산구御岳登山口로부터 미타케 중 오타케 정상까지는 약 1.5km로서 왕복 약 2시간 30분 정도 소요된다. 계속 오르막길이라 초보자라면 다소 힘들 수도 있다. 미타케 트레킹은 오타케 왕복이나 오타케로 올라가서 히라타케쪽으로 내려오는 방법이 있는데 히라타케쪽 등산로는 길이 명확하지 않은데다가 가파르고 히라타케측 등산구平岳側登山口 또한 구도로 연결돼 있어 차량 이용이 불편하기 때문에 추천하지 않는 편이다. 참고로 화장실은 미타케 입구御岳入口에서 가까운 미타케 공원御岳公園에 있으며 미타케 입구에서 미타케 등산구까지는 약 1.5km로 승용차로 갈 수 있다. 미타케 등산구에는 도리이가 있으며 승용차 5대 정도 주차할 수 있다.

달려 보자
자전거 여행

액티비티 BEST 4 Daemado

대마도는 라이딩하기에 좋다. 도로폭이 좁긴 하지만 차량이 많지 않은데다가 업 힐, 다운 힐이 적당히 있고, 무엇보다도 산이 많기 때문에 산속을 달리는 듯한 느낌이 들기 때문이다. 대마도에서 라이딩할 때는 히타카쓰항으로 들어가 이즈하라까지 종주한 후 이즈하라항에서 부산으로 되돌아오는 코스가 일반적이다.

오우라 해수욕장, 한국 전망소, 사스나 등을 거치거나 오우라 해수욕장, 슈시 단풍길을 거쳐 미네에서 1박한 후 와타즈미 신사, 에보시다케 전망대, 만관교 등을 거쳐 이즈하라에서 1박하게 된다. 만약 히타카쓰항에서 이즈하라까지 하루에 종주하고 싶다면 2017년 11월 19일에 열린 '국경 사이클 IN 쓰시마' 코스를 참고하면 된다. 오전 8시에 출발해 총 8시간 만에 약 100km를 완주하는 코스다. 오르막 31.9km, 내리막 32.6km다. 히타카쓰항 국제터미널을 출발해 382번 국도를 따라 사스나까지 이동, 사스나에서 178번 국도를 따라가다가 39번 국도로 갈아타서 슈시 단풍길을 통과, 긴의 큰 은행나무를 거쳐 원통사가 있는 사가佐賀에서 48번 국도로 갈아타서 다시 382번 국도로 갈아타 미네까지 이동, 만관교를 거쳐 미쓰시마마치 쇼핑 스트리트를 통과해 티아라 뒤쪽의 가네이시성 유적에 이르는 코스다.

자전거 여행할 때 유의해야 할 점

❶ 본인의 자전거를 가져갈 때는 선박 회사에 따라 규정이 다소 다르니 주의해야 한다. 대아고속해운의 오션플라워호는 자전거를 접지 않고 탑재할 수 있으며 편도당 10,000원의 수화물료가 추가된다. 주중에는 자전거 좌석이 한정돼 있으므로 문의하고 예약하는 것이 좋다. 전화로 예약해야 하며 홈페이지에서 예약 후 자전거를 소지했을 때는 탑승이 거절될 수 있다. 미래고속(주)의 코비호는 전용 가방 또는 박스에 포장한 접이식 자전거에 한해 탑재 가능하며 왕복 20,000원의 수화물료가 추가된다. 미래고속(주)의 나나호는 접이식 자전거와 일반 자전거 모두 탑재 가능하며 이벤트 특가 요금일 때는 왕복 30,000원의 수화물료가 있다. JR 규슈고속선 비틀호는 전용 가방 또는 박스에 포장한 접이식 자전거에 한해 탑재 가능하며 부산→히타카쓰 10,000원, 히타카쓰→부산 1,000엔의 수화물료가 있다.

❷ 대마도 라이딩에서 자전거를 선택할 수 있다면 MTB보다는 접이식 미니벨로가 낫다. 대마도의 89% 이상이 산지이긴 하지만 왕복 1차선이라도 도로가 잘 닦여져 있기 때문에 굳이 MTB를 가져갈 필요는 없다. 만약 MTB를 가져간다면 로드타이어로 교체해서 가져가는 것이 낫다. 선박 이용 시에도 휴대하기 편한 미니벨로가 유리하다. MTB는 오션플라워호나 니나호에만 탑재가 가능하기 때문에 선박 선택의 폭이 줄어들게 된다. 대마도 현지에서도 접이식 자전거가 아니라면 노선버스에 태워 주질 않는다. 갑작스러운 날씨 변화로 인해 라이딩이 불가능할 때 곤란한 상황이 될 수도 있다.

❸ 원래 국가 간에는 동식물 반입이나 이동이 제한된다. 원래 있던 풍토에 해를 끼칠 수 있기 때문이다. 때문에 대마도 입국 시 자전거 바퀴가 흙으로 더럽다면 세척하느라 입국이 늦어질 수 있으니 미리미리 닦아 놓는 것이 필요하다.

❹ 대마도의 도로에는 은근히 터널이 많다. 그 터널들이 우리나라처럼 밝은 것이 아니라 공포 영화를 찍는다는 소리가 나올 정도로 컴컴하다. 본인의 안전을 위해서는 검정색이나 어두운 색보다는 밝은 색의 옷을 입는 것이 좋다. 반사나 야광이 된다면 더욱더 좋다. 또한 전조등과 후미등을 반드시 달아야 한다. 고글과 코와 입을 가릴 수 있는 다용도 스커트 착용 또한 필수다. 대마도는 산속 도로가 많기 때문에 각종 벌레 또한 많다.

❺ 일본에서는 해가 어둑해지면 무조건 라이트를 켜고 달려야 한다. 정지 신호는 철저히 준수해야 하며 좌회전, 우회전 차량의 흐름을 방해해서도 안 된다. 나란히 서서 달리는 것도 안 된다. 특히 대마도는 도로에 차가 많지 않아 달리다 보면 기준 속도 이상으로 달릴 수 있으니 속도에도 신경을 써야 한다.

❻ 기본적으로 라이딩에서는 짐을 줄이는 것이 최선이지만 비상 공구는 챙기는 것이 좋다. 워낙 인적이 드문 곳이라 고장이나 사고가 났을 때 주변의 도움을 구하기 정말 어렵기 때문이다.

❼ 고가의 자전거를 갖고 있어도 기본적으로 자전거는 호텔 객실이나 민숙 실내로 갖고 들어갈 수 없다. 자전거는 밖에서 보관하며 자전거 거치대가 없을 때는 호텔 프런트나 민숙 주인에게 보관 장소를 물어보도록 한다. 고가의 자전거일 경우 예외적으로 객실 내에 보관하게 해 줄 때도 있다. 일본에서는 자전거도 자동차처럼 지정된 장소에 주차하지 않으면 딱지를 떼는 경우가 많다. 참고로 일본은 자전거 구입 시 자동차와 마찬가지로 반드시 등록해야 되므로 도난이 거의 없고 분실 시 되찾을 확률이 높으며 사고 시에도 보다 원활하게 처리가 가능하다.

❽ 본격적인 라이딩 여행이 아니라면 그냥 현지에서 빌려서 타는 것이 여러모로 편리하다. 자전거를 빌릴 때는 전동 자전거가 일반 자전거보다 다소 비싸나 전동 자전거를 이용하는 것이 좋다. 오르막길이 은근히 많아서 체력 소모가 크기 때문이다. 대마도에서 자전거를 빌릴 때는 사전에 미리 예약하는 편이 낫다. 빌릴 수 있는 자전거의 숫자가 한정돼 있는데다가 미리 예약하면 현지에서 빌리는 것보다 조금 더 저렴하기 때문이다. 기억해야 할 것은 어린이 좌석이 별도로 달려 있는 자전거가 아닌 이상 아이라도 뒷좌석에 태우고 달려서는 절대 안 된다는 점이다. 2인승 자전거 역시 일본에서는 불법이다.

❾ 현지에서 전동 자동차를 대여할 때 추천 코스를 주는데 생각보다 잘 달린다고 너무 무리하지 않도록 한다. 추천 코스를 벗어날 경우 배터리가 소모돼 달릴 수 없는 상황이 되면 일반 자전거와 다름없다. 사소한 무게일 수 있으나 오히려 배터리 무게 등이 추가돼 일반 자전거보다 더 힘들 수 있으니 유의하도록 한다.

액티비티 BEST 5 Daemado

강태공이 부럽지 않은
낚시 여행

대마도에서 낚시해 본 사람은 이제 다른 곳에서는 낚시를 못할 것 같다는 이야기를 할 정도로 대마도 낚시는 매력적이다. 그날의 조황에 따라 다르겠지만 20~30cm짜리는 물고기로 쳐 주지도 않는다는 말이 나올 정도로 50~60cm짜리가 예사로 잡힌다. 돌돔, 강담돔, 참돔, 감성돔, 긴꼬리벵에돔, 벤자리 등이 손맛을 더해 준다. 대마도에서는 자연 보호의 일환으로 치어를 방류하기 때문에 우리나라 여행자를 비롯해 외국인이 대마도에서 낚시할 때 먹이를 뿌려서는 안 된다. 미끼를 꽂아 낚시하는 것은 상관없으나 밑밥을 뿌려서는 안 된다는 의미다. 그렇게 해서도 잘 잡히니 대마도의 바다는 낚시 천국임에 틀림없다.

낚시할 때 유의해야 할 점

❶ 대아고속해운의 오션플라워호, 미래고속(주)의 코비호와 나나호 모두 낚시 장비를 지참할 시 할인 요금으로 배표를 구입할 수 없다. 정가를 주고 구입해야 한다. JR 규슈고속선의 비틀호는 낚시 지참 시 탑승할 수 없으므로 주의해야 한다.

❷ 낚시는 여행자 보험이 적용되지 않기 때문에 개별적으로 갯바위 낚시를 할 때 주의해야 한다. 낚시는 조류의 흐름이 센 곳에서 잘 되기 때문에 안전상의 문제도 있고, 손맛 좋은 낚시 포인트를 아는 것도 그렇고, 선상 낚시를 할 경우 배도 빌려야 하기 때문에 현지인과 함께하는 것이 가장 좋다.

❸ 대마도 앞바다는 공동어업권이 설정돼 있기 때문에 어업 조합원 외의 여행자들은 전복, 소라, 성게, 거북손 등 수산동식물을 채취해서는 안 된다. 어겼을 시 20만 엔(약 200만 원)의 벌금이 있다.

❹ 대마도에는 한국인들이 운영하는 낚시 민숙이 여러 군데 있다. 낚시 민숙의 경우 부산-대마도 간 왕복 승선권, 민숙 숙박, 전 일정 식사, 현지 교통비, 갯바위 낚시 종선비 등을 포함해 패키지로 판매하며 선상 낚시 뱃삯, 미끼와 밑밥 등은 별도로 받는다. 요금은 대략 1박 2일은 45만 원, 2박 3일은 55만 원, 3박 4일은 65만 원 정도다. 요금은 민숙별로 큰 차이가 없어 민숙의 위치, 출조 해역 등에 따라 선택하면 된다. 만약 일본어가 가능하다면 현지인 낚시 민숙 또한 고려해 볼 만하다. 일본인 낚시 민숙들은 숙박과 낚시만 제공해 주지만 현지인의 생활을 경험해 볼 수 있는 민숙 체험에다가 식사가 괜찮은 곳이 많다.

한국인 낚시 민숙

이즈하라 파크(IZUHARA PARK) 010-6658-9058, 080-9249-9058, www.izuharapark.com
빅마마 051-518-8885, 090-5280-5195, bigmamatour.com
아소만리조트 010-3590-0848, 080-9241-7983, asoman.co.kr/main
아가미 민숙 010-9144-5737, 080-1796-1694, blog.naver.com/jj1970091
쓰시마김 민숙 010-3545-8228, 090-5488-8228, blog.naver.com/tsushimakim, tsushimakim.com
민숙 포세이돈 010-9367-5301, 080-1799-4304, 대마도포세이돈.com

이즈하라파크

빅마마

아소만리조트

현지인 낚시 민숙

펜션 나기 ペンション凪 [펜션나기]

주소 対馬市美津島町根緖 7-9 mapcode 526 293 394 **위치** ❶ 티아라에서 차로 10분 ❷ 이즈하라항 국제터미널에서 차로 13분 ❸ 히타카쓰항 국제터미널에서 차로 103분 **요금** 5,940엔~(1인당-숙박만), 6,804엔~(1인당-조식 포함), 8,640엔~(1인당-1박 2식) **특징** 선상 낚시, 전 객실에서 바다 조망 **전화** 0920-54-2312

민숙 우에노소 民宿上野荘 [민슈쿠우에노소]

주소 対馬市美津島町根緖 165 mapcode 526 262 597 **위치** ❶ 티아라에서 차로 15분 ❷ 이즈하라항 국제터미널에서 차로 18분 ❸ 히타카쓰항 국제터미널에서 차로 109분 **요금** 4,200엔~(1인당-숙박만), 4,725엔~(1인당-조식 포함), 6,300엔~(1인당-1박 2식) **특징** 선상 낚시, 저녁은 직접 잡아온 해산물로 대마도 향토 요리인 이시야키 제공 **전화** 0920-54-2660

민숙 쓰리노이에 民宿つりの家 [민슈쿠츠리노이에]

주소 対馬市美津島町大船越 418 **mapcode** 526 417 202 **위치** ① 티아라에서 차로 20분 ② 이즈하라항 국제터미널에서 차로 23분 ③ 이즈하라(厳原)에서 히타카쓰(比田勝)·아카시마(赤島)·이누보(犬吠)·니이(仁位)행 버스 타고 오후나코시(大船越) 버스 정류장 하차(36~37분 소요, 1일 9회 운행) 후 도보 2분 ④ 히타카쓰항 국제터미널에서 차로 92분 **요금** 4,500엔~(1인당-숙박만), 5,500엔~(1인당-조식 포함), 7,000엔~(1인당-1박 2식) **특징** 리뉴얼로 내부 시설이 좋음, 선상 낚시(4~5명-28,000엔, 10인 이상-40,000엔), 갯바위 낚시 종선비(1인당 5,000엔) **홈페이지** www.sky.tcctv.ne.jp/tsurinoie **전화** 0920-54-2711

민숙 구로이와 民宿くろいわ [민슈쿠쿠로이와]

주소 対馬市美津島町大船越 354 **mapcode** 526 417 258 **위치** ① 티아라에서 차로 21분 ② 이즈하라항 국제터미널에서 차로 24분 ③ 이즈하라(厳原)에서 히타카쓰(比田勝)·아카시마(赤島)·이누보(犬吠)·니이(仁位)행 버스 타고 오후나코시(大船越) 버스 정류장 하차(36~37분 소요, 1일 9회 운행) 후 도보 3분 ④ 히타카쓰항 국제터미널에서 차로 93분 **요금** 4,500엔~(1인당-숙박만), 5,500엔~(1인당-조식 포함), 7,000엔~(1인당-1박 2식) **특징** 30명 숙박 가능, 단체 식사 가능, 선상 낚시(4시간 4명-20,000엔), 갯바위 낚시 종선비(1인당-5,000엔) **홈페이지** www.newkuroiwa.com **전화** 0920-54-2086

현지 체험 여행
카약 체험

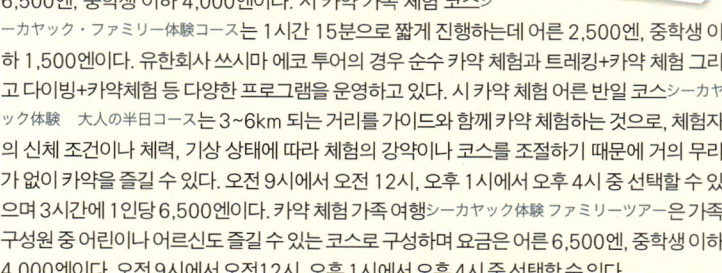

카약 체험은 초보자부터 경험자까지 누구나 즐길 수 있는데 빼어난 절경의 아소만浅茅湾을 중심으로 쓰시마 카약스対馬カヤックス와 유한회사 쓰시마 에코 투어(有)対馬エコツアー가 운영하고 있다. 쓰시마카약스의 씨카약 반나절 코스シーカヤック半日コース는 노 젓는 방법부터 가르쳐 주는데 수영을 못해도 배울 수 있을 정도로 안전하다. 오전 9시에서 오전 12시, 오후 1시 30분에서 오후 4시 30분까지 약 3시간 진행하며 고등학생 이상 6,500엔, 중학생 이하 4,000엔이다. 시 카약 선셋 코스シーカヤック・サンセットコース는 일몰을 보면서 카약 체험을 하는 것인데, 오후 5시 30분부터 오후 8시 30분까지 3시간 동안 진행된다. 요금은 고등학생 이상 6,500엔, 중학생 이하 4,000엔이다. 시 카약 가족 체험 코스シーカヤック・ファミリー体験コース는 1시간 15분으로 짧게 진행하는데 어른 2,500엔, 중학생 이하 1,500엔이다. 유한회사 쓰시마 에코 투어의 경우 순수 카약 체험과 트레킹+카약 체험 그리고 다이빙+카약체험 등 다양한 프로그램을 운영하고 있다. 시 카약 체험 어른 반일 코스シーカヤック体験　大人の半日コース는 3~6km 되는 거리를 가이드와 함께 카약 체험하는 것으로, 체험자의 신체 조건이나 체력, 기상 상태에 따라 체험의 강약이나 코스를 조절하기 때문에 거의 무리가 없이 카약을 즐길 수 있다. 오전 9시에서 오전 12시, 오후 1시에서 오후 4시 중 선택할 수 있으며 3시간에 1인당 6,500엔이다. 카약 체험 가족 여행シーカヤック体験 ファミリーツアー은 가족 구성원 중 어린이나 어르신도 즐길 수 있는 코스로 구성하며 요금은 어른 6,500엔, 중학생 이하 4,000엔이다. 오전 9시에서 오전12시, 오후 1시에서 오후 4시 중 선택할 수 있다.

쓰시마 카약스　対馬カヤックス

주소 対馬市美津島町箕形 38　**mapcode** 526 436 741　**위치** ❶ 티아라에서 차로 24분 ❷ 이즈하라항 국제터미널에서 차로 27분 ❸ 히타카쓰항 국제터미널에서 차로 110분　**시간** 9:00~12:00, 13:30~16:30, 17:30~20:30　**요금** 6,500엔(고등학생 이상), 4,000엔(중학생 이하)　**홈페이지** www.sea.tcctv.ne.jp/fun-boo/kr.html　**전화** 090-4981-5064

유한회사 쓰시마 에코 투어　有)対馬エコツアー

주소 対馬市美津島町箕形 29　**mapcode** 526 436 770　**위치** ❶ 티아라에서 차로 24분 ❷ 이즈하라항 국제터미널에서 차로 27분 ❸ 히타카쓰항 국제터미널에서 차로 110분　**시간** 9:00~12:00, 13:00~16:00　**요금** 6,500엔(1인당)　**홈페이지** tsushima-eco.com　**전화** 0920-54-3595

액티비티 BEST 7 Daemado

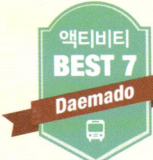

한국인 가이드가 있는
투어 버스

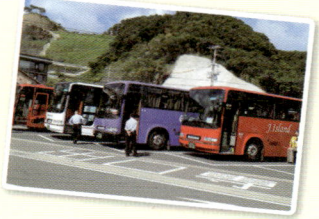

대마도는 재방문율이 높은 여행지로 일단 패키지여행으로 구경한 다음, 자유 여행을 하는 것도 한 방법이다. 대마도 패키지여행은 우리나라와 거리가 가깝고 기간이 짧은데다가 어디를 가나 우리나라처럼 느낄 정도로 한국화되어 있어 효도 여행지로도 인기가 높다. 특히, 모녀 여행으로 인기 여행지다.

대마도 패키지여행의 식사는 시간상 도시락을 주기도 하나 BBQ가 포함된 저녁 식사일 경우 만족도가 높다. 현지식도 우리나라 여행자들의 입맛에 맞는 초밥이나 우동 혹은 덮밥 등으로 구성돼 먹을 만하다.

당일치기 여행에서 히타카쓰항 입출국일 때는 미우다 해수욕장, 한국 전망소, 슈시 단풍길 중 두세 군데 둘러보고 밸류에서 쇼핑하는 식으로 진행된다. 이즈하라항 입출국일 때는 버스를 타지 않고 이즈하라 중심가를 도보 여행한다. 여행 상품가는 100,000~120,000원 사이며 가이드 비용 10,000원은 별도다.

1박 2일 여행은 미우다 해수욕장, 한국 전망소, 와타즈미 신사, 에보시다케 전망대를 비롯해 이즈하라 중심가에 있는 조선 통신사의 비, 덕혜옹주 결혼 봉축 기념비, 이즈히라 하치만구 신사, 나카라이 도스이관, 수선사 등을 포함하는 것이 일반적이다. 상품에 따라 온천욕이 포함되기도 한다. 호텔은 대마도 자체가 호텔이 부족한 상황이므로 5~8개 중 모객 현황에 따라 무작위로 배정되고 취향에 따른 선택이 불가능하다. 그야말로 운 좋으면 좋은 곳에 배정되는 식이라 할 수 있다. 여행 상품가는 이용하는 선박편이나 숙박지에 따라 가격 차이가 상당한데, 130,000~290,000원대며 가이드 비용 20,000원은 별도다.

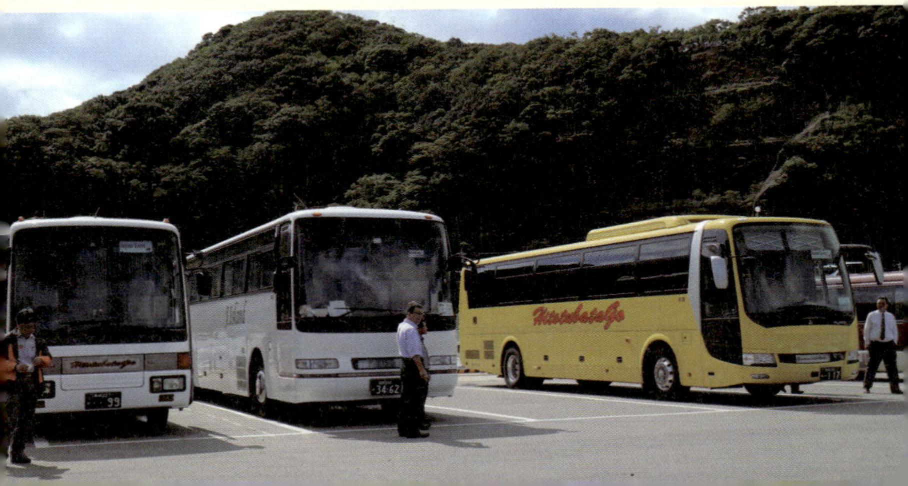

Daemado

추천 코스 9
대마도

당일치기
쇼핑 여행

1박 2일 일정
렌터카 여행

2박 3일 일정
대마도 완전 일주 여행
캠핑 여행
트레킹 여행

3박 4일 일정
아이와 함께하는 역사 여행

당일치기
쇼핑 여행

🚌 **추천 교통편**
Day 1 택시

면세품을 픽업할 때 또는 일본 물건을 쇼핑할 때 부산에서 대마도로 당일치기 여행이 가능하다. 대마도에서 3~4시간밖에 없지만 일정을 알차게 짠다면 맛있는 것 먹고, 대형 마트에서 저렴하게 쇼핑을 할 수 있다. 잘만 하면 우리나라 여행 경비보다 훨씬 싼 해외여행. 바로 대마도다.

DAY 1 히타카쓰항 왕복일 때

히타카쓰항 국제터미널
도착 후 입국 수속

→ 자동차 5분 또는 도보 35분 →

미우다 해수욕장

→ 도보 15분 →

도노사키 공원

↓ 도보 41분

히타카쓰항 국제터미널

← 도보 3분 ←

곤피라구 · 에비스구
(항구 전경 조망)

← 도보 8분 ←

야보텐
(점심 식사)

↓ 도보 50분 또는 자동차 6분

슈퍼 밸류 다케스에 오우라점(쇼핑)

→ 자동차 7분 →

히타카쓰항 국제터미널
도착 후 출국 수속

미우다 해수욕장

도노사키 공원

DAY 1 이즈하라항 왕복일 때

이즈하라항
국제터미널
도착 후 입국 수속

— 도보 12분 —

티아라

— 도보 2분 —

조선 통신사의 비

— 도보 2분 —

덕혜옹주 결혼
봉축 기념비

— 도보 5분 —

모스 버거
(점심 식사)

— 도보 1분 —

티아라 또는
마쓰모토 기요시(쇼핑)

— 도보 12분 —

이즈하라항 국제터미널
도착 후 출국 수속

67

1박 2일 렌터카 여행

추천 교통편
Day 1~2 렌터카

짧은 여행 기간이지만 렌터카를 이용한다면 대마도의 핵심 관광지를 빠르고 알차게 돌아볼 수 있다. 만약 일정이 좀 더 길면서 렌터카를 빌리지 못했을 때 숙박지를 기준으로 1일(24시간) 코스로도 활용이 가능하다.

DAY 1 이즈하라 숙박

히타카쓰항 국제터미널 도착 후 입국 수속

— 도보 또는 송영차 →

렌터카 대여

— 자동차 6분 →

미우다 해수욕장

— 자동차 3분 →

도노사키 공원

— 자동차 9분 →

사스나 마을

— 자동차 16분 →

도요포대 유적

— 자동차 4분 →

한국 전망소

— 자동차 19분 →

산라쿠 스시 (점심 식사)

— 자동차 57분 →

와타즈미 신사

— 자동차 14분 →

에보시다케 전망대

— 자동차 30분 →

만관교

— 자동차 26분 →

티아라

— 도보 5분 →

숙소

드러그스토어 모리

— 자동차 3분 →

다이렉스 미쓰시마점

— 자동차 12분 →

티아라

— 도보 5분 →

숙소 체크인 후 갓포 핫초 (저녁 식사)

 **DAY 2**

숙소 체크아웃

조선 통신사의 비

자동차 1분

덕혜옹주 결혼 봉축 기념비

자동차 1분

이사리비 공원

자동차 5분

국분사

자동차 5분

만송원

자동차 14분

야마다쇼게쓰도 (빵 구입)

자동차 66분

긴의 큰 은행나무

자동차 11분

슈시 단풍길 (린칸히로바)

자동차 24분

히타카쓰항 국제터미널 도착 후 출국 수속

히타카쓰항 국제터미널

도보 또는 송영차

렌터카 반납

이사리비 공원 / 슈시 단풍길

2박 3일
대마도 완전 일주 여행

🚌 **추천 교통편**
Day 1~3 렌터카

다소 빡빡한 일정이지만 대마도를 관광 위주로 돌아보고 싶을 때 2박 3일 렌터카 여행이면 웬만한 관광지는 대충 훑어볼 수 있다. 다만 일정이 타이트해서 마음에 드는 장소에서 충분한 시간을 보낼 수 없다는 단점이 있다. 만약 시간을 더 낼 수 있다면 2일째 오후나에 유적, 아유모도시 자연공원, 쓰쓰자키 전망대와 함께 가미자카 공원, 고모다하마 신사, 이시야네 쪽을 하루로 잡고 3일째 와타즈미 신사와 에보시다케 전망대를 볼 때 기사카노 모코야, 기사카 해신 신사 등을 추가로 넣어 3박 4일 일정으로 진행해도 좋다. 이때 대마도를 샅샅이 살펴보면서 힐링 타임을 가지면 여행을 알차고 깊이 있게 보낼 수 있다.

DAY 1   이즈하라 숙박

히타카쓰항
국제터미널
도착 후 입국 수속

도보 또는 송영차 → 렌터카 대여

자동차 6분

미우다 해수욕장

자동차 3분

도노사키 공원

자동차 9분

사스나 마을

자동차 16분

도요포대 유적

자동차 4분

한국 전망소

자동차 19분

가이칸 식당
(점심 식사)

자동차 31분

센뵤마키산

자동차 20분

이국이 보이는
언덕 전망탑

자동차 38분

쓰시마 야생 생물
보호 센터

자동차 2분  자동차 98분  자동차 26분

사오자키 공원   만관교   숙소 체크인 후 하카타 이치반도리 이쇼쿠야 아라이(저녁 식사)

DAY 2 이즈하라 숙박

 숙소 →  오후나에 유적 — 자동차 17분 →  아유모도시 자연공원 — 자동차 10분 → 미녀총 — 자동차 16분 →  쓰쓰자키 전망대

자동차 12분 ↓

 와타즈미 신사 — 자동차 50분 →  티아라 — 자동차 22분 →  란테이 (점심 식사) — 자동차 12분 →  쓰쓰

자동차 14분 ↓

 에보시다케 전망대 — 자동차 51분 →  드러그스토어 모리 — 자동차 3분 →  다이렉스 미쓰시마점 → 숙소

에보시다케 전망대

조선 통신사의 비

덕혜옹주 결혼 봉축 기념비

DAY 3

숙소 체크아웃

조선 통신사의 비

자동차 1분

덕혜옹주 결혼 봉축 기념비

자동차 1분

이사리비 공원

자동차 5분

국분사

자동차 5분

만송원

자동차 7분

소자이모구모구
(도시락 구입)

자동차 73분

긴의 큰 은행나무

자동차 11분

슈시 단풍길(린칸히로바)

자동차 24분

출국 수속

히타카쓰항 국제터미널

도보 또는 송영차

렌터카 반납

2박 3일
캠핑 여행

🚌 추천 교통편
Day 1~3 렌터카

캠핑은 여름이 제격이지만 일 년 내내 운영하는 캠프장도 있으니 하루쯤 고려해 볼 만하다. 대마도 캠핑 여행은 원시림에 가까운 자연에서 휴식과 힐링의 시간을 갖는 데 가장 큰 의의가 있겠지만 워낙 숙소 시설이 부족하다 보니 차선의 방법으로 생각해 봐도 나쁘지 않다. 캠핑으로 인해 생각지도 않은 추억과 기대하지 않은 특별함을 얻을 수도 있으니 말이다. 사실 캠핑은 의외로 인기가 많아 미리미리 서두르지 않으면 예약이 힘들 수도 있다.

DAY 1 캠프장 숙박

히타카쓰항
국제터미널
도착 후 입국 수속

→ 도보 또는 송영차

렌터카 대여

→ 자동차 6분

미우다 캠프장

→ 도보 1분

미우다 해수욕장

↓ 자동차 3분

도요포대 유적

→ 자동차 4분

한국 전망소

→ 자동차 19분

도노사키 공원

↓ 자동차 16분

사스나 마을

→ 자동차 18분

이국이 보이는
언덕 전망탑

→ 자동차 38분

쓰시마 야생 생물
보호 센터

→ 자동차 2분

 자동차 56분  자동차 12분

사오자키 공원 　　　　슈퍼 밸류 다케스에 오우라점 　　　　미우다 캠프장

DAY 2 캠프장 숙박

 자동차 21분  자동차 27분

미우다 캠프장 　　　　곤겐산 전망대 　　　　아지로의 연흔

자동차 36분

 자동차 10분  자동차 25분

긴의 큰 은행나무 　　　　슈시 단풍길(린칸히로바) 　　　　사스나 마을
(점심 식사)

자동차 10분

 자동차 34분  자동차 33분

모기하마 해수욕장 　　　　원통사 　　　　만제키 전망대

자동차 30분

티아라

자동차 1분

가네이시성 유적

자동차 7분

수선사

자동차 18분

신화의 마을 자연공원

자동차 38분

다이렉스 미쓰시마점

DAY 3

신화의 마을 자연공원

자동차 13분

에보시다케 전망대

자동차 14분

와타즈미 신사

자동차 31분

히타카쓰항 국제터미널
도착 후 출국 수속

자동차 70분

기사카 해신 신사

자동차 1분

기사카노 모코야

신화의 마을 자연공원

기사카 해신 신사

2박 3일
트레킹 여행

🚌 **추천 교통편**
Day 1 노선버스(1일 프리 패스권 구입)
Day 2 택시, 노선버스(1일 프리 패스권 구입)

대마도는 걷기 좋은 지역이 너무 많아 의외로 많은 사람이 이곳으로 트레킹 여행을 온다. 일부 패키지여행상품에서도 반나절 정도 관광 대신 트레킹을 선택할 수 있게 돼 있다. 그만큼 관광과 쇼핑 이상의 만족도를 얻어갈 수 있는 곳이 대마도다. 대마도 단체로 트레킹 여행을 와도 노선버스와 택시를 얼마든지 이용할 수 있다. 다소의 불편함이 따르긴 하지만, 걷기 위해 떠나는 여행길이니 걷는 여행을 위한 준비 길마저도 즐거움으로 느껴진다. 단, 대마도는 자연 그대로 원시림이 많으니 가급적 자연을 훼손하는 일은 삼가고 인적이 드문 곳이 많기 때문에 단체로 움직이는 것을 추천한다.

DAY 1  이즈하라 숙박

 히타카쓰항 국제터미널 도착 후 입국 수속

— 도보 13분 →

 기타타키로 트레킹 코스

— 도보 180분 →

 도노사키 공원

 숙소

← 버스 159분 —

 이즈하라 버스 정류장 (19:15)

 히타카쓰항 국제터미널 버스 정류장(16:36)

— 도보 45분 ↑

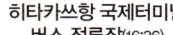
● 16:36 출발 버스 대신 그다음 날 6:26 출발을 이용해도 됨.

DAY 2 이즈하라 숙박

 이즈하라 버스 정류장

— 택시 25분 →

 시라타케 등산자용 화장실

— 도보 35분 →

 시라타케 트레킹 시작 지점

정상 240분 소요 — 도보 35분 — 도보 36분

시라타케 트레킹
완료 지점

시라타케 등산자용
화장실

조야마 입구

도보 26분

미카타 버스 정류장
(평일 17:22, 주말 18:02)

도보 15분

조야마 입구

도보 26분

조야마 트레킹
완료 지점

정상 120분 소요

조야마 트레킹
시작 지점

버스 19분

쓰시마뵤인
버스 정류장
(평일 17:41, 주말 18:21)

도보 3분

유타리랜드 쓰시마
(온천욕)

도보 3분

쓰시마뵤인
버스 정류장

버스 25분

이즈하라 버스
정류장

- -

DAY 3

2019년 쓰시마 박물관으로 오픈하기 위해 2017년 4월 1일부터 휴관 중. 만약 자녀와 함께 여행 중이라 박물관이나 전시관 하나쯤 방문코자 한다면 관광 정보관 후레아이도코로 쓰시마의 관광 전시실도 괜찮다.

티아라

도보 2분

나가사키 현립
쓰시마 역사 민속 자료관

도보 10분

시미즈산 트레킹
시작 지점

정상 180분 소요

히타카쓰항 국제터미널
도착 후 출국 수속

도보 12분

드러그스토어
마쓰모토 기요시

도보 10분

시미즈산 트레킹
완료 지점

77

3박 4일
아이와 함께하는 역사 여행

🚌 **추천 교통편**
Day 1~4 렌터카

대마도는 아이들에게 보여 줄 곳이 많다. 우리나라 역사와도 밀접하게 연관돼 있어 아이들에게 들려줄 이야기들이 많은 곳이기도 하다. 뿐만 아니라 우리나라에서는 보기 드문 원시림에 가까운 자연도 사방 천지에 있기 때문에 체험 학습하기에도 좋다.
3박 4일 렌터카 여행이라면 자녀들에게 웬만한 우리나라 관련 유적지를 따라가면서 대마도의 유명 관광지들을 함께 볼 수 있다. 게다가 캠핑 체험이나 현지인 민숙 체험까지 넣는다면 그야말로 잊지 못할 여행의 즐거움을 줄 수 있다.

DAY 1 캠프장 숙박

도보 또는 송영차 — 자동차 6분 — 자동차 3분

히타카쓰항
국제터미널
도착 후 입국 수속

렌터카 대여

미우다 해수욕장

도노사키 공원

자동차 9분

슈퍼 밸류 다케스에
오우라점

자동차 11분 — 자동차 4분 — 자동차 19분

도요포대 유적

한국 전망소

레스토랑 미마쓰
(점심 식사)

자동차 10분

사스나 마을

자동차 31분

센뵤마키산

자동차 20분

이국이 보이는
언덕 전망탑

자동차 38분 자동차 2분  자동차 116분

쓰시마 야생 생물 보호 센터   사오자키 공원   아소 베이 파크 오토 캠프장

DAY 2 민숙 체험

 자동차 27분   고후나코시   자동차 20분   와타즈미 신사   자동차 14분   에보시다케 전망대

아소 베이 파크 오토 캠프장

자동차 45분

 자동차 1분   티아라   자동차 70분   기사카 해신 신사   자동차 1분 

조선 통신사의 비   티아라   기사카 해신 신사   기사카노 모코야

자동차 1분

 도보 2분  도보 2분  자동차 1분

가네이시성 유적 주차장   덕혜옹주 결혼 봉축 기념비   가네이시성 유적 주차장   만송원

자동차 3분

 도보 2분  도보 5분

나카라이 도스이관   이즈하라 하치만구 신사   티아라 주차장

79

도보 6분

자동차 1분

티아라 주차장

자동차 2분

바바스지 거리

자동차 3분

미야타니 지구 무사 가옥

사자키하라성의 고려문

자동차 4분

자동차 6분

티아라

자동차 6분

이사리비 공원 & 이사리비탕

자동차 7분

수선사

자동차 6분

국분사

DAY 3 이즈하라 숙박

숙소

오후나에 유적

자동차 17분

아유모도시 자연공원

자동차 10분

미녀총

자동차 16분

다쿠즈다마 신사

자동차 5분

쓰쓰

자동차 12분

쓰쓰자키 전망대

자동차 17분

이유모도시자연공원

 자동차 22분  자동차 15분  자동차 27분

란테이(점심 식사)　　　　티아라　　　　가미자카 공원　　　　고모다하마 신사

자동차 9분

　　 자동차 3분  자동차 29분

숙소　　　　다이렉스 미쓰시마점　　　　드러그스토어 모리　　　　이시야네

DAY 4

　　 자동차 7분  자동차 22분

숙소 체크아웃　　　　만관교　　　　매림사　　　　원통사

자동차 23분

  도보 또는 송영차 자동차 24분  자동차 11분

히타카쓰항 국제터미널 도착 후 출국 수속　　히타카쓰항 국제터미널　　렌터카 반납　　슈시 단풍길 (린칸히로바)　　긴의 큰 은행나무

매림사

원통사

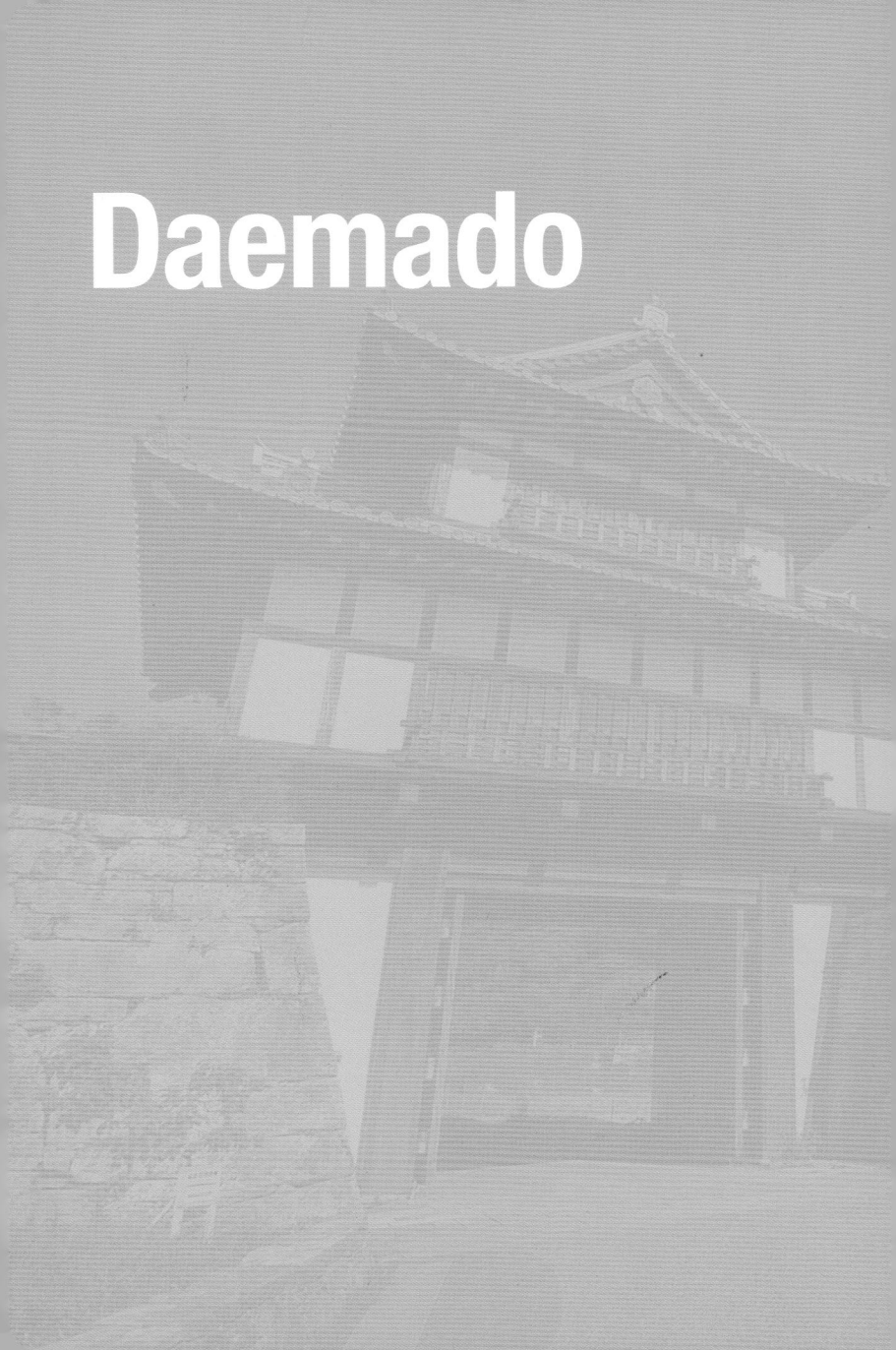

Daemado

지역 여행 ^{대마도}

이즈하라항과 주변
히타카쓰항과 주변
기타 지역

이즈하라항과 주변
嚴原港

고즈넉한 마을 속에서 옛 조선의 모습이 보인다!

대마도에서 가장 발달한 마을인 이즈하라항 주변은 7세기부터 대마도의 중심지로서 대마도를 관할하는 관청이 있던 곳이다. 오늘날에도 대마도의 시청을 비롯해 각종 행정 기관이 이곳에 집중해 있다. 쓰시마시対馬市, 대마도는 6개의 마치町로 구성돼 있는데 이즈하라항 주변이 바로 이즈하라마치嚴原町이다. 이즈하라항 주변은 대마도에서 가장 번화한 마을치고는 한적하다. 웬만한 거리는 다 걸어갈 수 있고, 만나는 사람들은 대부분 우리나라 여행자들이다. 티아라 앞을 지나는 대마도에서 가장 넓은 도로인 382번 국도를 벗어나면 왕복 1차선의 좁은 도로거나 아니면 658cc 경차조차 통행이 불가능한 좁은 골목이다. 단 1~2분 만에 조금은 오래된 옛날로 회귀한 듯한 풍경이 드러나는 곳이 바로 이즈하라이다. 이즈하라 중심지 여행은 관광 정보관 후레아이토코로 쓰시마와 티아라라는 쇼핑센터가 있는 쓰시마시 교류 센터 건물을 중심으로 움직이게 된다. 조선 통신사의 비, 가네이시성 유적, 덕혜옹주德惠翁主 결혼 봉축 기념비, 만송원 등이 뒤쪽에 있고 앞쪽에는 호텔과 음식점 그리고 국분사와 수선사가 있다. 이즈하라항 국제터미널에서 관광 정보관이나 티아라까지는 십여 분밖에 걸리지 않아 입국 수속을 마치고 나오면 바로 관광이나 쇼핑을 시작할 수 있다.

이즈하라 가는 법

버스

히타카쓰항 국제터미널에서 이즈하라까지는 하루에 5대의 노선버스가 운행 중이다. 히타카쓰항 국제터미널 출발은 6:26, 8:31, 11:21, 12:51, 16:36이며 히타카쓰比田勝 버스 센터에는 9분 후, 사스나佐須奈에는 23분 후에 도착한다. 히타카쓰항 국제터미널 버스 정류장은 히타카쓰항 국제터미널 앞 대형 버스 주차장 옆에 있다. 히타카쓰항 국제터미널에서 이즈하라까지는 2시간 30분으로 먼 길을 이동하니 버스 정류장 분위기를 보고 있다가 출발 시간 전에 미리미리 줄을 서는 것이 좋다. 특히 16:36 출발은 히타카쓰항 인근에서 구경하다가 이즈하라로 가는 여행객들이 많으니 한발 늦으면 버스 바닥에 앉아 가는 일이 발생한다. 만약 렌터카를 이용한다면 도착지를 내비게이션에 입력해 이동하는 것이 최선이나 보다 편한 길을 택한다면 382번 국도를 이용하는 것이 좋고, 가는 길에 나루타키 공원, 슈시 단풍길, 긴의 큰 은행나무 혹은 모기 해수욕장 등을 보면서 가고 싶다면 히타카쓰 중심가에 있는 쓰시마 시립 히타카쓰 초등학교対馬市立比田勝小学校를 지나 39번 국도로 가면 된다. 내비게이션으로 티아라(mapcode 526 139 118)를 설정해도 39번 국도에서 48번 국도로 갈아탄 다음 382번 국도로 안내한다. 사실 382번 국도를 계속 따라가는 것이 지도상으로는 많이 돌아가는 듯 보이나 39번 국도보다 길이 좋기 때문에 십여 분 정도밖에 차이가 나지 않는다. 한 가지 더, 날이 어두워지면 39번 국도로는 가지 말자. 슈시 단풍길 인근은 로밍도 되지 않고 내비게이션에 따라서는 GPS도 잡히지 않으니 헤맬 수 있다. 차라리 마지막 날 이즈하라에서 히타카쓰항 국제터미널로 올라오면서 그때 보는 것이 낫다.

이즈하라 교통편

이즈하라嚴原 중심가는 대부분 도보 이동이 가능하다. 즉, 이즈하라항 국제터미널로부터 고려문, 수선사, 국분사 그리고 조금 멀지만 이사리비 공원까지도 걸어서 다닐 수 있다. 때문에 이즈하라 중심가에만 있다면 버스를 타거나 렌터카를 빌릴 필요가 없다.

노선버스

구타久田에 있는 오후나에 유적이나 G 카페, 아유모도시 자연공원이나 란테이 그리고 다이렉스나 밸류 혹은 드러그스토어 모리에 간다면 노선버스로도 이동이 가능하다. 대마도의 노선버스는 노선별로 운행 대수가 적기 때문에 시간을 잘 맞춰야 한다. 이즈하라嚴原 버스 정류장은 관광 정보관과 티아라 앞쪽 두 군데에 있는데, 히타카쓰比田勝 등 북쪽으로 이동하는 버스들은 관광 정보관 앞이 출발지므로 그곳에서 탑승하는 것이 좌석 확보에 좋다. 구타나 아유모도시 자연공원 등 이즈하라에서 남쪽으로 가는 버스들의 탑승 역시 관광 정보관 앞쪽 이즈하라嚴原 버스 정류장에서 한다.

> **TIP** 이즈하라嚴原에서 히타카쓰항 국제터미널로 버스 이동
>
>
>
> 이즈하라에서 히타카쓰항 국제터미널(히타카쓰 버스 센터 경유)로 하루에 5대의 버스가 운행한다. 관광 정보관 후레아이토코로 쓰시마 앞 이즈하라 버스 정류장 출발은 7:05, 10:58, 13:28, 14:58, 18:28이며 약 2시간 30분 정도 소요된다. 이 중 10:58 버스의 탑승객이 가장 많은데 히타카쓰항에서 출발하는 승선객이 많이 타기 때문이다. 이 버스는 트렁크나 짐도 함께 싣다 보니 실제적으로 사람이 앉을 수 있는 좌석 수가 더 줄어든다. 때문에 많은 사람이 바닥에 앉아 간다. 좌석에 앉아 가려면 한두 시간 전에 미리 버스 정류장에 나와 대기하는 것이 좋다. 이즈하라에서 히타카쓰항 국제터미널로 가는 길이 382번 국도이긴 하지만 고불고불한 길이 많으며 왕복 1차선 구간도 있어 2시간 30분을 서서 가기란 쉽지 않다. 대안으로 특정 요일에 우리나라 여행사에서 운영하는 야마네코 시티 투어 버스가 있는데 소셜 커머스 등에서 구입 가능하다. 이즈하라에서 히타카쓰항 국제터미널 또는 히타카쓰항 국제터미널에서 이즈하라항을 운행하며 중간에 만관교에서 잠시 정차한다. 요금은 편도 15,000원으로 노선버스 1일 프리 패스권(1日フリーパス券)보다는 비싸지만 안전하게 좌석을 확보할 수 있다.

🚕 택시

이즈하라에는 호텔 쓰시마 택시|ホテル対馬タクシー, 다이슈 택시|対州タクシー(有), 이즈하라 택시|厳原タクシー(有)(전화 : 0920-52-0227) 등이 있는데, 택시를 이용하려면 콜택시가 원칙이나 호텔 쓰시마를 중심으로 택시 회사들이 있어서 가까운 거리에 있다면 직접 가서 물어봐도 된다. 각 택시 회사들은 자체 내 택시 투어 프로그램이 있어 일본어를 한다면 운전기사의 설명과 함께 재미있게 다닐 수 있으나 일본어를 못하더라도 택시 투어를 이용하는 데 전혀 문제되지 않는다. 운전에 자신이 없거나 시간이 없을 때는 택시 투어를 고려해 보는 것도 괜찮다.

호텔 쓰시마 택시|ホテル対馬タクシー
주소 対馬市厳原町今屋敷 765 **위치** 호텔 쓰시마 내 **시간** 7:00~3:00 **요금** 10,380엔(가미자카 공원+만관교[3시간]), 10,380엔(오후나에 유적+아유모도시 자연공원[3시간]), 13,840엔(만관교+와타즈미 신사+에보시다케 전망대[4시간]) **전화** 0920-52-0500

다이슈 택시|対州タクシー(有)
주소 対馬市厳原町今屋敷 775-1 **위치** 시마 스토리 인근 **시간** 7:00~3:00 **요금** 7,000엔(오후나에 유적+가미자카 공원[2시간]), 10,500엔(오후나에 유적+가미자카 공원+만관교[3시간]), 14,000엔(만관교+와타즈미 신사+에보시다케 전망대+기사카 해신 신사[4시간]), 16,800엔(오후나에 유적+쓰쓰자키 전망대+아유모도시 자연공원[4.5시간]), 24,500엔(만관교+와타즈미 신사+에보시다케 전망대+기사카 해신 신사+쓰시마 야생 생물 보호 센터+한국 전망소+긴의 큰 은행나무[7시간]) **전화** 0920-52-1814

 렌터카

이즈하라 중심가에만 있는다면 렌터카가 전혀 필요 없다. 대마도는 워낙 도로가 좁은데다 이즈하라 중심가는 658cc 경차가 지나가지 못할 정도의 좁은 골목도 많아 차량 스크래치 사고 위험 등이 있어 오히려 번거로울 수 있다. 대신 구타 지역이나 다이렉스, 드러그스토어 모리, 밸류까지 버스로도 갈 수 있다. 만약 가미자카 공원, 아유모도시 자연공원이나 쓰쓰자키 등대 등으로 렌터카 여행을 한다면 도보가능한 이즈하라 중심가관광지들을 빼고 빌리는 시간을 계산하는 것이 좋다.

이즈하라항과 주변

만제키(万關) 버스 정류장
민숙 구로이와 民宿くろいわ
쓰시마보인(対馬病院) 버스 정류장
쓰시마 공항 対馬空港
민숙 쓰리노이에 民宿つりの家
쓰시마 그랜드 호텔 対馬グランドホテル
다카하마바시(高浜橋) 버스 정류장
다마노유 真珠の湯
펜션 나기 ペンション凪
민숙 우에노소 民宿上野荘
가미자카 공원 上見坂公園
우동차야 うどん茶屋
주유소
히노키 산소 쓰시마 貸コテージ檜山荘対馬
이즈하라 중심가
와타나베 과자점 渡辺菓子舗
이사리비 공원 漁火公園
쓰시마 대아 호텔 対馬大亜ホテル
뷰 호텔 미즈키 ビューホテル観月
쓰시마 이즈하라 펜션 対馬いづはらペンション
오후나에 유적 お船江跡
이즈하라항 국제터미널 厳原港国際ターミナル
G 카페 G カフェ
이즈하라 파크 Izuhara Park
고모다하마 신사 小茂田浜神社
다쿠미 体験であい塾匠
이시야네 石屋根
쿠타(久田) 버스 정류장
민숙 페코짱 民宿ペコちゃん
오우라 해수욕장 尾浦海水浴場
오우라(尾浦) 버스 정류장
붉은배새매 관측지 アカハラダカ觀察地
란테이 らん亭
아유모도시 자연공원 鮎もどし自然公園
미녀총 美女塚
쇼토가 주택 主膳家住宅
다쿠즈다마 신사 多久頭魂神社
쓰쓰 豆酘
쓰쓰이탄가타 해수욕장 豆酘板形海水浴場
쓰쓰자키 등대 豆酘崎灯台
쓰쓰자키 豆酘崎

이즈하라항과 주변 BEST COURSE

반나절 도보 여행 코스

관광 정보관 후레아이토코로 쓰시마 →(도보 1분)→ 조선 통신사의 비 →(도보 1분)→ (구)가네이시성 정문과 (구)가네이시성 유적 →(도보 1분)→ 덕혜옹주 결혼 봉축 기념비 →(도보 바로)→ (구)가네이시성 정원 출구 →(도보 바로)→ 만송원 →(도보 9분)→ 이즈하라 하치만구 신사 →(도보 2분)→ 나카라이 도스이관 →(도보 2분)→ 바바스지 거리 →(도보 4분)→ 미야타니 무사 가옥 →(도보 2분)→ 사지키하라성의 고려문 →(도보 9분)→ 국분사 →(도보 6분)→ 수선사 →(도보 17분)→ 이사리비 공원과 이사리비탕 →(도보 16분)→ 티아라

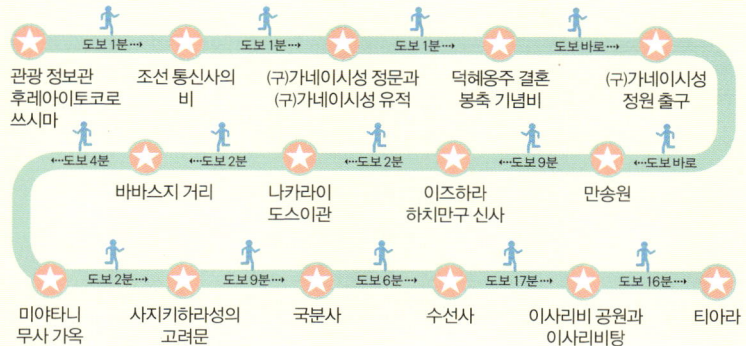

렌터카 하루 코스

관광 정보관 후레아이토코로 쓰시마 →(자동차 5분)→ 오후나에 유적 →(자동차 10분)→ 오우라 해수욕장 →(자동차 14분)→ 붉은배새매 관찰지 →(자동차 19분)→ 아유모도시 자연공원 →(자동차 34분)→ 쓰쓰 (다쿠즈다마 신사) →(자동차 12분)→ 쓰쓰자키 등대 →(자동차 14분)→ 미녀총 →(자동차 10분)→ 란테이(점심 식사) →(자동차 1분)→ 티아라(경유) →(자동차 15분)→ 가미자카 공원 →(자동차 35분)→ 고모다하마 신사 →(자동차 9분)→ 이시야네 →(자동차 23분)→ 티아라

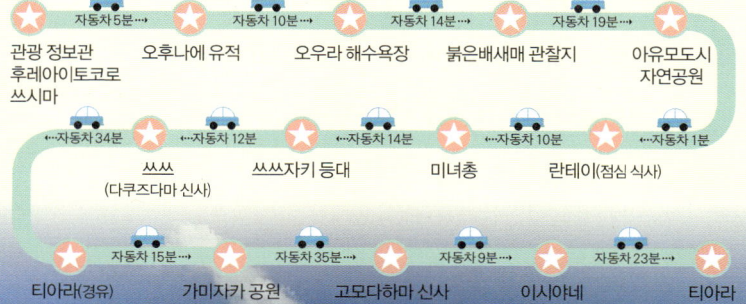

니나호, 오션플라워 운항 중

이즈하라항 국제터미널 厳原港国際ターミナル [이즈하라코코쿠사이타미나루]

📍 34.197862, 129.291226

주소 対馬市厳原町東里 341-24 **mapcode** 526 110 279 **위치** ❶ 이즈하라항에서 바로 ❷ 티아라에서 도보 10분 **전화** 0920-52-6350(미래고속), 0920-52-3138(대아고속해운)

2000년 9월에 완공된 이즈하라항 국제터미널로 미래고속의 니나호와 대아고속해운의 오션플라워가 운항 중이다. 이즈하라항 국제터미널은 히타카쓰항 국제터미널에 비해 시설이 오래됐으며 터미널 안에는 미래고속과 대아고속해운의 발권 카운터와 함께 관광 안내소, 카페, 대합실 등이 있다. 이즈하라항 국제터미널이 위치한 이즈하라항은 예로부터 우리나라와의 교역항이자 조선 통신사를 비롯해 쓰시마 번주藩主의 출항지였다. 오늘날 이즈하라항은 우리나라를 비롯해 일본의 이키섬, 후쿠오카 등을 연결하면서 구타 지역 쪽에서는 수산물 및 목재를 취급하는 항구로 이용되고 있다. 대마도를 남북으로 관통하는 382번 국도의 종착지이기도 한 이즈하라항 국제터미널에서 이즈하라 중심가에 있는 티아라까지는 도보로 이동 가능하며 도로변에서 조선 통신사 200주년을 기념하기 위해 2011년 8월 22일에 그려진 벽화를 볼 수 있다.

대마도 여행의 정보를 습득할 수 있는 곳
관광 정보관 후레아이토코로 쓰시마
観光情報館 ふれあい処 つしま [칸코조호칸 후레아이토코로쓰시마]

📍 34.202780, 129.288973

주소 対馬市厳原町今屋敷 672-1 **mapcode** 526 109 868 **위치** ❶ 티아라에서 도보 1분 ❷ 이즈하라항 국제터미널에서 도보 9분 **시간** 8:45~17:30(관광 안내소), 9:00~17:00(관광 전시실), 9:00~18:00(특산물 판매장), 11:00~14:00(음식점), 8:45~18:00(다목적 광장), 8:45~18:00(버스 대기소 및 로커 이용) **휴무** 12월 29일~1월 3일 **요금** 무료 **홈페이지** tsushima-net.org/fureai **전화** 0920-52-1566

2015년 5월에 문을 연 이곳은 대마도 여행에 대한 정보를 얻을 수 있는 관광 안내소를 비롯해 관광 전시실観光の間, 특산물 판매장特産品の間 그리고 후레아이쇼쿠도 이코이ふれあい食堂 憩い라는 음식점으로 구성돼 있다. 티아라와 함께 이즈하라 중심에 있어 이즈하라를 여행하는 여행자라면 한 번쯤 들르게 되는 이곳은, 소宗 번주의 가신이었던 후루카와古川 가문의 대문長屋門, 나가야몬을 재현해 놓았다. 관광 전시장은 작은 규모지만 풍부한 사진과 한글이 첨부된 각종 패널로 대마도의 역사, 관광지, 자연환경, 생태, 산업 등에 대해 이해하기 쉽게 전시해 놓고 있어 여행 중간에 잠시 들러보면 좋다. 특산물 판매장에서는 대마도 인근에서 잡은 생선과 각종 해산물을 비롯해 표고버섯, 꿀, 술, 간장, 돈짱, 이리야키, 다이슈소바 등 대마도 기념 특산물들을 한자리에 모아 놓아 손쉽게 구입할 수 있다. 후레아이쇼쿠도 이코이에서는 다이슈소바, 이리야키소바, 돈짱, 사시미 등 대마도를 대표하는 음식들을 판매한다.

대마도에서 가장 큰 쇼핑센터이자 대마도 여행의 중심지
티아라 TIARA ティアラ [티아라]

📍 34.203851, 129.289142

주소 対馬市厳原町今屋敷 661-3 **mapcode** 526 139 118 **위치** ❶ 이즈하라항 국제터미널에서 도보 10분 ❷ 히타카쓰 국제터미널에서 차로 111분 **시간** 매장별로 상이 **홈페이지** izuhara-tiara.com

2006년 10월 7일에 문을 연 티아라는 이즈하라 중심가에 위치해 있어 이즈하라 여행의 시작점이 되는 곳이자 대마도에서 가장 큰 쇼핑센터를 갖춘 대형 복합 시설이다. 티아라ティアラ는 쓰시마시 교류 센터의 쇼핑 존対馬市交流センターのショッピングゾーン 애칭으로 쇼핑센터와 함께 여러 공공시설을 갖추고 있다. 티아라의 1, 2층에는 매장과 이벤트 홀, 3, 4층은 평생 학습 센터, 공민관, 연구실, 도서관 등이 있다. 지하에는 150대를 주차할 수 있는 주차장이 있으며 누구나 90분까지는 무료 주차가 가능하다. 지하 주차장은 오전 8시 30분에서 오후 11시까지이며 무료 주차 후 매 30분마다 50엔씩 가산된다.

 **스페셜 가이드 티아라 층별 안내**

레드 캐비지 _쓰시마 이즈하라점
レッドキャベツ 対馬いづはら店 [레드캬베지쓰시마이즈하라텐]

위치 티아라 1층 **시간** 9:00~22:00(일요일 8:00~22:00) **홈페이지** red-cabbage.com **전화** 0920-52-7387

레드 캐비지는 야마구치현과 북규슈를 중심으로 한 슈퍼마켓 체인으로, 현지인들은 물론 여행자에게도 반가운 매장이다. 우리나라 마트와 비슷한 구성으로 각종 공산품을 비롯해 신선한 야채, 과일, 육류, 어류 등을 판매한다. 여행자들은 음료나 물, 라면뿐 아니라 회나 도시락 등도 구입이 가능해 한 번 이상은 들르는 장소다. 레드 캐비지는 면세(Tax Free)가 되지 않으므로 간장, 곤약 젤리, 초콜릿, 과자, 음료, 술 등을 5,401엔(소비세 포함) 이상 구입한다면 차라리 다이렉스나 드러그스토어 모리, 밸류 등에 가는 것이 낫다.

나가세에이주도 _티아라점
永瀬永寿堂 ティアラ店 [나가세에이쥬도티아라텐]

위치 티아라 1층 **시간** 9:00~20:00 **전화** 0920-52-7575

나가세에이주도는 대마도에 본사를 둔 드러그스토어로서 현지인들에게는 유명하고 친숙한 약국이다. 나가세에이주도 티아라점은 규모가 크지 않은데다 마쓰모토 기요시나 드러그스토어 모리 등에 밀려 여행자들에게는 그리 인기가 많지 않다. 주로 현지인들을 대상으로 하는 약국이기 때문에 우리나라 여행자들 사이에서 소문난 약품 위주가 아닌 현지 인기 제품들을 알고 싶다면 방문해 볼 만하다.

하카타 이치반도리 이쇼쿠야 아라이 _이즈하라점
博多一番どり居食家あらい 厳原店 [하카타이치반도리이쇼쿠야아라이이즈하라텐]

위치 티아라 1층 **시간** 11:00~15:00, 17:00~24:00 **가격** 463엔(시오 레몬 추하이), 755엔(치킨샐러드), 712엔(닭계란죽), 755엔(닭다리구이), 853엔(연어회) **홈페이지** ichibandori.com **전화** 0920-52-1000

후쿠오카에서 시작해 100여 개 이상의 체인점을 갖춘 닭꼬치구이로 유명한 이자카야다. 이즈하라에 있는 이자카야들은 테이블 몇 개를 갖춘 비교적 작은 규모들인데 반해 이곳은 패밀리 레스토랑과 비슷한 분위기의 현대적인 인테리어를 갖추고 있어 보다 편하게 방문할 수 있다. 작은 이자카야에서 맛볼 수 있는 주인장과의 교류, 오리지널 일본식 이자카야 분위기는 느낄 수 없지만 일본어로 인한 불편함은 없으므로 저녁 식사 겸 들르기 좋다. 점심에는 밥과 미소된장국이 포함된 정식 메뉴를 판매하며 저녁 메뉴는 전부 큼지막한 사진으로 되어 있어 이름을 몰라도 주문이 가능하다.

다이슈안 対州庵 [다이슈안]

위치 티아라 1층 **시간** 9:00~20:00 **가격** 400엔(가케우동), 480엔(유부우동), 700엔(가쓰카레), 700엔(소고기비빔우동), 750엔(돈가스덮밥) **전화** 0920-52-7391

다이슈안은 대마도 향토 음식인 로쿠베나 이리야키 소바도 팔지만 메밀이 아니라 우동이 전문인 곳이다. 가케우동, 야채튀김우동, 유부우동, 오징어튀김우동 등을 비롯해 카레우동, 가쓰카레우동, 소고기비빔우동 등 다양한 종류의 우동을 맛볼 수 있다. 뿐만 아니라 가쓰카레, 돈가스덮밥, 새우덮밥, 닭고기덮밥, 계란덮밥 등도 있어 면을 싫어하는 여행자도 선택의 폭이 있는 곳이다. 맛은 평이하니 일부러 찾아가기보다는 식사 시간이 어정쩡할 때 차선책으로 생각해 볼 만하다. 티아라 1층에 위치해 있는데다가 브레이크 타임도 없어 편하게 방문이 가능하다.

모스 버거 _나가사키 쓰시마점
モスバーガー 長崎対馬店 [모스바가나가사키쓰시마텐]

위치 티아라 1층 **시간** 7:00~22:00 **가격** 220엔(프렌치프라이포테이토[S]), 240엔(멜론소다[M]), 360엔(데리야키버거), 390엔(모스 라이스버거 불고기), 400엔(모스 치즈버거), 460엔(특제 햄버거 샌드) **홈페이지** mos.jp **전화** 0920-52-7222

모스 버거는 일본에서 맥도날드의 뒤를 이어 인기 순위 2위를 차지하는 햄버거다. 주문 후에 만들기 시작하므로 10분 이상 기다리는 경우가 많다. 신선한 양질의 재료를 사용해 시간 들여 만들기 때문에 그 어떤 수제 버거와 비교해도 빠지지 않을 맛이다. 2012년 4월 이후 우리나라에서도 모스 버거를 판매하지만 일본 모스 버거는 일본을 여행하는 우리나라 여행객들이 먹어봐야 할 음식 중 하나로 여전히 인기가 높다. 특히, 모스 라이스버거모스라이스버거는 그야말로 햄버거의 혁신과도 같은 맛으로, 한 끼 식사로도 만족스럽다. 티아라 1층에 있는 모스 버거는 대마도 내에서는 유일한 패스트푸드점이라 현지인들도 커피나 햄버거를 먹으려고 많이 찾는다. 여행자들도 쇼핑 중간에 쉬어 가기 좋으며 간단히 요기하기에도 좋다.

100엔 숍 도쿠토쿠야 _쓰시마점
100円ショップ得得屋 対馬店 [햐쿠엔쇼푸토쿠토쿠야쓰시마텐]

위치 티아라 2층 **시간** 9:00~21:00 **홈페이지** tokutokuya.com **전화** 0920-52-6321

다이소와 비슷한 100엔 숍이다. 도쿠토쿠야得得屋는 1989년 3월 이즈모시에서 설립된 100엔 숍으로, 일본 내 18개 점포를 비롯해 싱가포르, 태국, 말레이시아, 베트남, 캄보디아, 라오스 등에 해외 점포를 갖고 있다. 도쿠토쿠야는 인테리어, 주방용품, 생활 잡화, 문구 등에 치중하며 양질의 제품도 간혹 눈에 띄어 알뜰 쇼핑이 가능하다. 이즈하라항을 통해 당일치기 여행을 왔을 때 시간 보내기에도 좋은 곳이다. 도쿠토쿠야에서는 5,401엔(소비세 포함) 이상 구매 시 면세(Tax Free)가 가능하다. 계산 시 여권을 제시하면 된다.

아스나로 あすなろ [아스나로]

위치 티아라 2층 **시간** 9:00~21:00 **전화** 0920-52-0799

티아라 2층 도쿠토쿠야 맞은편에 생활용품, 패션 잡화, 캐릭터용품, 문구 등을 판매하는 매장이다. 가격은 저렴한 편은 아니나 가짓수가 많아 관심이 있다면 시간 보내기 좋다. 이곳에서는 카드 결제도 가능하지만 5,401엔(소비세 포함)이 넘어 면세 구입을 원한다면 현금으로 결제해야 한다. 한쪽에 게임 센터와 함께 장난감들도 많아 자녀와 함께라면 와 볼 만한 매장이다.

일본 관광 물산관 日本観光物産館 [니혼칸코붓산칸]

위치 티아라 2층 **시간** 9:00~21:00 **홈페이지** tsushima-uehara.com **전화** 0920-52-6558

이즈하라 하치만구 신사 건너편에 위치한 쓰시마 물산관対馬物産館을 운영하는 주식회사 우에하라ウエハラ에서 대마도 특산품을 비롯해 일본 각지의 토산품, 기념품들을 모아 판매하는 매장이다. 우리나라 여행자들이 좋아할 만한 일본 제품들을 모아 놓았기 때문에 구경하는 재미가 쏠쏠하다. 대마도의 건어물, 표고버섯, 꿀, 로쿠베, 이리야키, 돈쨩, 카스마키 등을 비롯하여 다른 매장에서는 보기 힘든 각종 과자, 모찌류까지 구입이 가능하다. 이곳 역시 5,401엔(소비세 포함)이 넘으면 면세 구입이 가능하다.

가격대는 높지만 인기 제품만을 모아 놓은 곳 ♀ 34.203190, 129.288740
드러그스토어 마쓰모토 기요시 _이즈하라점
ドラッグストアマツモトキヨシ厳原店 [도랏구스토아마츠모토키요시이즈하라텐]

주소 対馬市厳原町今屋敷 674 **mapcode** 526 139 027 **위치** ❶ 티아라 뒤쪽 ❷ 이즈하라항에서 도보 10분
시간 9:00~23:00 **홈페이지** matsukiyo.co.jp **전화** 0920-53-5225

2015년 3월 마쓰모토 기요시의 자회사인 미도리약품ミドリ薬品에서 상호를 변경해 오픈했다. 일본 드러그스토어 대기업인 마쓰모토 기요시는 의약품, 화장품, 잡화, 식품들로 구성돼 있는데 이 매장은 지역적인 특성상 우리나라 여행객들이 좋아하는 제품들만 뽑아 진열했기 때문에 쇼핑하는 시간을 아껴 준다. 하지만 일본 본토 매장들이 저렴한 반면 이곳은 티아라 바로 옆에 있어 접근성이 좋은데다가 우리나라 패키지여행객들도 많이 찾기 때문에 다이렉스나 드러그스토어 모리보다는 가격대가 월등히 높다. 5,401엔(소비세 포함)이 넘으면 면세 구입이 가능하며 여권을 준비하면 된다.

한국인으로서 자부심을 느끼게 해 주는 역사의 현장

조선 통신사의 비 朝鮮国通信使之碑 [초센쿠니츠우신시노이시부미]

📍 34.203427, 129.287764

주소 対馬市厳原町金石城内 **mapcode** 526 139 053 **위치** ❶ 티아라에서 도보 2분 ❷ 이즈하라항 국제터미널에서 도보 12분 **요금** 무료

에도 시대 우리나라와 일본 교류에 지대한 영향을 끼쳤던 조선 통신사의 업적을 기리고자 우리나라와 일본의 학자, 언론인, 정부 관계자 등으로 구성된 이키·쓰시마 종합 학술 조사단 壱岐·対馬綜合學術調査団이 1992년 2월 13일에 세운 비석이다. 임진왜란(1592~1598)과 정유재란(1597~1598)을 일으킨 도요토미 히데요시 豊臣秀吉 사후 세키가와라 전투에서 정권을 잡은 도쿠가와 이에야스 德川家康는 강력한 막부 정치를 펼치는데, 이때 막부 장군의 장군직 계승을 축하하고 일본 정국을 감찰하기 위해 조선 통신사가 사절단으로 파견된다. 조선 통신사는 1607년부터 1811년까지 12회에 거쳐 일본을 방문했고, 한 번 방문 시 500여 명이 건너왔다고 한다. 조선 통신사는 일본에 학문과 예술 등을 전파해 일본 발전에 지대한 공헌을 했는데, 이는 일본 곳곳에서 발견된 조선 통신사 관련 유적과 유물로 알 수 있다.

12회 조선 통신사 사절단은 대마도에서 멈추었다?

조선 통신사의 에도 방문 중에는 조선과 일본의 국서 교환이 이루어졌는데, 1811년 조선 통신사의 12회 방문(빙례)聘禮은 에도까지 가지 않고 대마도에서 국서를 교환해 이를 '역지빙례易地聘禮'라고 한다. 일본은 흉년으로 경제적 어려움을 이유로 조선 통신사 12회 방문을 대마도에서 치르도록 요청한다. 실제 상황도 곤궁했지만 강력한 막부 세력이 더 이상 큰 비용을 들이면서 조선 통신사를 받을 이유가 없다는 인식의 변화도 작용했다. 결국 조선 통신사의 12회 방문은 쓰시마 번주의 사지키하라성桟原城에서 치러졌고, 그 후로 몇 차례 조선 통신사의 방문이 논의됐으나 성사된 적은 없다.

나가사키 현립 쓰시마 역사 민속 자료관은 휴관 중

1978년 12월 개관한 나가사키 현립 쓰시마 역사 민속 자료관長崎県立対馬歴史民俗資料館은 쓰시마 번주였던 소宗 가문의 사료를 중심으로 대마도의 역사, 문화, 민속에 대한 자료를 전시해 놓고 있다. 2019년 쓰시마 박물관으로 오픈하기 위해 2017년 4월 1일부터 휴관 중이다. 만약 자녀와 함께 여행 중이라 박물관이나 전시관 하나 정도 방문하려 한다면 관광 정보관 후레아이토코로 쓰시마観光情報館 ふれあい処つしま의 관광 전시실이 괜찮다. 규모는 작지만 대마도의 역사, 문화, 민속, 자연, 동식물 등을 한국어 표기를 곁들인 사진과 영상, 도표, 그림 등으로 알기 쉽게 설명해 놓았다.

쓰시마 번주의 거성 중 하나였던 곳

가네이시성 유적 金石城跡 [카네이시조아토]

📍 34.203485, 129.287088

가네이시성 유적 주소 対馬市厳原町今屋敷 670-1 **mapcode** 526 139 105 **위치** ❶ 티아라에서 도보 3분 ❷ 이즈하라항 국제터미널에서 도보 13분 **요금** 무료

(구)가네이시성 정원 주소 対馬市厳原町今屋敷 670-1 **mapcode** 526 139 106 **위치** ❶ 티아라에서 도보 5분 ❷ 이즈하라항 국제터미널에서 도보 15분 **시간** 9:00~17:00 **휴무** 화요일 **요금** 300엔(고등학생 이상), 100엔(초등학생, 중학생) **전화** 0920-52-5454

1528년 소宗 가문이 쓰시마 번주가 되기 전, 소 가문의 9대 당주였던 소 사다모리宗 将盛가 지은 가네이시 가옥이 있던 곳이다. 1659년에 있었던 이즈하라 중심가를 덮친 대화재로 소실된 후 1665년 쓰시마의 3대 번주였던 소 요시자네宗 義真가 확장·정비해 가네이시성이라 불렀다. 1678년 이곳으로부터 도보 약 30분 거리에 있는 지금의 육상 자위대 쓰시마 주둔지陸上自衛隊対馬駐屯地에 있었던 사지키하라성桟原城이 지어지기 전까지 소 가문의 거성으로 사용됐다. 지금은 오테몬大手口 누문櫓門과 함께 정원 그리고 성벽 일부가 남아 있다. (구)가네이시성 유적은 1995년 사적으로 지정됐고, (구)가네이시성 정원旧金石城庭園은 국가 명승지로 2008년 발굴 조사 후 당해 5월부터 일반인에게 공개하고 있다. (구)가네이시성 정원은 돌들과 연못이 어우러져 아름다운 풍경을 자아내긴 하나 규모가 크지 않다.

알고 보면 더 재미있는 여행

쓰시마 번주들은 누구?

쓰시마 번주들은 조선과의 무역을 통해 부를 쌓았다. 소宗 가문의 20대 당주였던 소 요시토시宗 義智는 규슈를 정벌하러 온 도요토미 히데요시에게 충성을 맹세해 쓰시마번의 초대 번주가 되어 임진왜란에 출정하지만 무역 실리를 위해 조선과 일본의 관계 개선을 위해 노력한다. 제2대 번주인 소 요시나리宗 義成는 조선과의 거래를 원하는 도쿠가와 이에야스의 명에 따라 조선과 협상하지만 조선은 왕릉 훼손 범인 송환, 포로 송환, 막부의 국서 제출 등을 요구한다. 이에 소 요시나리는 가짜 범인을 만들고 가짜 국서를 만들게 되는데, 이를 가신이었던 야나가와 시게오키柳川調興가 폭로한다. 도쿠가와 이에야스는 조선과의 무역은 쓰시마 번에 일임하는 것이 이득이라는 판단에 소 요시나리는 무죄, 야나가와 시게오키는 하극상의 책임을 물어 유배시킨다. 야나가와잇켄柳川一件이라는 이 사건으로 조선 외교에 능숙한 인물이 없자 학식이 뛰어난 교토의 승려를 교대로 서산사西山寺 [세이잔지] 자리에 세운 이테이안以酊庵에 머물게 하면서 무역 감시를 비롯해 문서 작성 및 번역, 조선 통신사 접대 등의 업무를 맡긴다. 제3대 번주인 소 요시자네宗 義真는 일본 최초의 초등학교 개설을 비롯해 조선 무역 확대, 조세 개혁, 무사들의 지행(봉급) 제도 개혁, 신문 발행 등 각종 개혁을 단행하나 반대에 부딪혀 권좌에서 물러나지만 죽기 전까지 실정에 간여하는 등 지배력을 유지했다.

망국의 한이 느껴져 왠지 가슴이 먹먹해져 오는 곳

덕혜옹주 결혼 봉축 기념비

德惠翁主 結婚奉祝記念碑 [덕혜옹주 켓콘호슈쿠킨넨히]

📍 34.203797, 129.286146

주소 対馬市厳原町今屋敷 670-1 **mapcode** 526 139 078 **위치** ❶ 티아라에서 도보 5분 ❷ 이즈하라항 국제터미널에서 도보 15분 **요금** 무료

정식 명칭은 이왕가 소백 작가 어결혼 봉축 기념비李王家宗伯爵家御結婚奉祝記念碑다. 쓰시마 번주의 후손인 소 다케유키宗武志(1908~1985) 백작과의 결혼을 기념하기 위해 1931년 대마도에 거주하던 우리나라 사람들이 돈을 모아 세운 기념비다. 이혼 후 현지인들에 의해 철거돼 방치되다가 우리나라 여행객들이 증가하자 2001년 지금의 (구)가네이시성 정원金石城庭園 인근에 다시 세워졌다. 후궁에게서 태어난 덕혜옹주(1912~1989)는 고종의 지극한 사랑을 받았으나 고종 승하 후 일제에 의해 일본으로 유학을 가게 되고, 1931년 5월에 결혼, 1932년 8월에 정혜正恵를 출산한다. 덕혜옹주는 영어학자이자 시인인 훤칠한 미남의 소 다케유키와 잠시나마 행복한 결혼 생활을 하지만 망국의 옹주로서 조현병이 재발해 남편의 간호에도 불구하고 차도가 없어 정신 병원을 드나들게 된다. 1955년 6월 덕혜옹주 측의 요구로 이혼하게 되고, 1956년 일본인과 결혼했던 딸이 실종된다. 1962년 1월 덕혜옹주는 우리나라로 귀국해 요양하면서 낙선재에서 여생을 보냈다. 소 다케유키는 1955년 일본인과 재혼해 슬하에 2남 1녀를 두었다.

일본 3대 묘지 중 하나로 쓰시마 번주들의 무덤이 있는 곳

만송원 萬松院 [반쇼인]

📍 34.204396, 129.284426

주소 対馬市厳原町厳原西里 192 **mapcode** 526 139 100 **위치** ❶ 티아라에서 도보 7분 ❷ 이즈하라항 국제터미널에서 도보 17분 **시간** 8:00~18:00(3~11월), 8:00~17:00(12~2월) **요금** 300엔(대학생 이상), 200엔(고등학생), 100엔(초등학생, 중학생) **전화** 0920-52-0984

1615년 2대 번주인 소 요시나리宗 義成가 자신의 아버지이자 쓰시마번의 초대 번주였던 소 요시토시宗 義智를 모시기 위해 세운 절이다. 아버지와 그 자신을 비롯해 소宗 가문 일족들의 무덤이 있다. 소 요시나리는 야나가와잇켄柳川一件 사건으로 조선과의 무역에 있어 교토 승려의 감시를 받는 등 전권을 잃었지만 도쿠가와 이에야스의 지지를 받아 쓰시마번에서의 통치력은 더 강력해진다. 이런 연고로 만송원에는 도쿠가와 이에야스의 위패가 모셔져 있다. 본당 건물은 화재로 인해 1880년 재건된 것인데 내부 관람이 가능하며 조선 국왕이 쓰시마 번주에게 하사한 향로, 꽃병, 촛대 등 삼구족三具足[미츠구소쿠]을 볼 수 있다. 만송원의 묘지는 3구역으로 나뉘는데 햐쿠간기百雁木라고 불리는 132개의 계단을 올라가면 소 요시토시로부터 32대 당주인 소 요시요리宗 義和까지 묘석들이 나온다. 주변에 있는 울창한 나무숲도 볼거리다. 특히 1966년에 천연기념물로 지정된 만송원의 거대 삼나무 세 그루는 신비롭기까지 하다. 만송원은 1985년 국가 지정 사적으로 지정됐다.

전설 속 인물인 진구 황후를 모신 신사

이즈하라 하치만구 신사
厳原八幡宮神社 [이즈하라하치만구진자]

📍 34.205506, 129.289767

주소 対馬市厳原町中村字清水山 645 **mapcode** 526 139 329 **위치** ❶ 티아라에서 도보 3분 ❷ 이즈하라항 국제터미널에서 13분 **요금** 무료

이즈하라 하치만구 신사는 티아라 옆에 있어 눈에 잘 띄기 때문에 우리나라 여행자들이 오가며 한 번쯤은 들르는 곳이다. 사실 이곳은 우리나라 입장에서는 그리 반가운 장소는 아니다. 이즈하라 하치만구 신사는 삼한 정벌이나 임나일본부설 등 역사적으로 규명되지 않은 사실들과 연관돼 자주 거론되는 진구 황후神功皇后[진구코고]라는 전설 속 인물과 관련 있기 때문이다. 전해 내려오는 이야기에 따르면 삼한 정벌 후 일본으로 돌아가는 길에 진구 황후가 대마도에 들렸는데 이즈하라 하치만구 신사 뒤쪽에 있는 시미즈산清水山에서 신령한 기운을 느꼈다고 한다. 7세기 덴무 일왕天武天皇이 이곳에 신사를 만든 것이 시초다. 이즈하라 하치만구 신사에는 히라노 신사平野神社, 우노토 신사宇努刀神社 그리고 덴진 신사天神神社가 함께 있다. 참고로 경내는 유료 주차장을 운영 중이나, 렌터카를 가져왔다면 바로 옆 티아라 지하 주차장은 90분까지 무료로 세울 수 있으니 그곳을 이용하는 것이 낫다.

알고 보면 더 재미있는 여행

그리스도교 교인이 신사의 신이 되다?

쓰시마번의 초대 번주였던 소 요시토시宗 義智는 도요토미 히데요시의 충복이자 규슈 지방을 통치하던 고니시 유키나가小西行長의 딸 고니시 마리아小西マリア와 혼인한 후 임진왜란에 출전한다. 소 요시토시와 고니시 유키나가는 도요토미 히데요시 사후 세키가하라 전투에 참전해 도쿠가와 이에야스 반대편에 서서 전쟁에 패한다. 소 요시토시는 살기 위해 마리아와 이혼하고 도쿠가와 이에야스는 조선과의 관계에서 쓰시마 번주의 영향력을 고려해 소 요시토시를 살려준다. 이즈하라 하치만구 신사 경내에 있는 덴진 신사는 안토쿠 일왕安德天皇과 학문의 신으로 불리는 스가와라 미치자네菅原道真를 모신 신사인데 덴진 신사와 합사한 이마미야 와카미야 신사今宮 若宮神社는 마리아를 신으로 모시고 있다. 마리아의 아버지 고니시 유키나가는 세키가하라 전투에서 패배했을 때 할복자살 대신 참수형을 당할 정도로 독실한 그리스도교 교인이었고 그녀도 같은 교인이라 다소 희한함을 느끼게 하는 곳이다.

유카타 체험장으로 이용되고 있는 기념관
나카라이 도스이관 半井桃水館 [나카라이 토스이칸]

📍 34.206559, 129.291081

주소 対馬市厳原町中村 584 **mapcode** 526 140 366 **위치** ① 티아라에서 도보 5분 ② 이즈하라항 국제터미널에서 도보 15분 **시간** 9:00~18:00(전시), 9:00~16:00(기모노 체험, 말차 체험), 11:30~13:30(대마도산 천연 진주 액세서리 제작 체험, 사전 예약), 11:00~16:30(찻집) **휴무** 화요일(체험), 화요일 및 첫째, 셋째 주 일요일(찻집) **요금** 무료입장, 1,000엔(기모노 체험), 500엔(말차 체험), 500엔+재료비(진주 체험) **홈페이지** tsushima-tosui.com **전화** 0920-52-2422

대마도 출신의 유명 작가인 나카라이 도스이半井桃水(1861~1926) 기념관이다. 어린 시절 의사인 아버지를 따라 부산에서 산 덕분에 한국어를 배우게 된 그는 1881년 아사히신문사에 취직해 7년간 일본 최초 특파원 생활을 하면서 1882년 우리나라 춘향전을 일본어로 번역해 아사히신문에 연재, 이후 소설가로 데뷔해 대중적인 인기를 얻었다. 일본 돈 5,000엔 모델인 히구치 이치요樋口一葉가 나카라이 도스이의 문하생 시절 그에게 연정을 품었다는 이야기로도 유명한 나카라이 도스이의 생가에 지어진 나카라이 도스이관은 기념관이라고 하기에는 초라하다. 그에 대한 전시품은 예전에 비해 더욱더 축소돼 방 한 칸에 조금 있을 뿐 나머지 공간은 유카타 체험, 말차 체험, 회의실 대여, 찻집 등으로 이용되고 있기 때문이다. 나카라이 도스이관이 있는 주변은 나카무라 무사 가옥 거리 유적中村武家屋敷跡으로 지정된 곳인데 여느 주택가 풍경과 다름없다. 안내판과 돌담만이 유적지임을 알려 주고 있지만 시간을 넘어 역사가 녹아 있는 거리이기에 조금은 다른 느낌이다.

조선 통신사가 대마도에서 행차했던 길
바바스지 거리 馬場筋通り [바바스지도오리]

📍 34.207324, 129.290158

주소 対馬市厳原町中村 633(경찰서) **mapcode** 526 140 451(경찰서) **위치** ① 티아라에서 도보 4분 ② 이즈하라항 국제터미널에서 도보 14분 **요금** 무료

조선 통신사들이 대마도에 도착해 번주의 거성이었던 사지키하라성桟原城(후추성府中城 또는 이즈하라성厳原城으로도 불린다)으로 갈 때 행차하던 길이 바로 바바스지 거리다. 오늘날 이즈하라마치의 중심 도로인 382번 국도가 바로 예전의 바바스지 거리다. 나가사키현 쓰시마 미나미 경찰서長崎県対馬南警察署와 나가사키 지방 가정 판례소 이즈하라 지부長崎地方・家庭裁判所厳原支部, 나가사키현 쓰시마 진흥국長崎県対馬振興局 인근에서 무사 가옥의 돌담 유적들을 찾아볼 수 있다.

하급 무사들의 가옥이 있었던 곳

미야타니 지구 무사 가옥 宮谷地區武家屋敷 [미야타니치쿠부케야시키]

📍 34.209993, 129.289143

주소 対馬市嚴原町宮谷 157 **mapcode** 526 139 748 **위치** ❶ 티아라에서 도보 9분 ❷ 이즈하라항 국제터미널에서 도보 19분 **요금** 무료

이즈하라에는 무사 가옥武家屋敷[부케야시키] 거리가 두 군데 있는데, 한 곳은 나카라이 도스이관이 있는 나카무라 지구中村地區고 다른 한 곳은 나가사키현 쓰시마 진흥국長崎県対馬振興局 뒤쪽의 미야타니 지구宮谷地区다. 진흥국 앞 도로가 바로 바바스지 거리였는데 이 주변에는 지체 높은 가신들이나 상급 무사들의 가옥이 있었고, 미야타니 지구에는 하급 무사들의 가옥이 있었다. 지금은 진흥국 인근에 쓰시마 번주 집안이자 가신이었던 우지에氏江 가옥의 대문長屋門[나가야몬]과 돌담石塀[이시베이] 그리고 안쪽 정원과 미야타니 지구의 돌담 정도가 남아 있다. 미야타니 지구의 돌담 역시 방화벽으로 쓰였는데 특히 이곳에는 에도 시대 말기 쓰시마 번주가 화약을 제조하던 곳이 있었으며 제2차 세계 대전 당시 일본군의 화약고 역시 이곳에 있었다고 한다.

알고 보면 더 재미있는 여행

화재를 막기 위한 방화벽

이즈하라 시내를 돌아다니다 보면 마치 제주도에 온 듯한 느낌이 드는 돌담들을 곳곳에서 볼 수 있다. 이 돌담들은 특별한 쓰임새가 있는데, 화재 시 불길을 막는 용도다. 대마도는 섬이라 바람이 강하고 89% 이상이 산이며 일본 가옥 자체가 나무로 지어지기 때문에 불이 나면 불길을 제압하기 힘들다. 대마도의 돌담은 다른 지역의 그것과는 다소 다른데 커다란 돌들을 배치한 후 그 사이 틈새를 작은 돌로 메꾸는 방식으로 만들어진다. 화재를 막기 위한 생활의 지혜가 오늘날 독특한 마을 풍경을 만들어 내고 있다.

다양한 메뉴에 맛도 가격도 적당한 곳

오하시노쿠니 おはしのくに [오하시노쿠니]

📍 34.209980, 129.290076

주소 対馬市嚴原町宮谷 225 **mapcode** 526 140 722 **위치** ❶ 이즈하라 유치원(嚴原幼稚園) 건너편 ❷ 티아라에서 도보 9분 ❸ 이즈하라항 국제터미널에서 도보 19분 ❹ 이즈하라(嚴原)에서 이즈하라 시내 순환선(嚴原市内循環線) 타고 신코쿠마에(振興局前) 버스 정류장 하차(2분 소요, 1일 4대) 후 도보 1분 **시간** 11:00~22:30(평일), 11:00~21:30(토, 일요일 및 공휴일), 15:00~17:00(음료, 디저트만 주문 가능) **가격** 680엔(로쿠베), 880엔(콤비 런치), 980엔(오토나사마 런치), 980엔(오므라이스), 1,100엔(안주 3개 선택) **전화** 0920-53-5010

2000년에 문을 연 곳으로, 다양한 양식과 일식 메뉴가 있어 각기 다른 입맛을 갖은 여행자들이 모였을 때 고민하지 않고 선택할 수 있는 곳이다. 이즈하라의 타 음식점에 비해 좌석 수가 많으며 일행들끼리만 식사할 수 있게 칸막이로 되어 있어 편리하다. 양이 많은 편이며 맛이나 가격이 무난해 이용하기 좋다. 단지 이즈하라 중심가에서 다소 벗어나 있기 때문에 일정상 고려문과 함께 넣으면 좋다. 주변에 루판이나 와타나베과자점이 있다. 주차장이 넓으며 약간 먼 듯 싶지만 티아라에서 도보 이동도 가능하다.

일본 가정식 백반의 맛

소자이모구모구 創菜もぐもぐ [소자이모구모구]

📍 34.210022, 129.290202

주소 対馬市厳原町宮谷 225　**mapcode** 526 140 722　**위치** ❶ 이즈하라 유치원(厳原幼稚園) 건너편 ❷ 티아라에서 도보 9분 ❸ 이즈하라항 국제터미널에서 도보 19분 ❹ 이즈하라(厳原)에서 이즈하라 시내 순환선(厳原市内循環線) 타고 신코쿠마에(振興局前) 버스 정류장 하차(2분 소요, 1일 4대) 후 도보 1분　**시간** 10:30~20:00　**휴무** 부정기　**가격** 60엔(미소된장국), 90엔(주먹밥), 330엔(샌드위치), 400엔(카레라이스), 430엔(정장 도시락), 530엔(오늘의 도시락), 590엔(치즈 오므라이스)　**전화** 0920-52-9171

2010년 3월에 문을 연 도시락, 반찬 가게다. 식사 시간을 놓쳤을 때 달리 먹을 만한 것이 없거나 이자카야는 가고 싶지 않을 때 이용해 볼 만하다. 전국 체인점인 호토모토ほっともっと에 비해 좀 더 가정식에 가깝다. 가격도 저렴한 편이며 도시락류는 물론 밥이나 미소된장국, 반찬들을 따로 팔기 때문에 현지인들이 많이 이용한다. 참고로 도시락에는 밥이 들어가지 않고 계산 후 담아 주니 따로 살 필요가 없다.

조선 통신사의 행렬이 성으로 들어갔던 문

사지키하라성의 고려문 桟原城の高麗門 [사지키하라조노코라이몬]

📍 34.210811, 129.290212

주소 対馬市厳原町日吉 238　**mapcode** 526 140 843　**위치** ❶ 이즈하라 유치원(厳原幼稚園) 정문 ❷ 티아라에서 도보 9분 ❸ 이즈하라항 국제터미널에서 도보 19분 ❹ 이즈하라(厳原)에서 이즈하라 시내 순환선(厳原市内循環線) 타고 신코쿠마에(振興局前) 버스 정류장 하차(2분 소요, 1일 4대) 후 도보 1분　**요금** 무료

쓰시마 3대 번주였던 소 요시자네宗 義真는 가네이시성金石城를 확장하면서 지금의 육상 자위대 쓰시마 주둔지陸上自衛隊対馬屯地가 있는 사지키하라桟原 언덕에 새로운 거성을 지었다. 1678년 완공된 사지키하라성桟原城은 후에 이 지역이 이즈하라厳原로 개칭되면서 이즈하라성厳原城이라 불렸다. 사지키하라성의 세 번째 문이 바로 고려문高麗門인데 (구)사지키하라 성문旧桟原城門이라고도 부른다. 이 문을 '고려문'이라고 부른 이유는 조선 통신사 행렬을 맞이했기 때문이라는 이야기가 많다. 그런데 고려문이라는 명칭이 임진왜란 이후 생긴 일본 성의 대문 양식 중 하나라는 이야기도 있다. 수비의 사각을 없애기 위해 주기둥과 부기둥을 세운 후 지붕을 간략히 짓는 양식이다. 또한 임진왜란 때 잡혀간 조선의 기술자들이 만들었다고 하여 '고려문'이라고 불렀다고도 한다. 사지키하라성의 고려문은 1987년 8월 31일 태풍 12호에 의해 붕괴됐으나 1989년 복원됐다. 1989년 나가사키 현립 쓰시마 역사 민속 자료관 인근으로 옮겼다가 2015년 다시 현재 위치로 옮겨 이즈하라 유치원 정문으로 사용하고 있다. 현재 위치가 원위치인데 아이들의 안전을 고려해 고려문을 개방하지는 않는다. 고려문은 1973년 2월 시 지정 문화재로 지정됐다.

현지인에게 인기 있는 빵집

루판 ルパン [루팡]

📍 34.211326, 129.289788

주소 対馬市厳原町宮谷 236 **mapcode** 526 140 871 **위치** ❶ 티아라에서 도보 11분 ❷ 이즈하라항 국제터미널에서 도보 21분 ❸ 이즈하라(厳原)에서 이즈하라 시내 순환선(厳原市内循環線) 타고 신코쿄쿠마에(振興局前) 버스 정류장 하차(2분 소요, 1일 4대) 후 도보 1분 **시간** 8:00~19:00 **휴무** 월요일 **가격** 130엔(카레빵), 150엔(크림치즈빵), 150엔(레몬빵), 190엔(데리야키빵), 210엔(사과파이) **홈페이지** page.line.me/shn1677o **전화** 0920-52-8722

2013년 9월에 문을 연 베이커리 루판은 프랑스어로 'Le Pain'이라는 뜻으로 빵이라는 말이다. 일본은 제과, 제빵 기술이 상당히 발달했는데 루판의 빵들은 약간 촌스러운 예전 모습들을 닮아 있지만 빵 맛만큼은 다시 오고 플 만큼 맛있다. 피자나 햄버거도 있다. 현지인들에게도 인기가 있어 오후 늦은 시간이라면 빈 바구니들만 만날 수 있다. 계산대 옆에 커피나 차를 준비해 놓아 무료로 마실 수 있다. 2017년 9월 도요코인 호텔 뒤쪽 쓰시마 호텔 별관 앞쪽에 루판 카페(mapcode 526 140 094)를 오픈해 이곳에서도 빵 구입이 가능하다.

골라 먹는 재미가 있는 일본 최대의 도시락 체인점

호토모토 _이즈하라점 ほっともっと 厳原店 [홋토못토이즈하라텐]

📍 34.211450, 129.289794

주소 対馬市厳原町宮谷 236 **mapcode** 526 140 871 **위치** ❶ 티아라에서 도보 11분 ❷ 이즈하라항 국제터미널에서 도보 21분 ❸ 이즈하라(厳原)에서 이즈하라 시내 순환선(厳原市内循環線) 타고 신코쿄쿠마에(振興局前) 버스 정류장 하차(2분 소요, 1일 4대) 후 도보 1분 **시간** 7:00~21:00 **가격** 330엔(김 도시락), 480엔(불고기비빔밥), 500엔(고기야채볶음 도시락), 500엔(일본식 도시락[和風幕の内弁当]), 980엔(비프테키 콤보) **홈페이지** www.hottomotto.com **전화** 0920-52-3802

호토모토는 우리나라에서도 만날 수 있는 일본 최대의 도시락 전문 체인점이다. 요즘 맛집 여행이 대세라지만 관광에 치중하다 보면 시간 맞춰 계획한 음식점에서 식사를 못할 때도 있다. 대마도 역시 오후 2시부터 5시까지는 브레이크 타임을 비교적 잘 지키기 때문에 식사를 거르게 되는 사태도 발생할 수 있다. 이때 대안으로 생각할 수 있는 것이 바로 도시락인데, 종류도 많고 입맛에도 맞아 꽤 먹을 만하다. 호토모토는 계절에 따른 특별 도시락뿐 아니라 각 현별로 지방색을 담은 도시락들을 판매하고 있어 여행자들의 먹는 즐거움을 배가시켜 준다. 홈페이지에서 메뉴를 확인해 전화 신청 후 픽업도 가능하다.

카스마키로 유명한 이즈하라의 노포
와타나베 과자점 渡辺菓子舗 [와타나베카시호]

📍 34.214884, 129.287750

주소 対馬市厳原町桟原 53 mapcode 526 169 384 **위치** ① 티아라에서 차로 4분 또는 도보 18분 ② 이즈하라항 국제터미널에서 차로 8분 또는 도보 28분 **시간** 7:00~21:00 **휴무** 일요일 **가격** 120엔(카스마키[반반]), 280엔(다마고 센베이), 280엔(마쓰바 센베이[대마도 간장 사용]), 280엔(시오 센베이), 280엔(이시야네노모리[아몬드 사용]), 750엔(카스마키[3개입]) **전화** 0920-52-0571

1902년에 창업한 유서 깊은 과자점으로, 대마도 특산물 중 하나인 카스마키かす巻き가 유명하다. 카스마키는 나가사키의 명물인 카스텔라カステラ와 '감는다'는 뜻의 '마키巻き'의 합성어로 카스텔라 안에 검정색 혹은 흰색 팥소를 넣은 것이다. 와타나베 과자점은 시내에 있지 않아 찾아가기 다소 불편하나 그 맛을 보면 노고가 사라질 정도로 근사하다. 촉촉한 카스텔라 안에 검은 팥과 흰 팥이 들어 있는데 검은 팥이 좀 더 달다. 흰 팥은 단맛이 아주 없진 않으나 부드러운 카스텔라와 어울려 입 안에서 사르르 녹는다. 와타나베 과자점에는 그 밖에 달걀, 간장, 소금 등을 사용한 센베이와 과자 등도 판매하는데 부드럽고 고소해 아이들도 잘 먹는다.

수타 우동과 오징어 활어회가 맛있는 곳
우동차야 うどん茶屋 [우동차야]

📍 34.229814, 129.302737

주소 対馬市厳原町小浦 912 mapcode 526 231 168 **위치** ① 티아라에서 차로 8분 ② 이즈하라항 국제터미널에서 차로 12분 ③ 이즈하라(厳原)에서 히티카쓰(比田勝)행 버스 타고 코우라(小浦) 버스 정류장 하차(8분 소요, 1일 2 7회 운행) **시간** 11:00~15:00, 17:00~20:00 **휴무** 수요일 **가격** 700엔(자루소바), 700엔(오징어튀김), 700엔(아나고튀김), 730엔(에비돈), 830엔(스페셜), 950엔(가쓰카레우동), 980엔(덴돈 세트[미니 우동 포함]), 1,400엔(오징어회[小]) **전화** 0920-52-7177

우동 전문점인데 오징어 활어회イカ活き造り[이카이키즈쿠리]가 더 유명하다. 후쿠오카의 유명 맛집 가와타로河太郎의 크리스털 오징어회와 비슷하다. 살아 움직이는 오징어회를 다 먹으면 다리를 튀김으로 만들어 준다. 우동은 수타라 면발이 탱글탱글 살아 있어 씹는 느낌이 좋다. 자루소바 또한 메밀 산지답게 메밀 함량이 높아 부드러운 맛이다. 단지, 밀가루를 섞어 쫄깃쫄깃한 메밀에 길들여져 있다면 뚝뚝 끊어지는 것이 익숙하지 않을 듯 싶다. 이즈하라 중심가에서 버스나 렌터카로 와야 한다는 불편함이 있으나 일본에 왔다는 느낌이 드는 우동을 맛볼 수 있는 곳이다.

양도 푸짐하고 신선한 모둠회가 1,080엔
스시야 다이케 すしやダイケー [스시야다이케]

 34.200279, 129.289220

주소 対馬市厳原町久田道 1659 **mapcode** 526 109 598 · **위치** ❶ 티아라에서 도보 5분 ❷ 이즈하라항 국제터미널에서 도보 8분 **시간** 11:00~21:00 **휴무** 수요일 **가격** 1,080엔(스시야 런치), 1,080엔(스페셜 런치), 575엔(매), 775엔(죽), 1,200엔(송) **홈페이지** susiyadaike.com **전화** 0920-52-8088

2013년 7월에 문을 연 회전 스시 레스토랑이다. 회전 스시 레스토랑은 사람에 따라 호불호가 갈리는데 저렴한 가격에 양껏 먹고 싶다면 가성비가 우수한 곳이다. 항구에 있는 스시야 다이케는 밖에 나가 바로 잡아 올린 듯 재료가 신선하다. 고급 스시 전문점의 퀄리티와는 비교가 되지 않겠지만, 우리나라에서 먹는 것보다 만족스럽다. 회전 스시는 접시별로 소비세 별도로 100엔, 150엔, 200엔, 300엔, 500엔, 1,000엔 등이 있다. 모둠생선회(1,000엔), 전복회(1,500엔) 또한 인기 메뉴다. 오전 11시부터 오후 2시까지 런치 타임으로 인기

스시 메뉴와 함께 밥, 미소된장국, 샐러드, 과일, 케이크, 음료 등을 세트에 따라 선택 제공한다. 주문은 회전 테이블의 접시를 집거나 터치 패드로 하면 된다.

조선 통신사와의 교류를 담당한 이테이안이 있던 곳
슈쿠보 쓰시마 서산사 宿坊対馬西山寺 [슈쿠보쓰시마세이잔지]

  34.201148, 129.287929

주소 対馬市厳原町国分 1453 **mapcode** 526 109 684 **위치** ❶ 티아라에서 도보 4분 ❷ 이즈하라항 국제터미널에서 도보 9분 **시간** 숙박자 외 방문 자제 **요금** 무료(숙박료 별도) **전화** 0920-52-0444

서산사西山寺[세이잔지]는 조선과의 외교 문서 작성 및 번역을 비롯해 조선 통신사와의 교류, 조선 무역 감시 등을 담당했던 이테이안以酊庵이 있던 곳이다. 1868년 이테이안이 폐사되면서 다시 서산사가 이전해 오늘날에 이르고 있다. 서산사는 2012년 6월까지 유스 호스텔로 운영됐다가 지금은 슈쿠보宿坊로 운영되고 있다. 우리나라 템플 스테이와 일본의 슈쿠보는 비슷한 모양새지만 템플 스테이는 참선, 공양, 예불 등 산사 체험에 중점을 둔 반면 슈쿠보는 사찰을 숙박 시설로 이용하는 것에 보다 치중한다. 사실, 우리나라 여행자들에게는 조선 통신사와 연관이 있는 역사적 장소라 숙박지로도 인기가 높으나 슈쿠보로써의 운영이

조일 관계에 큰 영향을 미쳤던 역사적인 장소에 대한 평가를 절하시키는 행동이라는 비판 또한 만만찮다. 우리나라 여행자들이 많이 찾는 탓에 숙박자가 아니라면 방문을 삼가 달라는 안내판이 서 있다.

대마도 향토 음식 전문점
시마모토 志まもと [시마모토]

 34.202586, 129.288659

주소 対馬市厳原町国分 1380 **mapcode** 526 109 836 **위치** ❶ 관광 정보관 후레아이토코로 쓰시마 뒤쪽 ❷ 티아라에서 도보 1분 ❸ 이즈하라항 국제터미널에서 도보 9분 **시간** 11:30~14:00, 17:00~21:00(주문 마감) **휴무** 부정기 **가격** 1,080엔(소라밥+로쿠베 정식[점심]), 1,620엔(사사미+로쿠베 정식[점심]), 2,700엔(시마모토 정식[점심]) **홈페이지** tsushima-shimamoto.jp **전화** 0920-52-5252

대마도를 대표하는 향토 요리 전문점이다. 베스트셀러 일본 만화인《맛의 달인美味しんぼ[오이신보]》98권에 나오는 맛집으로, 가격이 다소 비싼 편이지만 색다른 음식과 경험을 얻는다는 의미에서 한 번쯤 가 볼 만하다. 시마모토의 주력 메뉴는 이시야키와 이리야키, 로쿠베와 사사미 등이다. 이시야키石焼き는 대마도 인근에서 잡은 각종 해산물과 야채를 원적외선이 나오는 석영 반암石英斑岩에 구워 참깨소스나 폰즈에 찍어 먹는다. 돌을 데우는 시간이 필요하니 예약이 필요한 음식이다. 이리야키いりやき는 생선이나 닭으로 육수를 만들어 각종 해산물과 표고버섯, 야채, 소면이나 메밀국수를 넣어 끓여 먹는 전골 요리다. 이시야키나 이리야키는 포함되는 구성에 따라 가격이 다르며 3,000엔, 4,320엔짜리가 있다. 그 밖에 이리야키 정식, 소라밥+로쿠베 정식, 사사미 정식, 생선구이 정식, 새우튀김 정식, 돈가스 정식, 닭튀김 정식 등이 있는데 1,200엔이다.

배달해 주는 파스타, 피자 전문점
비스트로 판타카 ビストロ パンタカ [비스트로파타카]

 34.202567, 129.287941

주소 対馬市厳原町国分 1421 **mapcode** 526 109 834 **위치** ❶ 호텔 미쓰와칸(ホテル美津和館) 1층 ❷ 티아라에서 도보 2분 ❸ 이즈하라항 국제터미널에서 도보 10분 **시간** 8:00~21:00(배달 가능 10:00~22:00) **휴무** 수요일 **가격** 600엔~(파스타), 600엔~(피자), 550엔~(카레), 300엔~(커피) **전화** 0920-52-1234

2014년 8월에 문을 연 쓰시마 시청 앞 호텔 미쓰와칸 1층에 있는 조그마한 레스토랑이다. 함께 여행을 하거나 아이 입맛이거나 일식 말고 다른 종류의 음식을 먹고 싶을 때가 볼 만하다. 브레이크 타임도 없어 편하게 방문할 수 있다. 주 메뉴는 파스타, 피자, 카레 등으로 포장이나 배달도 가능하다. 커피는 스타벅스 원두를 사용하며 주스도 100% 과즙을 사용한다. 주 메뉴 주문 시 음료, 미니 샐러드, 밥을 세트로 선택 가능하다. 오전 11시부터 오후 1시 30분까지는 파스타나 피자, 카레에 음료가 포함된 런치 메뉴를 보다 저렴한 가격에 판매한다.

교토 잇케이 라멘 옆에 위치한 노부부가 운영하는 이자카야
이자카야 시오지　居酒屋汐路 [이자카야시오지]

♀ 34.203709, 129.290456

주소 対馬市厳原町今屋敷 693　**mapcode** 526 140 033　**위치** ❶ 티아라에서 도보 2분 ❷ 이즈하라항 국제터미널에서 도보 9분　**시간** 17:00~22:00(주문 마감 21:00)　**휴무** 부정기　**가격** 100엔(주먹밥), 200엔(미소된장국), 400엔(토마토라이스), 600엔(감자샐러드[大]), 600엔(계란구이), 600엔(맥주[中]), 1,000엔(사사미[大]), 1,000엔(사시미 벤토 정식)　**전화** 0920-52-2538

이자카야이긴 하나 술 없이 혼자서 식사만 해도 부담 없는 곳이다. 1인 1주문, 외부 음식 반입 금지, 신용 카드 사용 불가 등의 내용을 담은 "한국인 고객에게"라는 안내문이 처음에는 편치 않게 느껴지지만 의외로 편안한 분위기를 만들어 주는 주인장 때문에 가성비 좋은 음식과 함께 기억에 남는 대마도의 밤을 보낼 수 있다. 조용히 혼자서 술이나 식사를 하러 온 현지인들도 많은 맛집 중 하나다. 한국어 메뉴도 있지만 카운터에 음식들을 나열해 놓고 있어 이름을 몰라도 골라 먹을 수 있다.

우리나라 여행자들의 입맛에 맞는 매콤한 돈코츠라멘
교토 잇케이 라멘　京都いっけいラーメン [교토잇케이라멘]

♀ 34.203789, 129.290446

주소 対馬市厳原町今屋敷 693　**mapcode** 526 140 063　**위치** ❶ 티아라에서 도보 2분 ❷ 이즈하라항 국제터미널에서 도보 9분　**시간** 11:30~14:00, 18:00~24:00　**가격** 120엔(맛계란), 500엔(생맥주), 800엔(차슈라멘), 1,000엔(김치라멘), 1,000엔(깨라멘)　**전화** 0920-52-8888

2016년 3월에 문을 연 라멘 전문집이다. 면의 굵기, 배지背脂의 양(돼지기름이 많을수록 국물이 진함), 간장醬油 양념의 양 그리고 고추의 양 등을 입맛대로 조절할 수 있으나 언어 소통의 문제도 있고, 우리나라 여행자들이 줄을 서므로 그냥 단일화해 제공한다. 매장이 작으므로 식사 시간에는 대기 줄이 상당하다. 교토 잇케이 라멘은 하카타라멘에 가까우며 다소 매콤하게 만들어 매운맛을 좋아하는 한국인들에게 인기가 많다. 특히 김치라멘은 한국인들을 대상으로 만든 메뉴다. 라멘에 생맥주를 포함한 세트로 밤 9시까지 1,200엔에 판매한다. 대마 호텔ホテル対馬[호테루쓰시마] 바로 뒤편에 있어 찾아가기 쉽다.

창작 돈코츠라멘 메뉴를 판매하는 심야 라멘집

아나구라아 あなぐらぁー [아나구라아]

34.202163, 129.290646

주소 対馬市厳原町今屋敷 747 **mapcode** 526 110 784 **위치** ❶ 티아라에서 도보 3분 ❷ 이즈하라항 국제터미널에서 도보 7분 **시간** 20:00~27:00(평일), 20:00~25:00(일요일 및 공휴일) *폐점 30분 전 주문 마감 **휴무** 부정기 **가격** 650엔(니카야마라멘), 800엔(네기모리라멘[파]), 800엔(닌니쿠라멘[마늘]), 880엔(엔모야시라멘[콩나물]), 880엔(차슈멘), 880엔(아나구라아라멘[매운맛]), 1,280엔(매운맛 라멘[鉄火ラメン]) **전화** 0920-53-5688

50~60년대 복고풍의 외관을 지닌 라멘집이다. 돼지 뼈로 국물을 낸 돈코츠라멘을 기본으로 한다. 아나구라아의 라멘들은 창작 라멘이 많다. 우리나라 여행자들이 좋아할 만한 맵고 얼큰한 뎃카라멘鉄火ラメン을 비롯해 파라멘, 마늘라멘, 콩나물라멘 등이 그것이다. 마치 우리나라 여행자들의 입맛에 맞게 음식을 개발한 듯 보이나 몇몇 한국인과의 마찰로 인해 이곳 역시 일본어가 가능한 사람과 동반 입장하라는 안내판을 내걸고 있다. 술을 팔지 않으며 외부 음식을 가져왔을 때는 벌금이 있다. 부정기 휴무라 문 닫는 날도 많다. 현지인들에게도 다소 이상한 라멘집, 하지만 맛이 꽤 좋은 곳으로 평가되고 있다.

예쁜 인테리어가 돋보이는 한국인 운영 카페

시마 스토리 SHIMA STORY [시마스토리]

34.204408, 129.290590

주소 対馬市厳原町今屋敷 774-6 **mapcode** 526 140 124 **위치** ❶ 티아라에서 도보 2분 ❷ 이즈하라항 국제터미널에서 도보 9분 **시간** 11:00~23:00 **가격** 400엔(아메리카노[HOT]), 250엔(음료), 300엔~(허니토스트), 400엔~(와플), 500엔(추하이), 550엔(생맥주), 750엔~(피자), 1,000엔(후라이드치킨) **전화** 070-1930-2159

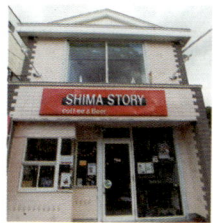

한 집 걸러 한 집이 카페요, 음식점인 우리의 거리와는 달리 대마도는 카페가 많지 않다. 카페에서 만나서 공부하고 휴식을 취하는 것이 일상인 우리나라 여행자들에게 이곳은 무척 반가운 장소다. 한국인 사장이 한국인을 대상으로 만든 카페로, 내부 인테리어도 어설프게 흉내 낸 것이 아니라 아기자기하고 예쁘게 꾸며 놓았다. 쇼핑 중간에 잠깐 쉬거나 더위나 비를 피하기에 좋다. 커피, 음료, 맥주 등 카페 기본 음료에다가 토스트, 와플, 피자, 치킨 등 요기할 만한 것들도 판매한다. 시마 스토리는 2017년 4월 23일에 이즈하라항 국제터미널 2층에 2호점을 열었다.

현지인 교류의 장으로도 이용되는 카페
교류 카페 쓰무기 ふれaiかふぇ紬 [후레아이카페츠무기]

📍 34.201666, 129.289028

주소 対馬市厳原町国分 1361 **mapcode** 526 109 748 **위치** ❶ 티아라에서 도보 2분 ❷ 이즈하라항 국제 터미널에서 도보 8분 **시간** 11:30~23:00 **휴무** 화요일 **홈페이지** www.facebook.com/tsumugi.1228 **전화** 02-7167-2138

쓰무기는 100여 년이 넘는 고옥을 개조한 곳으로, 각종 케이크류가 맛있는 곳이다. 인테리어 또한 아기자기한 소품들이 많아 예쁜 것을 좋아하는 여행자라면 행복한 시간을 보낼 수 있다. 쓰무기는 여행자들의 휴식 장소뿐만 아니라 현지인들 교류의 장으로서의 역할 또한 톡톡히 해내고 있다. 또한 종종 저녁 시간대에 현지 주민들과 여행객들이 함께 참여하는 라이브 카페로 변모하기도 한다. 라이브 카페 매출의 일부를 성금으로 기탁하기도 하니 기회가 된다면 적극 참여해 보도록 하자. 식사 예약이나 행사 개최는 페이스북을 통해 확인이 가능하다.

자전거 대여 및 원화 환전, 짐 보관이 가능한 한국인 운영 카페
친구야 チングヤ [친구야]

📍 34.202062, 129.291089

주소 対馬市厳原町大手橋 1051 **mapcode** 526 110 756 **위치** ❶ 티아라에서 도보 4분 ❷ 이즈하라항 국제터미널에서 도보 7분 **시간** 10:00~16:00, 18:00~22:00 **가격** 3,000원(아메라카노), 3,000원(음료), 4,000원(레모네이드), 4,000원(키위주스), 6,000원(생맥주) **홈페이지** chinguya.co.kr **전화** 070-7842-3882

2013년에 문을 연 이곳은 대마도 여행에서 사랑방 같은 곳으로, 우리나라 일본 전문 여행사에서 운영하고 있다. 카페는 물론 원화 결제, 원화 환전, 짐 보관, 휴대 전화 충전, 와이파이 이용 등이 가능하기 때문에 우리나라 여행자들이 관광 안내소처럼 이용하고 있다. 렌터카를 비롯해 자전거, 캠핑용품, 낚시용품 대여는 물론 선박, 호텔 예약도 가능하다. 바로 옆에 쓰시마 버거 키요가 있으며 버거를 사 와 이곳에서 먹을 수도 있다. 커피 및 음료, 주스, 맥주, 일본 술 등을 판매하며 오후 5시 이후에는 실내에서 흡연이 가능하다.

노래방이 있어 각종 단체 모임에 적합한 레스토랑 & 카페
월드 그린 23 ワールドグリーン23 [와루도구린23]

📍 34.201743, 129.290834

주소 対馬市厳原町今屋敷 740 **mapcode** 526 110 724 **위치** ❶ 티아라에서 도보 4분 ❷ 이즈하라항 국제터미널에서 도보 7분 **시간** 10:00~25:00(평일), 10:00~27:00(금, 토, 일 및 공휴일) **가격** 500엔(라멘), 530엔(비프카레), 550엔(야키소바), 600엔(해산물필라프), 700엔(규동), 800엔(오므라이스) **전화** 0920-52-0320

레스토랑 & 카페이자 바로 옆에 노래방이 있어 시간 보내기 좋은 곳이다. 특히 오전 10시부터 영업을 시작하는데다가 브레이크 타임이 없고 밤늦게까지 하기 때문에 언제 가더라도 식사를 할 수 있어 편하다. 식사는 카레, 규동, 덮밥, 필라프, 파스타, 피자 등 다양한 메뉴를 판매한다. 가라오케는 룸당 요금이며 6명 기준 룸이 1시간에 오후 6시까지는 800엔, 그 이후로는 1,800엔이다. 12명 기준 룸, 20명 기준 룸도 있다. 이즈하라 중심가는 여행자들을 위한 관광 특구가 아닌 현지인들의 주택도 많기 때문에 밤에 객실이나 길거리에서 떠들면 상당히 시끄럽다. 때문에 동호회, 단체 여행이라면 이곳에서 모임을 갖는 것도 나쁘지 않다. 한국 노래도 지원된다.

한국인 취향 저격 상품들만 모아 원스톱 쇼핑 가능 면세점
가가시야 _쓰시마 이즈하라점
かがし屋 対馬厳原店 [카가시야쓰시마이즈하라텐]

📍 34.204019, 129.291027

주소 対馬市厳原町田渕 1036-2 **mapcode** 526 140 065 **위치** ❶ 티아라에서 도보 2분 ❷ 이즈하라항 국제터미널에서 도보 9분 **시간** 9:00~20:00 **휴무** 1월 1일 **홈페이지** kagasiya.co.jp **전화** 0920-52-1300

㈜가가시야는 OA사무용품 및 문구점 가가시야를 비롯 NTT 통신사 대리점, 빵 공방 세리오, 리사이클 마트, 노인용품 렌털 판매, 생수 사업, 코인 세탁기, 통신 산업, 태양열 발전 사업 등 다방면에 진출해 있는 후쿠오카현을 중심으로 한 기업이다. 그중 가가시야 쓰시마 이즈하라점은 2016년 1월 12일에 문을 연 문구 잡화점이다. 우리나라 여행자들이 좋아하는 문구, 잡화, 식품, 의약품, 전자 제품 등을 모아 놓았기 때문에 여행자들의 발길을 잡는다. 이곳 역시 5,401엔(소비세 포함) 이상 구매 시 면세(Tax Free) 혜택을 받을 수 있다. 한두 개 정도로 많이 사지 않는다면 한국인 취향 저격 상품들로 구성된 이곳이 편하다.

2016년 8월에 오픈한 대마도 유일의 편의점

패밀리마트 _쓰시마 이즈하라 오테바시점

ファミリーマート 対馬厳原大手橋店 [패밀리마트쓰시마이즈하라오테바시텐]

📍 34.203386, 129.291032

주소 対馬市厳原町大手橋 1040 **mapcode** 526 140 006 **위치** ❶ 티아라에서 도보 3분 ❷ 이즈하라항 국제터미널에서 도보 9분 **시간** 24시간 **홈페이지** www.family.co.jp **전화** 0920-52-6644

편의점 천국 일본이지만 이곳 패밀리마트 쓰시마 이즈하라 오테바시점은 2016년 8월 19일에 문을 연 현재 대마도 유일의 편의점이다. 일본 본토의 패밀리마트와 다름없는 상품들을 갖추고 있기 때문에 오고 가면서 들르기 좋다. 24시간 영업이라 티아라의 레드 캐비지 영업이 끝나는 오후 10시 이후에는 이곳에서 물이나 음료를 구입하면 된다. 이곳에서도 5,401엔(소비세 포함) 이상 구매 시 면세(Tax Free)를 받을 수 있다.

수제 버거로 대마도의 명물 먹거리 중 하나

쓰시마 버거 키요 対馬バーガーKiYo [쓰시마버거 키요]

📍 34.201978, 129.291164

주소 対馬市厳原町大手橋 1052 **mapcode** 526 110 756 **위치** ❶ 티아라에서 도보 4분 ❷ 이즈하라항 국제터미널에서 도보 7분 **시간** 11:30~19:00 **휴무** 부정기 **가격** 390엔(햄버거), 420엔(데리야키버거), 590엔(쓰시마 버거), 660엔(돈짱버거), 690엔(쓰시마 치즈버거), 750엔(덮밥), 850엔(카레라이스), 1,500엔(쓰시마 버거+돈짱버거+레모네이드) **홈페이지** www.facebook.com/tsushimaburger.kiyo **전화** 0920-52-0873

2009년 11월 문을 연 쓰시마 버거 키요는 쓰시마 톳과 오징어가 들어간 수제 버거다. 부드러운 빵에 촉촉하고 맛있는 패티가 먹는 사람들의 입맛을 단숨에 사로잡는다. 특히 중간중간 들어가 있는 오징어의 쫄깃한 식감과 양배추의 아삭함이 맛을 더해 준다. 영업시간이 불규칙하고 부정기 휴무일이 종종 있으며 오후 늦게 가면 재료가 떨어져 먹지 못하는 확률이 높으니 쓰시마 버거를 목표로 했다면 이곳부터 들러 보는 것이 낫다. 점심시간(11:30~15:00)에는 음료+포테이토(200엔), 음료+포테이토+미니샐러드+아이스크림(300엔) 세트 메뉴를 추가할 수 있어 실속 있다. 이곳 역시 매장이 크지 않아 식사 시간에는 자리 잡기 쉽지 않으며 테이크아웃이 가능하다.

흰 팥소를 넣은 카스마키의 원조

에사키타이헤이도 江崎泰平堂 [에사키타이헤이도]

📍 34.201884, 129.290783

주소 対馬市厳原町今屋敷 742 **mapcode** 526 110 754 **위치** ❶ 티아라에서 도보 4분 ❷ 이즈하라항 국제터미널에서 도보 7분 **시간** 7:00~19:00 **휴무** 1월 1일 **가격** 175엔(카스마키[1개]), 995엔(카스마키[5개입]), 1,880엔(카스마키[10개입]), 1,045엔(화과자[11개입]) **전화** 0920-52-0315

대마도의 명물 카스마키かすまき는 에도 시대 조선 통신사와 함께 에도에 다녀온 쓰시마 번주의 무사 귀환을 축하하고자 만들기 시작했다고 한다. 카스마키는 물산관이나 슈퍼마켓 등에서도 쉽게 찾아볼 수 있으나 맛있는 정도가 매우 다르다. 촉촉한 카스텔라와 달지 않은 팥소가 생명인 카스마키는 카스마키 전문점에 따라서도 맛의 차이가 있다. 와타나베 과자점渡辺菓子舗으로 갈 시간이 없다면 이즈하라 중심가에서도 카스마키를 살 수 있는 곳이 몇 군데 있는데 에사키타이헤이도가 가장 유명하다. 이곳도 간판에는 원조 카스마키라고 적혀 있지만 정확히 말하면 이곳은 카스마키의

원조가 아니라 흰색 팥소 카스마키의 원조다. 에사키타이헤이도에서는 카스마키 외에 화과자도 판매하고 있다.

현지인들이 추천하는 꼬치 요리 전문점

도리야스 とりやす [토리야스]

📍 34.204790, 129.290395

주소 対馬市厳原町今屋敷 776 **mapcode** 526 140 153 **위치** ❶ 티아라에서 도보 3분 ❷ 이즈하라항 국제터미널에서 도보 10분 **시간** 18:00~23:00(주문 마감 22:30) **가격** 119엔(닭 껍질), 151엔(돼지 삼겹살), 162엔(닭꼬치), 184엔(베이컨말이), 194엔(새우), 216엔(음료), 432엔(생맥주[소]), 432엔(사케[소]), 432엔(추하이[소]) 1,069엔(꼬치구이 7개 세트) **전화** 0920-52-7817

탤런트 전원주가 대마도 여행 방송 때 찾았던 음식점으로 꼬치구이 전문점이다. 꼬치 가격이 저렴한 편이나 양이 많지 않아 식사 대용으로 먹자면 생각보다 비용이 만만치 않다. 그래도 우리나라와 비교하면 상당히 싼 편이다. 곁들여서 나오는 양배추의 새콤달콤함이 신의 한 수로, 꼬치들과 어우러져 입맛을 돋운다. 닭꼬치 7개를 묶어 세트 메뉴로 팔고 있는데 가격이 같거나 약간 쌀 뿐이니 원하는 꼬치를 선택해 먹는 것이 낫다. 한국어 메뉴가 제공되기 때문에 주문에는 크게 어려움이 없다. 이자카

야가 아니기 때문에 술 종류는 많지 않다.

대마도 여행 필수 쇼핑 아이템 중 하나
대마도 간장 에구치 주식회사
対馬醤油江口株式会社 [쓰시마쇼유에구치 카부시키가이샤]

◎ 34.201738, 129.290188

주소 対馬市厳原町国分 1305 **mapcode** 526 110 722 **위치** ❶ 티아라에서 도보 1분 ❷ 이즈하라항 국제터미널에서 도보 9분 **가격** 309엔(사시미 간장[300ml]), 360엔(튀김 또는 소바 전용[멘쓰유, 멘쓰유, 300ml]), 360엔(폰즈[300ml]), 494엔(진간장[1L]), 494엔(국간장[1L]), 514엔(미니 간장 3개 세트[80ml×3]), 617엔(유즈다레[400ml]), 617엔(고마다레[400ml]) **홈페이지** healtheo.jp **전화** 0920-52-0032

대마도의 슈퍼마켓이나 마트의 조미료 코너를 가 보면 간장 매대가 중간중간 비어 있는 모습을 쉽게 볼 수 있는데 바로 대마도 간장인 에구치 간장 때문이다. 물 좋은 대마도에서 만든 맛있기로 소문난 에구치 간장은 자유 여행 여행자들의 필수 쇼핑 아이템 중 하나인데 패키지여행객들까지 싹쓸이에 가세하고 있다. 1887년 3월에 창업한 대마도 간장 에구치주식회사対馬醤油江口株式会社 는 진간장こいくち[코이쿠치], 국간장うすくち[우스쿠치] 그리고 단맛 나는 간장으로 회나 조림, 찜 등 만능으로 사용하는 달콤한 간장あまくち[아마쿠치] 등을 생산한다. 우리나라 여행자들에게는 달걀 간장玉子かけ醤油, 사시미 간장さしみ醤油, 염분을 1/5로 줄인 저염 간장減る塩[헤루시오]을 비롯해 소스류인 유자 유즈다레ゆずだれ, 참깨 고마다레ごまだれ, 폰즈ぽん酢, 양파 양념장たまねぎのたれ[타마네기노타레] 등도 인기가 많다. 대마도 간장 본사에서는 면세가 되지 않으니 진간장, 국간장 등은 다이렉스나 드럭스토어 모리, 밸류 등에서 다른 제품과 함께 구입하는 것이 이득이다. 그 외 제품들은 마트에 없는 경우가 많으니 이곳에서 구입하는 것이 낫다.

직접 만들어 먹는 재미가 있는 곳
마메다
豆狸 [마메다]

◎ 34.201655, 129.291122

주소 対馬市厳原町大手橋 1055 **mapcode** 526 110 726 **위치** ❶ 티아라에서 도보 4분 ❷ 이즈하라항 국제터미널에서 도보 6분 **시간** 18:00~25:00 **휴무** 일요일 **가격** 200엔(밥[소]), 300엔(미역국), 300엔(음료), 500엔(추하이), 500엔(하이볼), 600엔(생맥주), 700엔(볶음면), 800엔(철판구이 돈짱), 1,000엔(철판구이 곱창), 1,000엔(시푸드 믹스 오코노미야키), 1,600엔(난자몬자) **전화** 0920-52-3015

DIY(Do It Yourself) 열풍 때문에 더욱더 인기 있는 식당이다. 외국에서 새로운 음식을 직접 만들어 먹는다는 것이 호기심과 재미를 준다. 오코노미야키와 볶음우동, 철판구이 등을 만들 수 있다. 메뉴판은 물론 오코노미야키 만드는 법을 자세히 한글 안내판으로 제공하고 있어 누구나 쉽게 만들 수 있다. 마메다는 점심 영업을 하지 않기 때문에 이용에 유의해야 한다.

가성비 좋은 점심 메뉴를 먹을 수 있는 곳
메시야 めしや [메시야]

📍 34.202676, 129.291045

주소 対馬市厳原町大手橋 1046 **mapcode** 526 110 846 **위치** ❶ 티아라에서 도보 3분 ❷ 이즈하라항 국제터미널에서 도보 8분 **시간** 11:00~13:30, 17:00~22:00 **휴무** 일요일 **가격** 600엔(카레라이스[점심]), 700엔(짬뽕[점심]), 800엔(돈가스 정식[점심]), 800엔(생선가스 정식[점심]), 800엔(고로케 정식[점심]), 800엔(가라아게 정식[점심]), 1,200엔(사시미) **전화** 0920-52-1778

'메시야めしや'는 '밥飯'을 뜻하는 '메시めし'에 '집屋'을 뜻하는 '야'가 붙은 이름이니 우리나라식으로 한다면 백반에 갖은 메뉴를 갖춘 ㅇㅇ식당이라고 할 수 있다. 그래서인지 현지인들도 많이 이용한다. 점심 메뉴는 가격에 비해 양이 푸짐해 먹을 만하다. 저녁에도 같은 메뉴가 있는데 500엔 정도는 저렴하게 먹을 수 있으니 이득이다. 메인 메뉴에 밥, 미소된장국, 약간의 샐러드에 두 가지 정도 반찬이 나온다. 덮밥류나 꼬치 요리, 사시미 등도 있어 선택의 폭이 넓다. 특히 현지인들은 사시미나 생선구이, 생선찜 등 해산물 요리를 추천한다.

250여 가지가 넘는 메뉴의 음식 백화점
센료 千両 [센료]

📍 34.203210, 129.291523

주소 対馬市厳原町大手橋 1079 **mapcode** 526 110 877 **위치** ❶ 티아라에서 도보 3분 ❷ 이즈하라항 국제터미널에서 도보 9분 **시간** 11:00~14:00(주문 마감 13:30), 17:00~23:00(주문 마감 22:00) **가격** 432엔~(소라구이), 540엔(새우찐만두), 594엔(생맥주), 810엔(탄탄면), 918엔(모둠생선회), 1,026엔(다진 소고기와 양파 피자), 1,026엔(왕새우칠리소스), 1,242엔(초밥[보통]), 1,242엔(소고기 피망채볶음), 1,350엔(크림 토마토소스 새우 게살 스파게티), 1,620엔(전복회), 2,500엔~(이시야키), 2,500엔~(이리야키) **전화** 0920-52-4406

민숙을 함께 운영하는 센료는 음식 백화점이라고 할 정도로 메뉴가 250여 가지가 넘는다. 사시미나 스시 등 해산물, 피자, 파스타, 스테이크 등 양식, 일본 정식, 꼬치 요리, 우동, 소바 등 일식, 만두, 해선 요리 등 중식 그리고 이시야키와 이리야키, 로쿠베 등 대마도 향토 요리까지 없는 음식이 없을 정도로 많다. 한 가지에 집중하는 전문가가 대접받는 오늘날 이것저것 다 한다니 과연 맛이 있을까 싶다. 대부분의 손님은 일식을 많이 선택하는데 사시미의 맛과 신선도는 현지인들도 칭찬한다. 이시야키나 이리야키 그리고 일부 전골류는 2인 이상 주문이 가능하므로 혼자 여행하는 여행자라면 메뉴 선택에 제한이 있을 수 있다. 참고로 센료 민숙에서 숙박을 하면 이곳에서 가정식으로 조식을 먹게 된다.

대마도 사투리로 시집까지 낸 할머니가 운영하는 곳
오타코　お多幸 [오타코]

📍 34.203114, 129.291354

주소 対馬市厳原町大手橋 1072　**mapcode** 526 110 877　**위치** ❶ 티아라에서 도보 3분 ❷ 이즈하라항 국제터미널에서 도보 9분　**시간** 17:00~23:00　**휴무** 일요일　**가격** 200엔(밥[中]), 300엔(콜라), 400엔(생맥주[小]), 600엔(바지락버터구이[あさりバダー焼]), 750엔(오타코히토쿠치카쓰), 800엔(게크림고로케), 800엔(곱창볶음), 850엔(소고기다짐샐러드[牛肉タタキサラダ])　**전화** 0920-52-2701

히토쿠치카쓰一口カツ라는 한 입 돈가스로 유명한 이자카야다. 현지인들 사이에서는 유명한 곳이다. 아직 우리나라 여행자들에게 많이 알려지지 않아 한글 메뉴판이 없어 주문에 다소 불편함이 있다. 하지만 음식들이 맛있고 무엇보다도 김치 반찬(300엔)을 비롯해 돼지고기김치볶음豚キムチ炒め(800엔), 김치부침개キムチチヂミ(800엔) 등 한국식 음식도 있어 정겨움이 느껴지는 곳이다. 겨울에는 어묵(150엔)과 굴튀김カキフライ(850엔)도 맛볼 수 있다. 나이 드신 어머니와 아들이 운영하는 소박한 이자카야지만 오다코お多幸, 다복라는 이름처럼 마음이 푸근해지는 곳이다.

정갈한 외관에 깔끔한 실내가 인상적인 곳
스시쇼 다치바나　寿し処 橘 [스시쇼타치바나]

📍 34.202363, 129.291661

주소 対馬市厳原町大手橋 1089　**mapcode** 526 110 818　**위치** ❶ 티아라에서 도보 3분 ❷ 이즈하라항 국제터미널에서 도보 8분　**시간** 11:00~14:00, 17:00~21:00(주문 마감 20:30)　**휴무** 부정기　**가격** 1,370엔(튀김정식), 1,370엔(돈가스 정식), 1,700엔(도시락), 1,900엔(초밥[특상])　**전화** 0920-52-6185

스시쇼 다치바나寿し処 橘라는 이름과는 달리 전문 스시집이기보다는 대마도의 다른 식당들처럼 스시와 함께 일반적인 일본 음식들을 파는 곳이다. 스시 종류는 다소 평이한 구성으로 매일매일의 신선도가 약간 차이가 있어 맛에 대한 평가가 극과 극이다. 외관이나 내부 시설은 대마도에서 손꼽을 정도로 번듯하기 때문에 맛에 크게 신경을 쓰지 않는 사람들이 많이 찾는다. 돈가스, 덴동, 튀김, 오므라이스 등은 먹을 만하나 가격이 다른 곳보다 약간 비싼 편이다.

inside 이자카야

오코노미야키가 유명한 이자카야
잇샤 一茶 [잇샤]
 34.201475, 129.291041

주소 対馬市厳原町大手橋 1058 **mapcode** 526 110 696 **위치** ❶ 티아라에서 도보 5분 ❷ 이즈하라항 국제터미널에서 도보 6분 **시간** 18:00~27:00(금, 토 18:00~새벽 4:00) **휴무** 부정기 **가격** 400엔(음료), 500엔(교자), 650엔(맥주), 650엔(오코노미야키), 700엔(짬뽕), 900엔(덴돈), 950엔(믹스 오코노미야키[오징어, 새우, 문어 토핑]), 950엔(돈짱철판구이) **전화** 0920-52-1919

마메다와 함께 오코노미야키로 유명한 이자카야다. 마메다의 오코노미야키는 직접 만들어 먹어야 하지만 이곳 주인장이 만들어 준다. 마메다에 비해 메뉴도 많은 편이다. 단, 한국어 메뉴가 없어 다소 불편할 수 있다. 이자카야긴 하지만 우동, 야키소바, 가쓰카레, 오므라이스, 나포리탄, 곱창철판구이, 새우튀김 등 한 끼 식사가 될 수 있는 음식들이 많아 저녁 식사를 놓쳤거나 야참이 먹고 싶을 때 들러 볼 만하다. 오코노미야키에는 돼지고기ぶた, 소고기牛 오징어イカ, 새우エビ, 두부とうふ, 치즈チーズ, 옥수수コーン 등의 토핑을 추가할 수 있다.

'친구야' 인근에 있어 찾기 쉬운 이자카야
야키토리 야마짱 焼鳥山ちゃん [야키토리야마찬]
 34.201537, 129.291052

주소 対馬市厳原町大手橋 1208 **mapcode** 526 110 696 **위치** ❶ 티아라에서 도보 5분 ❷ 이즈하라항 국제터미널에서 도보 6분 **시간** 17:30~25:00 **휴무** 수요일 **가격** 150엔(밥[小]), 150엔(된장국), 180엔(주먹밥), 200엔(음료), 450엔(추하이), 450엔(사워), 550엔(생맥주[中]), 550엔(논알코올 맥주), 600엔(김치라멘), 650엔(닭고기계란덮밥), 650엔(전갱이구이), 1,000엔(소모둠꼬치), 1,500엔(회 정식), 1,500엔(생선구이 정식) **전화** 0920-52-0115

제법 많은 메뉴를 제공하는 이자카야라 술 한잔하기에도 저녁 식사하기에도 괜찮은 곳이다. 꼬치구이 가짓수도 제법 많으며 꼬치는 닭껍질, 삼겹살, 닭 모래주머니, 오징어경단, 닭 날개, 버터감자, 시소말이, 새우, 족발 등의 꼬치 요리가 108엔에서 216엔이다. 이곳 역시 모둠꼬치가 있으나 한국어 메뉴판이 잘돼 있으므로 원하는 꼬치를 골라 먹는 편이 낫다. 튀김만두, 계란말이, 오징어링, 부추계란볶음, 바지락버터 등 술안주가 될 만한 메뉴도 많은 편이며 우동, 짬뽕, 김치라멘, 명란스파게티 등 면류와 명란차즈케, 마늘차향볶음밥, 김치라이스, 오징어프라이카레 등 밥류도 있어 저녁 식사도 할 수 있다. 참고로 이곳은 메뉴판 요금에서 8% 소비세를 가산한다.

1인당 300엔의 오토오시가 있는 곳
이자카야 다이겐 居酒屋 対玄 [이자카야타이겐]
 34.201757, 129.291822

주소 対馬市厳原町今屋敷 1094-6 **mapcode** 526 110 729 **위치** ❶ 티아라에서 도보 5분 ❷ 이즈하라항 국제터미널에서 도보 7분 **시간** 18:00~24:00(주문 마감 23:00) **휴무** 일요일 **가격** 300엔(음료), 400엔(논알코올 맥주), 450엔(추하이), 500엔(하이볼), 500엔(생맥주[小]), 500엔(문어가라아게), 600엔(꼬치 3종), 700엔(족발튀김), 750엔(명란계란말이), 750엔(이면수소금구이), 1,000엔~(모둠꼬치[7개]), 2,000엔~(모둠회) **전화** 0920-52-2521

일본 이자카야는 오토오시お通し라는 기본 요리가 있다. 주문한 요리가 나오기 전에 제공되는 요리인데 이자카야에 따라 선택할 수 있는 곳도 있고 자릿세 개념으로 무조건 돈을 내야 하는 경우도 있다. 이곳에서는 1인당 300엔의 오토오시가 있으며 음식 종류는 매일 바뀐다. 식사 메뉴와 술안주 메뉴를 다양하게 갖추고 있어 식사 대용으로 방문해도 좋다. 한국어 메뉴와 함께 가끔 한국인 직원이 일하고 있어 이용하기 편리하다.

비교적 넓은 규모의 이자카야로 치라시스시와 차즈케 강추
갓포 핫초　割烹 八丁 [캇포핫초]

♀ 34.201901, 129.291792

주소 対馬市厳原町大手橋 1094-6　mapcode 526 110 758　**위치** ❶ 티아라에서 도보 5분 ❷ 이즈하라항 국제터미널에서 도보 7분　**시간** 11:00~14:00, 16:00~22:00(주문 마감 21:30)　**휴무** 부정기　**가격** 600엔(연어차즈케), 800엔(치라시스시), 1,200엔(돈가스), 1,250엔(튀김 정식), 1,300엔(소고기철판구이), 1,600엔(회 정식), 1,700엔(소고기 사이코로 스테이크, 1,200엔(초밥[보통]), 3,500엔(이사야키)　**전화** 0920-52-1264

이자카야 골목에서 가장 큰 규모인데다 2층에 단체석이 준비돼 있어 많은 인원이 방문하기에 좋다. 이자카야지만 점심에 영업을 하며 저녁 또한 오후 4시부터 시작해서 식사를 거른 여행자들이 들르기 좋다. 이곳에 치라시스시ちらし寿司가 있는데 사시미나 스시를 한 후 남은 재료로 덮밥처럼 밥에 올려 먹는 음식이다. 신선하고 맛있는 회를 비교적 저렴한 가격에 푸짐히 먹을 수 있어 만족도가 높다. 연어차즈케 鮭茶漬け나 도미차즈케鯛茶漬け 역시 이곳의 대표식 중 하나로 먹어볼 만하다. 차즈케는 일본 문화가 만든 특별식으로 찻물에 밥을 말아 야채나 생선을 올려 함께 먹는다.

구운 족발과 꼬치 요리가 일품
이자카야 가모메　居酒屋かもめ [이자카야카모메]

♀ 34.202005, 129.291618

주소 対馬市厳原町大手橋 1064　mapcode 526 110 757　**위치** ❶ 티아라에서 도보 5분 ❷ 이즈하라항 국제터미널에서 도보 7분　**시간** 17:00~25:00　**휴무** 월요일　**가격** 150엔(야키오니기리), 200엔(오렌지주스), 250엔(콜라), 400엔(맥주[소]), 400엔(추하이), 600엔(족발[豚足]), 600엔(야키소바), 600엔(야채볶음)　**전화** 0920-52-8090

노부부가 운영하는 이자카야로 돼지족발이 유명하다. 현지인들이 주로 이용하는 곳이라 한국어 메뉴판은 없다. 이곳의 돼지족발은 특별히 족발을 삶아 숯불에 구운 후 특제 소스를 발라준다. 부드러우면서 쫀득쫀득한 맛이 일품이다. 가모메에서는 각종 꼬치구이도 파는데 130~150엔대다. 생선구이, 볶음류를 비롯해 다른 이자카야처럼 라멘, 소바, 만두, 볶음밥, 닭고기 스테이크도 판매한다.

애국지사 최익현 선생의 순국지비가 있는 절
수선사 修善寺 [슈젠지]

📍 34.201566, 129.293018

주소 対馬市厳原町大手橋 1107 **mapcode** 526 110 732 (길이 좁고 주차장이 없어 도보 이동 추천) **위치** ❶ 티아라에서 도보 8분 ❷ 이즈하라항 국제터미널에서 도보 8분 **요금** 무료

수선사修善寺는 에도 시대 유학자로서 대마도 3대 성인으로 불리는 스야마 돈오陶山鈍翁(1658~1732)의 무덤이 있는 곳이다. 스야마 돈오는 3대 번주였던 소 요시자네宗 義真 밑에서 농업 진흥에 힘쓴 인물이다. 그 당시 농작물에 큰 피해를 줬던 멧돼지 전멸 계획을 세워 약 8만 마리를 잡는 데 성공한 그는, 대마도를 9개 구역으로 나누고 철조망을 세워 1개 구역씩 전멸시키는 방법을 사용했다. 멧돼지는 농민들의 식량으로 쓰여 식량난 또한 해결했다고 한다. 우리나라 관광객 역시 수선사를 많이 찾는데 1986년에 세운 대한인 최익현 선생 순국지비大韓人崔益鉉先生殉國之碑가 있기 때문이다. 면암 최익현(1833~1906) 선생은 조선 시대 애국지사로서 흥선 대원군의 실정을 비판하다가 두 차례 유배됐는데, 1905년 을사조약이 체결되자 1906년 윤4월 74세 고령의 나이로 의병을 일으켜 싸우다 6월 체포돼 7월 8일 대마도로 유배된다. 최익현 선생은 머리를 깎으라는 일본의 요구에 적이 주는 음식을 먹을 수 없다고 하여 이틀 정도 단식을 했는데 워낙 나이가 많아 쇠약해진데다가 감기 증상에 정신적인 고통까지 겹쳐 11월 17일 병으로 세상을 떠났다. 수선사는 백제의 비구니인 법묘 스님이 창건한 절로 유해가 우리나라로 돌아오기 전 4일 동안 안치된 곳이다. 그의 묘소는 충남 예산군 광시면 관음리에 있다.

국가 사찰로서 조선 통신사가 머물렀던 절
국분사 国分寺 [코쿠분지]

📍 34.205201, 129.293075

주소 対馬市厳原町天道茂 480 **mapcode** 526 140 255 **위치** ① 티아라에서 도보 7분 ② 이즈하라항 국제터미널에서 도보 13분 **요금** 무료 **전화** 0920-52-1243

국분사国分寺는 쓰시마 번주가 조선 통신사에게 연회를 베푼 장소이자 조선 통신사가 머물던 숙소였다. 국분사는 포교 목적보다는 국가 통치를 위해 만든 사찰로서 그 기원은 나라 시대(710~794) 쇼무 일왕聖武天皇까지 거슬러 올라간다. 대마도의 국분사는 737년에서 741년에 창건됐는데, 도분지島分寺라고 불렀고 소宗 가문에 의해 국분사国分寺가 재건돼 1683년 현재 위치로 이전된다. 조선과의 무역에 소宗 가문의 사활을 걸었던 쓰시마 번주는 중요한 위치에 있는 국분사를 조선 통신사 접대 장소이자 숙소로 제공했다. 1732년 화재로 인해 주요 건물이 소실되는데 1807년 객사로 쓰인 본전과 산문을 개축했으나 1924년 본전을 해체해 조선 통신사의 객사는 역사 속으로 사라지게 된다. 산문은 1992년 시 지정 문화재로 지정했다.

을사오적 매국노 이완용의 글씨가 있다?

1905년 일본이 을사조약乙巳條約(을사늑약乙巳勒約이라고도 함)을 강제 체결했을 때 문서에 서명했던 5명의 매국노 중 한 사람인 이완용은 일제 강점기 통역관이자 서기관이었다가 대한제국 황실 담당 업무를 본 이왕직李王職의 차관까지 오른 고쿠부 쇼타로国分象太郎가 죽자 그의 죽음을 애도하며 비명碑銘을 써 준다. 국분사 옆에 있는 덴타쿠지天琢寺 묘역 위쪽에 '從三位動一等國分象太郎之墓'라는 비석이 그것이다.

일출 장소이자 푸른 바다를 한눈에 담을 수 있는 산 위 공원

이사리비 공원 漁火公園 [이사리비코엔]

📍 34.205767, 129.296885

주소 対馬市厳原町東里223 **mapcode** 526 140 269 **위치** ❶ 티아라에서 차로 6분 또는 도보 20분 ❷ 이즈하라항 국제터미널에서 차로 4분 **요금** 무료

대마도에서는 컴컴한 바다에서 반짝이는 불빛을 볼 수 있다. 오징어를 유인하기 위해 오징어배에서 켜 놓은 불빛들 때문이다. '이사리비漁火'라고 하는 이 공원에서 오징어 배 불빛들과 일출을 볼 수 있는데, 이 공원 바로 옆에 있는 대아 호텔에 묵는다면 밤에 나와 볼만하지만 도보 여행이라면 동네 골목길로 동선을 잡더라도 어둡고 한적하니 차라리 일출을 보는 것이 낫다. 이즈하라 중심가에서 이사리비 공원까지는 현지인들의 삶도 볼 겸 가벼운 트레킹을 한다고 생각하면 걸어갈 만하다. 산 위에 있는 이사리비 공원에 서면 사방으로 펼쳐진 잔디밭 끝에 바다가 연결돼 한없는 해방감을 느낄 수 있다. 싱그러운 광장いきいき広場[이키이키히로바]이라고 불리는 넓은 잔디밭은 우리나라 잔디밭처럼 '들어가지 마시오', '밟지 마시오'가 아니다. 마음껏 점프하며 인생 사진을 건질 수 있다. 잔디 끝에 있는 전망대에서는 하늘인지 바다인지 구분이 안 될 정도로 푸른 바다를 볼 수 있다.

 스페셜 가이드 이사리비 공원

이사리비탕 漁り火の湯 [이사리비노유]

위치 이사리비 공원 입구 **시간** 10:00~20:00(4~11월) **휴무** 12~3월 **요금** 무료 **전화** 0920-53-6111(쓰시마시청)

이사리비 공원에 들어서자마자 정자가 있는데 이곳이 바로 족탕이다. 도보로 걸어 올라왔다면 발의 피로를 풀어 줄 만큼 뜨뜻하다. 알카리성 단순천으로 신경통, 근육통, 관절염, 피로 회복 등에 좋다. 이사리비탕을 이용한다면 이용 후 발이나 다리의 물기를 닦을 수건이나 타월, 티슈 등을 준비하는 것이 좋다. 이사리비탕은 4월에서 11월까지 오전 10시에서 오후 8시에만 운영하니 시간을 잘 맞춰야 한다.

쓰시마 번주의 선박을 제작 수리하던 독(dock)

오후나에 유적 お船江跡 [오후나에아토]

  34.187486, 129.283064

주소 対馬市厳原町久田 64 **mapcode** 526 079 097 **위치** ❶ 티아라에서 차로 5분 또는 도보 28분 ❷ 이즈하라항 국제터미널에서 차로 5분 또는 도보 30분 ❸ 이즈하라(厳原)에서 이즈하라 시내 순환선(厳原市内循環線) 타고 쿠타(久田) 버스 정류장 하차(20분 소요, 1일 4회 운행) 후 도보 1분 ❹ 이즈하라(厳原)에서 쿠타·아가미선(久田·安神線) 버스 타고 쿠타(久田) 버스 정류장 하차(5분 소요, 평일 1일 9회 운행) 후 도보 1분 ❺ 이즈하라(厳原)에서 나이인선(内院線) 타고 쿠타(久田) 버스 정류장 하차(5분 소요, 1일 2회 운행) 후 도보 1분 ❻ 이즈하라(厳原)에서 우치야마(内山)·구네하마(久根浜)·고쓰키(上槻)행 버스 타고 쿠타(久田) 버스 정류장 하차(5분 소요, 평일 1일 2회 운행, 토요일 1일 1회 운행, 일요일 및 공휴일 운휴) 후 도보 1분 **요금** 무료

우리나라 여수에 선소 유적이라 해서 이순신 장군이 거북선을 만들고 대피시키며 전투선들을 수리하던 장소가 있다. 오후나에 유적お船江跡이 이와 비슷한데 쓰시마 번주가 우리나라를 오갈 때 이용하던 독(dock)으로 조선 통신사의 배 역시 이곳을 통해 이즈하라에 들어왔다고 한다. 1663년에 완공된 이곳은 배의 건조나 수리 그리고 물품들의 하역장으로도 쓰였다. 5개의 독 중에 4개는 완벽히 보존돼 있어 그 당시 번성했던 이즈하라의 모습을 엿볼 수 있다. 오후나에 유적은 구타강 하구에 위치해 있는데 렌터카로 왔든 버스를 타고 왔든 쿠타久田 버스 정류장까지 왔다면 오후나에 유적 인근에 있는 주택가 골목길로 들어가면 된다. 오후나에 유적 인근까지 차량 진입이 가능하다.

현지 여성들의 인기 만남의 장소

G 카페 Gカフェ [지카페]

주소 対馬市厳原町久田 95-123 **mapcode** 526 078 169 **위치** ❶ 티아라에서 차로 8분 또는 도보 43분 ❷ 이즈하라항 국제터미널에서 차로 8분 또는 도보 45분 ❸ 이즈하라(厳原)에서 이즈하라 시내 순환선(厳原市内循環線) 타고 쿠타(久田) 버스 정류장 하차(20분 소요, 1일 4회 운행) 후 도보 15분 ❹ 이즈하라(厳原)에서 구타·아가미선(久田·安神線) 버스 타고 쿠타(久田) 버스 정류장 하차(5분 소요, 평일 1일 9회 운행) 후 도보 15분 ❺ 이즈하라(厳原)에서 나이인선(内院線) 타고 쿠타(久田) 버스 정류장 하차(5분 소요, 1일 2회 운행) 후 도보 15분 ❻ 이즈하라(厳原)에서 우치야마(内山)·구네하마(久根浜)·고쓰키(上槻)행 버스 타고 쿠타(久田) 버스 정류장 하차(5분 소요, 평일 1일 2회 운행, 토요일 1일 1회 운행, 일요일 및 공휴일 운휴) 후 도보 15분 **시간** 11:00~18:00 **휴무** 부정기 **가격** 150엔(프라이드포테이토[S]), 150엔(유니포테이토[S]), 300엔~(커피), 315엔(치킨너켓[5개]), 500엔~(와플), 600엔~(더치베이비), 800엔(수제 케이크[음료 포함]), 1,300엔(크레이프), 1,300엔(화덕피자) **전화** 0920-52-5156

아기자기하고 사진 찍을 것이 많은데다가 음식 또한 맛있는 곳이다. 인테리어 센스가 뛰어나 식사하러 왔는지 구경하러 왔는지 모를 정도다. 시내에 있을 때는 크레이프 하우스 유니 クレープハウスユニ였는데 이곳으로 이전한 후 G 카페로 부른다. 돌가마에 굽는 화덕피자를 비롯해 와플, 토스트, 포테이토, 수제 케이크 등을 판매한다. 점심 메뉴는 900~1,300엔대로 이 가격에 이런 음식이 나올 수 있을까 싶을 정도로 가성비가 우수하다. 매일 교체되는 메인 메뉴에 밥과 미소된장국, 샐러드와 디저트, 음료 등이 포함된 것(1,100엔)과 샐러드, 디저트, 음료가 포함된 오므라이스(900엔) 그리고 음료가 포함된 화덕피자(1,300엔) 등이 있다. 음료는 아메리카노나 에스프레소, 콜라, 오렌지주스나 멜론소다 등을 선택할 수 있는데, 200엔만 추가하면 카페라테로 변경 가능하다. G 카페는 현지인들도 많이 이용하는 곳이라 예약하는 것이 좋다. G 카페는 급경사와 커브가 심한 주택가를 올라 산 중턱에 위치하고 있어 렌터카 운전 시 조심해야 한다.

아소만의 전경을 바라볼 수 있는 전망대

가미자카 공원 上見坂公園 [카미자카코엔]

34.242780, 129.285710

주소 対馬市厳原町北里 **mapcode** 526 259 676 **위치** ❶ 티아라에서 차로 15분 ❷ 이즈하라항 국제터미널에서 차로 18분 **요금** 무료

이즈하라 중심가에서 15분 거리에 있는 해발 358m의 전망 공원이다. 가미자카 공원에서는 아소만浅茅湾의 리아스식 해안을 볼 수 있는데 에보시다케 전망대에서 보는 것에 비할 바는 아니지만 그곳까지 갈 수 없다면 아쉬운 대로 구경이 가능하다. 넓은 잔디밭 한편에 있는 나지막한 전망대에 오르면 주변 경관에 위치를 표시한 그림판을 볼 수 있어 찾아보는 재미가 쏠쏠하다. 잔디밭 중앙에 있는 비석은 덕혜옹주 남편이었던 소 다케유키宗 武志의 시비다. 1964년에 세워진 것으로 "섬도 근심스럽고 친구도 근심스러우니 물고기를 조각하다가 파도를 본다. 꿈이 있다고 말하면 벗은 웃겠지만 한밤중에 세계 지도를 펼쳐 들고 컴퍼스를 가져다가 섬을 축으로 하여 휙 돌려 본다"고 적혀 있어 그 당시 그의 생각과 가치관을 엿

볼 수 있다. 전망대 뒤쪽 산책로를 따라 들어가면 1902년에 만든 포대와 막사가 남아 있다. 이곳에 설치했던 15센티 구경의 4대 포는 한 번도 발사된 적이 없다고 한다. 가미자카 공원으로는 고모다小茂田 방향의 다쿠미에 가는 길에 있는 터널로 들어가기 직전 샛길로 빠져 올라가면 되는데 이 부분이 GPS가 잘 잡히지 않아 그냥 터널을 빠져나가게 할 수 있다.

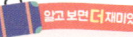

관광객이 많이 찾아오는데 왜 관리를 안 하지?

가미자카 공원을 비롯해 대마도의 어떤 관광지라도 관리를 전혀 하지 않는 듯한 느낌이 든다. 실제로 관리를 하지 않는 것이 아니라 최소한의 관리만 하고 있다. 대마도에서는 그 흔한 휴지통 하나 없다. 불편해도 모든 쓰레기는 꼭 잘 챙겨서 갖고 돌아가야 한다. 가미자카 공원 잔디밭에 들어가면 후드득 튀어나오는 곤충들에 깜짝 놀랄 수 있다. 대마도에서의 여행은 관광지를 돌아보는 것이 아니라 자연 속에 잠깐 들어갔다 나오는 것과 다름없다.

다이슈소바를 직접 만들어 먹을 수 있는 음식점
다쿠미 体験であい塾 匠 [타이켄데아이주쿠타쿠미]

📍 34,230698, 129,210934

주소 対馬市厳原町下原 82-12 **mapcode** 526 220 257 **위치** ❶ 티아라에서 차로 18분 ❷ 이즈하라항 국제터미널에서 차로 21분 **시간** 10:30~15:00 **휴무** 화요일 및 춘분, 추분, 8월 13일~15일, 12월 29일~1월 3일 **가격** 120엔(오니기리), 570엔(자루소바), 620엔(튀김소바), 700엔(이리야키소바)/ 소바 체험: 3,780엔(1~4인), 5인 이상 시 1인당 945엔 추가 **전화** 0920-56-0118

이즈하라에서 머물 때 소바 만들기 체험을 할 수 있는 곳 중 하나다. 쓰시마 공항 인근에 있는 소바 도장 미쓰시마점보다는 다소 거리가 멀지만 가미자카 공원-고모다하마 신사-이시야네로 여행 코스를 잡는다면 이곳에서 점심을 먹는 것도 나쁘지 않다. 단, 영업시간이 오전 10시 30분부터 오후 3시까지니 시간을 잘 맞춰야 한다. 소바 만들기 체험은 예약제로만 가능한데, 관광 안내소나 호텔 등에 예약을 부탁하면 된다. 소바 만들기 체험은 약 1시간 정도 걸리며 소바 만들기 전문가를 따라 하면 되기 때문에 일본어를 못해도 가능하다. 소바 만들기는 익반죽을 손바닥으로 동글동글하게 뭉치는 것이 포인트며, 커다란 칼로 직접 반죽을 썰어 보는 것도 기억에 남는다. 만든 면은 끓여 주는데 따뜻한 면 혹은 차가운 면을 선택할 수 있다.

여몽 연합군의 대마도 정벌 때 죽은 현지인들을 기리는 신사
고모다하마 신사 小茂田浜神社 [코모다하마진자]

📍 34,234219, 129,191987

주소 対馬市厳原町小茂田 742 **mapcode** 526 218 639 **위치** ❶ 티아라에서 차로 24분 ❷ 이즈하라항 국제터미널에서 차로 27분 **요금** 무료

고려와 원나라(몽골)가 대마도를 정벌하러 왔을 때 죽은 대마도 군사와 이곳 주민들의 넋을 기리기 위해 만든 신사다. 고려는 26년간 약탈을 일삼은 몽골에게 항쟁하다가 화친을 맺는다. 기마 민족으로서 해전에 약했던 몽골군은 뛰어난 조선술을 갖고 있었던 고려에게 전투선의 건조를 요구하며 일본 정벌을 계획한다. 여몽 연합군은 1274년과 1281년 두 차례 고모다 전투에서 승리를 거두나 두 차례 모두 태풍을 만나 많은 전투선과 병사를 잃게 된다. 일본에서는 신이 태풍을 불게 하여 적을 전멸시켰다고 하여 가미카제神風라고 부른다. 제2차 세계 대전의 가미카제 특공대의 사상이 여기에서 유래됐다. 이곳에는 원나라 침입元寇 700년 기념비가 서 있는데 기념비의 명칭이 '평화의 비'다. 왜 평화의 비인지 일본인들의 속내가 궁금해지는 곳이다.

지형적인 특색이 만든 돌 지붕 창고
이시야네 石屋根 [이시야네]

주소 対馬市厳原町椎根 **mapcode** 526 188 213 **위치** ❶ 티아라에서 차로 23분 ❷ 이즈하라항 국제터미널에서 차로 26분 **요금** 무료

다이슈소바対州そば의 메밀 산지로 유명한 시이네椎根는 또 다른 볼거리가 있는데 바로 '이시야네石屋根'라고 불리는 돌 지붕이다. 바람 많기로 유명한 제주도에도 바람에 억새 지붕이 날아가는 것을 막기 위해 끈으로 묶고 돌로 눌러 놓았는데, 이와 비슷한 것이라고 할 수 있다. 시이네 역시 지형상 골짜기를 타고 들어온 북서풍의 거센 바닷바람을 바로 맞아 산불이 자주 일어나기 때문에 화재로 인한 재산 손실을 막기 위해 이와같은 돌 지붕 창고를 지었다고 한다. 이시야네의 특징은 바닥이 지면으로부터 떨어져 있다는 것인데 이는 통풍이 잘되게 할 뿐 아니라 습기를 막고 야생 동물 침입을 막기 위해서다. 이시야네는 현 지정 유형 문화재며 대마도 전체 약 50여 동, 이곳 시이네에는 5동이 남아 있다.

버스로도 이동이 가능한 자갈 해수욕장
오우라 해수욕장   尾浦海水浴場 [오우라카이스이요쿠조]

주소 対馬市厳原町尾浦 24 **mapcode** 850 589 368 **위치** ❶ 티아라에서 차로 15분 ❷ 이즈하라항 국제터미널에서 차로 17분 ❸ 이즈하라(厳原)에서 구타·아가미선(久田·安神線) 버스 타고 오우라(尾浦) 버스 정류장 하차(12~13분 소요, 1일 3회 운행) 후 도보 1분 ❹ 이즈하라(厳原)에서 구타·아가미선(久田·安神線) 버스 타고 오우라이리구치(尾浦入口) 버스 정류장 하차(9분 소요, 평일 1일 10회 운행, 토요일 1일 8회 운행, 일요일 1일 7회 운행) 후 도보 26분 ❺ 이즈하라(厳原)에서 아자모하마(浅藻浜)행 버스 타고 오우라이리구치(尾浦入口) 버스 정류장 하차(9분 소요, 1일 2회 운행) 후 도보 26분 ❻ 이즈하라(厳原)에서 아자모(浅藻)행 버스 타고 오우라이리구치(尾浦入口) 버스 정류장 하차(9분 소요, 1일 2회 운행) 후 도보 26분 ❼ 이즈하라(厳原)에서 우치야마(内山)·구네하마(久根浜)·고쓰키(上槻)행 버스 타고 오우라이리구치(尾浦入口) 버스 정류장 하차(9분 소요, 1일 2회 운행, 토요일 1회 운행, 일요일 운휴) 후 도보 26분 **요금** 무료

이즈하라 중심가에서 가까운 해수욕장은 쓰시마 그린 파크 옆에 있는 미쓰시마마치 해수욕장과 이곳 오우라 해수욕장이다. 미쓰시마마치 해수욕장이 모래사장인 반면 이곳은 자갈을 깔아 놓은 인공 해수욕장이다. 현지에서는 아시오노사토青潮の里로 더 잘 알려져 있는데, 캠프장キャンプ場이 함께 있어 캠핑을 목적으로 한다면 이곳이 낫다. 오우라 해수욕장과 캠프장 사이에는 조그마한 매점과 화장실, 샤워장이 있으며 해수욕장 앞에 주차장이 바로 있어 이용하기 편리하다.

산 정상에서 대마도 산세 유람
붉은배새매 관찰지
アカハラダカ觀察地 [아카하라다카칸사츠치]

주소 対馬市嚴原町内山峠 **mapcode** 850 555 718 **위치** ❶ 티아라에서 차로 18분 ❷ 이즈하라항 국제터미널에서 차로 20분 ❸ 이즈하라(嚴原)에서 구타·아가미선(久田·安神線) 버스 타고 아가미이리구치(安神入口) 버스 정류장 하차(11~21분 소요, 평일 1일 9회 운행, 토요일 1일 8회 운행, 일요일 1일 7회 운행) 후 도보 40분 ❹ 이즈하라(嚴原)에서 아자모하마(淺藻浜)행 버스 타고 아가미이리구치(安神入口) 버스 정류장 하차(12분 소요, 1일 2회 운행) 후 도보 40분 ❺ 이즈하라(嚴原)에서 우치야마(内山)·구네하마(久根浜)·고쓰키(上槻)행 버스 타고 아가미이리구치(安神入口) 버스 정류장 하차(12분 소요, 1일 2회 운행, 토요일 1회 운행, 일요일 운휴) 후 도보 40분 **요금** 무료

이즈하라에서 아유모도시 자연공원 혹은 쓰쓰자키로 가는 24번 국도 변 왼쪽으로는 오우라 해수욕장, 오른쪽으로는 내리막길과 오르막길이 함께 나온다. 갈림길에 우치야마 고개内山峠 이정표가 보이는데, 이정표를 따라 차로 약 6분 정도 올라가면 붉은배새매 관찰지アカハラダカ觀察地가 있다. 주차장에서 계단을 오르면 인근 산세를 조망할 수 있는 전망대가 나온다. 꼭 조류 관찰의 목적이 아니어도 360도 탁 트인 고지에서 바라보는 대마도의 산세들이 볼 만하다. 붉은배새매(Chinese Sparrow Hawk)는 우리나라에서도 천연기념물 및 멸종 위기 야생 동식물로 지정돼 있는 새로, 9월에 우리나라에서 대마도를 거쳐 동남아시아로 날아가 겨울을 지낸다. 9월 한 달 동안 대마도에서는 운 좋으면 하루에 수천만 마리가 떼 지어 날아가는 모습도 볼 수 있다.

울창한 녹음 속에 천연 화강암 강변이 절경

아유모도시 자연공원 鮎もどし自然公園 [아유모도시시젠코엔]

📍 34.154062, 129.214655

주소 対馬市厳原町豆酘 1249 **mapcode** 850 550 119 (공중화장실) **위치** ❶ 티아라에서 차로 22분 ❷ 이즈하라항 국제터미널에서 차로 24분 ❸ 이즈하라(厳原)에서 아자모하마(浅藻浜)행 버스 타고 아유모도시(鮎もどし) 버스 정류장 하차(21분 소요, 1일 2회 운행) ❹ 이즈하라(厳原)에서 우치야마(内山)・구네하마(久根浜)・고쓰키(上槻)행 버스 타고 아유모도시(鮎もどし) 버스 정류장 하차(21분 소요, 1일 2회 운행, 토요일 1회 운행, 일요일 운휴) **요금** 무료 **전화** 0920-57-1283(관리동), 0920-53-6111(쓰시마 시청)

아유모도시 자연공원은 일본 국립 공원 중에서도 특별 보호 구역으로 지정돼 있다. 아유모도시|鮎もどし|는 '은어도 되돌아가는'이라는 의미로, 험난한 지형에 물살이 세서 붙여졌다. 아유모도시 자연공원을 흐르는 강은 세가와瀬川며 주변의 산은 다테라산龍良山이다. 천연 화강암 산지로 원시림이 장관을 이루고 있어 일본에서도 보기 드문 절경으로 꼽힌다. 공원 입구의 주차장에는 휴게소가 마련돼 있으며 '세이류바시|清流橋|'라고 불리는 구름다리가 있어 아유모도시 자연공원의 경관을 조망하기에 좋다. 산책로도 있어 캠핑을 하지 않아도 쓰쓰자키를 다녀올 생각이라면 이곳을 함께 넣어도 괜찮다. 아유모도시 자연공원으로는 192번 국도를 따라가다 아유모도시 자연공원 입구鮎もどし自然公園入口라는 간판과 함께 좌회전 도로가 나오는데 이 길이 다테라 산록 자연공원 센터龍良山麓自然公園センター로 가는 길이다. 무시하고 직진해서 차로 약 1분 가면 왼쪽에 입구가 나온다. 주차장 옆에 바위 계곡에 설치된 흔들 다리가 바로 있다.

3대째 이어 오는 로쿠베 노포

란테이 らん亭 [란테이]

 34.152946, 129.210573

주소 対馬市厳原町内山 53-2 **mapcode** 850 520 856 **위치** ❶ 티아라에서 차로 22분 ❷ 이즈하라항 국제터미널에서 차로 24분 ❸ 이즈하라(厳原)에서 아자모하마(浅藻浜)행 버스 타고 아유모도시(鮎もどし) 버스 정류장 하차(21분 소요, 1일 2회 운행) 후 도보 5분 ❹ 이즈하라(厳原)에서 우치야마(内山)・구네하마(久根浜)・고쓰키(上槻)행 버스를 타고 아유모도시(鮎もどし) 버스 정류장 하차(21분 소요, 1일 2회 운행, 토요일 1회 운행, 일요일 운휴) 후 도보 5분 **시간** 10:00~19:00 **휴무** 부정기 **가격** 600엔(맥주), 600엔(새우튀김로쿠베), 600엔(새우튀김소바), 800엔(돈가스덮밥), 1,000엔(로쿠베 세트), 1,100엔(믹스 프라이 정식), 5,000엔(모둠생선초밥), 5,000엔(모둠회) **전화** 0920-57-0889

대마도의 향토 요리 중 하나인 로쿠베ろくべえ는 에도 시대 보존식 중 하나로, 척박한 대마도에서 음식을 보관하던 방법이다. 검은색의 짧은 면발은 색감은 다르지만 마치 우리나라 올챙이국수를 연상케 한다. 로쿠베는 고구마 전분, 올챙이국수는 옥수수 전분으로 만든다. 로쿠베는 손이 많이 가는 음식인데, 대마도 고구마를 가루로 만들어 자연 발효시킨 후 다시 반죽해 센단고せんだんご라는 경단을 만든다. 센단고를 물에 넣어 전분을 가라앉혀 탄수화물과 섬유질 성분만을 모은다. 이를 다시 반죽해 채에서 면을 뽑아 닭고기 국물 또는 생선 육수에 넣어 먹는다. 마치 곤약과 같은 투명한 로쿠베는 숟가락으로 떠먹어야 할 만큼 부드러운 식감이 특징이다. 로쿠베 제조 과정이 복잡하고 시간이 오래 걸려 대부분의 가게에서는 공장에서 만든 로쿠베를 사용하나 이곳은 직접 만든다. 아유모도시 자연공원 인근에 있어 식사 후 자연공원을 산책하는 일정도 좋다.

늙은 어머니를 떠나지 못해 자살을 택한 효녀 이야기
미녀총 美女塚 [비죠츠카]

주소 対馬市厳原町豆酘 **mapcode** 850 457 556 **위치** ❶ 티아라에서 차로 32분 ❷ 이즈하라항 국제터미널에서 차로 34분 **요금** 무료

헤이안 시대의 일왕들은 지방 세력들을 통치하고자 그들에게 벼슬을 주거나 그들의 자식들을 왕궁으로 불러 일왕과 왕비의 시중을 들게 했는데 이를 '우네메采女'라고 부른다. 미녀총의 주인공인 쓰루오鶴王 역시 우네메로 선발됐는데 늙은 어머니를 두고 차마 떠나지 못하겠다며 이곳에서 혀를 깨물고 죽었다고 한다. 우네메로 있다가 일왕의 눈에 띄어 후궁이 되는 경우도 많았던지라 이와 같은 기회를 버린 그녀는 아마도 우리나라 사람이었을 것이라는 이야기 또한 전해지나 확인된 바는 없다. 작은 규모의 미녀총 공원美女塚公園에는 화장실, 주차장과 함께 한편에 그녀의 돌무덤이 있었다고 전해 오는 자리에 비석이 서 있다.

 알고 보면 더 재미있는 여행

내비게이션이 다른 길을 가리키고 있다?

쓰쓰자키 등대를 내비게이션에 맞춰 놓고 아유모도시 자연공원을 지나 8분 정도 가면 내비게이션은 24번 국도를 따라 다쿠즈다마 신사多久頭魂神社가 있는 쓰쓰 마을 쪽으로 직진하라고 나오는데, 삼거리에 있는 쓰쓰자키[豆酘崎]와 미녀총美女塚 이정표는 오른쪽 방향으로 되어 있어 헷갈릴 수 있다. 전자는 24번 국도를 따라 쓰쓰 마을을 통과하는 길이고, 후자는 미녀총을 거쳐 가는 옛길이다. 쓰쓰 마을을 통과한 후 다시 미녀총을 거쳐 온 옛길과 만나 쓰쓰자키 등대로 향한다. 운전하기 편한 길은 전자이나 이 길로 갔을 때는 미녀총을 볼 수 없다. 갈 때는 미녀총을 거쳐 가는 길로 가서 쓰쓰자키 등대를 본 다음 되돌아올 때는 내비게이션이 알려 주는 대로 쓰쓰 마을을 통과하는 것도 좋은 방법이다.

미녀총의 주인공 쓰루오가 살았던 마을
쓰쓰 豆酘 [쓰쓰]

주소 対馬市厳原町豆酘 **mapcode** 850 427 486 **위치** ❶ 티아라에서 차로 34분 ❷ 이즈하라항 국제터미널에서 차로 36분

쓰쓰자키로 오고 갈 때 목가적인 풍경의 작은 마을을 거쳐 가는데, 이곳이 바로 미녀총의 쓰루오鶴王가 살았던 쓰쓰 마을이다. 2009년 아사히신문과 산림 문화 협회가 선정한 일본 마을 100선にほんの里100選 중 하나이기도 하다. 쓰쓰 마을은 예전부터 대마도는 물론 일본

의 타 지역과는 다른 문화와 풍속을 지니고 있어서 우리나라 사람들이 건너가서 마을을 이룬 것이라는 설이 있다. 쓰쓰 마을 주민들은 키가 크고 잘생겼으며 미인이 많은 지역으로 소문나 있는데 미인총의 쓰루오가 죽으면서 "미인으로 태어나서 슬픈 일을 겪는다면 다시는 이 마을에서 미인들이 태어나지 않았으면 좋겠다"고 말한 후 이 지역 여성들은 누더기 옷을 입는 관습을 갖게 됐다고 한다. 쓰쓰 마을은 대마도에서 유일하게 약 2,500년 전 중국으로부터 우리나라를 거쳐 대마도로 건너간 붉은 쌀赤米을 재배하는 곳이기도 하다. 쓰쓰 마을의 볼거리로는 다쿠즈다마 신사多久頭魂神社

와 함께 쇼토가 주택主勝家住宅이 있는데, 일본의 타 지역에서는 보기 힘든 세칸 구조를 지니고 있어 국가 지정 중요 문화재로 지정돼 있다. 현재 현지인이 살고 있어서 내부 관람은 불가능하다.

대마도의 최첨단 지점, 바다를 품다
쓰쓰자키 豆酘崎 [쓰쓰자키]

9 34.101266, 129.168425

주소 対馬市厳原町豆酘字尾崎山 **mapcode** 850 365 104 **위치** ❶ 티아라에서 차로 45분 ❷ 이즈하라항 국제터미널에서 차로 47분 **요금** 무료

대한 해협(대마도에서는 쓰시마 해협이라고도 함)의 동서를 가르는 위치에 뾰족하게 튀어나온 곳이다. 1246년 소宗 가문의 초대 당주였던 소 시게히사宗 重尙의 군사가 대마도를 정벌하기 위해 상륙했던 곳이기도 하다. 대마도 최남단에 있으며 주변은 오자키야마 자연공원尾崎山自然公園으로 조성돼 있다. 주차장에서 내려 왼쪽 내리막길로 가면 쓰쓰자키 전망대, 오른쪽 오르막길로 올라가면 쓰쓰자키 등대가 나온다. 지금의 쓰쓰자키 등대豆酘崎灯台는 1987년에 만든 것인데 1902년 처음 만들었을 당시에는 바다 위 암초에 만들었다고 한다. 쓰쓰자키 전망대에서 넓은 바다를 보면 저 멀

리 흰색 등대가 보이는데 쓰쓰자키 묘제 조사 등豆酘埼ミョー瀬照射灯이라고 불리는 예전 모습의 등대를 볼 수 있다. 쓰쓰자키는 탁 트인 바다 전망이 좋아 사진 찍기에 좋은 곳이다. 뿐만 아니라 이곳은 해류의 흐름이 빠르고 암초가 많아 어장이 풍부해 낚시 포인트로도 유명하다. 참고로 쓰쓰자키 전망대 인근의 석상은 천도 신앙의 천도 법사다.

천도 신앙의 본거지로, 도난당한 대장경이 있었던 곳

다쿠즈다마 신사 多久頭魂神社 [타쿠즈다마진자]

📍 34.123216, 129.186695

주소 対馬市厳原町豆酘龍良山1250 **mapcode** 850 427 256(목적지 인근, 도착 후 앞길로 100m 전진) **위치**
❶ 티아라에서 차로 39분 ❷ 이즈하라항 국제터미널에서 차로 41분 **요금** 무료 **전화** 0920-57-0162

쓰쓰 마을에는 천도 신앙天道信仰이 있는데, 한 여성이 배를 타고 표류하다가 쓰쓰자키에 올라 센 기운을 입어 아기를 잉태했다고 한다. 이 아기가 바로 천도 법사 즉, 다쿠즈다마多久頭로 하늘을 날아다니고 폭풍을 다스리면서 여러 기적을 일으켰다고 전해진다. 다쿠즈다마 신사多久頭魂神社가 바로 천도 신앙의 본거지로 본전을 두지 않고 다테라산龍良山에서 제사를 지내왔다. 이로 인해 입산이 금지됐던 다테라산을 비롯해 다쿠즈다마 신사 역시 사람의 손길이 닿지 않은 원시림으로 둘러싸여 낮에 가더라도 으스스한 기운이 감돈다. 신성시하는 거목 또한 보는 이를 압도한다. 다쿠즈다마 신사에는 국가 지정 중요 문화재인 고려 시대 금북과 1008년에 만든 범종 그리고 현 지정 유형 문화재인 고려 대장경이 있다. 그중 고려 대장경은 2012년 10월 기시카해신 신사木坂海神社의 동조여래입상銅造如來立像, 간온지 観音寺의 관세음보살좌상観世音菩薩坐像과 함께 우리나라 절도단이 훔쳐 가서 문화재 반환에 대한 한일 간 논쟁을 불러일으켰다. 현재 두 점의 불상은 대마도로 되돌아갔으며 대장경은 분실된 상태다.

대마도 해수욕장 중 최고의 시설

쓰쓰이탄가타 해수욕장 豆酘板形海水浴場 [쓰쓰이탄카타카이스이요쿠조]

📍 34.111815, 129.197873

주소 対馬市厳原町豆酘 150 **mapcode** 850 399 000 **위치** ❶ 티아라에서 차로 49분 ❷ 이즈하라항 국제터미널에서 차로 51분 **요금** 무료

2003년 7월에 문을 연 인공 해수욕장이다. 대마도 남단에 있으며 아직까지 우리나라 여행객들에게는 잘 알려지지 않아 현지인들이 주로 이용한다. 이타카타 해수욕장板入海水浴場이라고도 부른다. 몇몇 해수욕장 시설들이 다소 낡은 느낌이 드는 반면 쓰쓰이탄가타 해수욕장은 그야말로 대마도에서 최고로 좋은 해수욕장이라는 타이틀을 달 수 있을 정도로 시설이 우수하다. 쓰쓰이탄가타 해수욕장은 오우라 해수욕장과 같이 자갈로 되어 있다. 해수욕장 안에는 캠프장이 있는데 7월 20일경부터 8월 31일까지 운영한다.

히타카쓰항과 주변
比田勝港

당일치기 여행이 가능한 한적한 곳

히타카쓰항은 부산항 국제여객터미널에서 배를 타고 1시간 10분 만에 도착한다. 출퇴근을 해도 될 정도의 가까운 거리다. 때문에 당일치기 여행자들은 물론 뱃멀미가 두려운 여행자들이 히타카쓰항을 통해 여행을 시작한다. 이즈하라항 국제터미널이 있는 곳은 이즈하라마치嚴原町고, 히타카쓰항 국제터미널이 있는 곳은 히타카쓰가 아닌 가미쓰시마마치上対馬町다. 히타카쓰항 국제터미널에서 히타카쓰항 중심까지는 도보로 단 5분, 아주 가깝다. 382번 국도 변에 있는 히타카쓰 중심가는 히타카쓰 버스 센터에서 끝이야까지 걸어도 7분이 채 걸리지 않을 정도로 작다. 이즈하라 중심가에 비해 음식점도 많지 않고 큰 쇼핑센터도 없다. 사람이 사나 싶을 정도로 한적하고 볼거리도 없어 식사가 아니라면 히타카쓰 중심가에서 시간 보낼 일은 거의 없다. 히타카쓰항으로 들어가는 당일치기 여행의 경우 미우다 해수욕장, 나기사노유, 도노사키 공원 정도 노선버스나 자전거로 돌아보면 될 정도다. 미우다 해변, 도노사키 공원, 밸류, 슈시 단풍길을 3시간 동안 돌아보는 버스 여행도 있다. 렌터카를 빌려 4시간 정도 여행한다면 미우다 해변과 한국 전망소 주변이 볼만하다. 히타카쓰항에 오전 일찍 도착해 당일 이즈하라에서 숙박한다면 한국 전망소, 사스나 마을, 센뵤마키산, 사오자키 공원의 쓰시마 야생 생물 보호 센터, 와타즈미 신사, 에보시다케 전망대, 만관교 등을 보면서 내려가는 것이 좋다.

히타카쓰항 국제터미널 가는 법

버스 이즈하라에서 히타카쓰항 국제터미널까지는 하루에 5대의 노선버스가 운행 중이다. 이즈하라의 관광 정보관 후레아이 토코로 쓰시마 앞 버스 정류장에서 출발은 7:05, 10:58, 13:28, 14:58, 18:28이다. 티아라 앞에 있는 버스 정류장이 출발지가 아니니 주의하자(티아라 앞의 버스 정류장에 서 있다가는 100% 앉지 못한다). 이즈하라에서 히타카쓰항 국제터미널까지는 약 2시간 30분이 소요되는데, 많은 여행자가 종점인 히타카쓰항 국제터미널에서 내리지 않고, 히타카쓰比田勝 버스 센터에서 내려 히타카쓰항 국제터미널까지 짐을 끌고 약 15분 정도 걸어가는 경우가 많다. 이즈하라항으로 들어와 히타카쓰항 위치를 모르는 여행자들이 히타카쓰라는 안내 방송만 듣고 히타카쓰 버스 센터에서 내리는데, 이 버스의 종점은 히타카쓰항 국제터미널이니 마지막까지 있으면 된다. 렌터카는 배 출발 시간이나 렌터카 반납 시간에 맞춰 움직이면 된다. 시간적인 여유가 있다면 382번 국도로 올라가다가 39번 국도로 갈아타서 모기하마 해수욕장, 긴의 큰 은행나무, 슈시 단풍길을 보면서 올라가면 된다. 히타카쓰항 국제터미널에 도착했을 때 배 출발 시간이나 렌터카 반납 시간이 남았다면 아지로의 연혼 정도 더 봐도 괜찮다.

> **TIP 점심을 먹으려면 히타카쓰 버스 센터에서 내린다?**
> 만약 이즈하라에서 오전 10시 58분 버스를 탔을 때 히타카쓰항 국제터미널에 내려 봤자 카운터는 열지 않고 시간이 남아 점심이라도 먹으려면 다시 중심가 쪽으로 걸어가야 한다. 이럴 때 히타카쓰 버스 센터에서 내려 식사를 한 다음 히타카쓰항 국제터미널로 걸어가는 것도 나쁘지 않다. 야보텐, 야에식당, 히데요시, 산라쿠 스시 등은 이곳에서 훨씬 더 가깝기 때문이다.

히타카쓰 교통편

히타카쓰 중심가에서는 튼튼한 두 발만 있으면 된다. 히타카쓰항 국제터미널에서 친구야까지는 도보로 5분밖에 걸리지 않는다. 친구야에서 히타카쓰 중심가 거의 끝부분에 위치한 히타카쓰 버스 센터까지도 7분이면 도착한다.

노선버스

히타카쓰항 국제터미널이나 히타카쓰 중심가에서 이용할 만한 노선버스는 많지 않다. 만약 히타카쓰항 국제터미널에서 미우다 해수욕장이나 나기사노유 쪽으로 가려면 35분 정도 걸어가야 하니 시간이 맞는다면 버스를 타는 것이 낫다. 슈퍼 밸류 다케스에 오우라점 역시 버스가 있으면 버스를 이용하나 시간이 맞지 않는다면 차라리 택시를 타는 것이 현명하다. 만약 미우다 해수욕장이나 나기사노유 또는 슈퍼 밸류 다케스에 오우라점만 단순 왕복한다면 1,000엔짜리 노선버스 1일 프리 패스권(1日フリーパス券)을 사기보다는 그냥 편도 현금을 내는 것이 더 저렴하다. 노선버스를 탈 때는 버스에 오를 때 반드시 세리켄(整理券)을 뽑은 다음 전광판에서 자신이 뽑은 세리켄 숫자에 적힌 요금을 하차 시 요금 통에 넣으면 된다.

> **TIP 히타카쓰항 주변 당일치기 버스 여행**
> 이즈하라항 주변은 도보 여행이 가능하므로 당일치기 버스 투어가 없는 반면, 히타카쓰항 주변의 중심가는 볼거리가 없고 관광지 대부분이 외곽에 있어 버스 투어가 판매되고 있다. 당일치기 여행의 경우 간단한 관광과 쇼핑을 한 번에 해결할 수 있으니 괜찮은 대안이 될 수 있다. 미우다 해수욕장, 도노사키 공원, 슈퍼 밸류 다케스에 오우라점, 슈시 단풍길 코스 또는 미우다 해수욕장, 슈시 단풍길, 긴의 큰 은행나무, 다이렉스 미네점 코스 등이 있다. 요금은 코스에 따라 1인당 15,000~22,900원 정도다. 소셜 커머스 등에서 구매 가능하다.

택시

히타카쓰항이 있는 상대마도上対馬에는 가미아가타 택시上県タクシー(株)와 다이슈 택시(資)対馬タクシー가 있다. 대마도에서는 기본적으로 콜택시로 운영되나 히타카쓰항 국제터미널 주차장에 서 있을 때도 있으니 이때는 예약 여부를 물어봐서 콜택시가 아닌 경우 탑승할 수 있다. 가미아가타 택시는 택시 투어도 운영하는데 가미쓰시마마치와 가미아가타마치에 있는 주요 관광지 일부를 1~2시간에 볼 수 있으므로 매우 유용하다. 택시 투어 코스에는 렌터카를 빌리지 않는다면 버스로 연결되지 않는 곳들이 많아 일본어를 못하더라도 이용해 볼 만하다.

가미아가타 택시上県タクシー(株)
주소 対馬市上対馬町比田勝 575 **위치** 히타카쓰 버스 센터 건너편 카페 뮤 뒤쪽 **시간** 6:00~25:30 **요금** 4,000엔(도노사키 공원+미우다 해수욕장+도요포대 유적+한국 전망소[1시간]), 8,000엔(미우다 해수욕장+도요포대 유적+한국 전망소+센뵤마키산+이국이 보이는 언덕 전망탑+쓰시마 야생 생물 보호 센터+사오자키 공원[2시간]) **전화** 0920-86-2104

도요포대 유적
豊砲台跡

한국 전망소
韓国展望所

역관사 순난 추도비
訳官使遭難追悼碑

슈퍼 밸류 다케스에 오우라점
スーパーバリュータケスエ大浦店

미우다 해수욕장 주변

미나토키노유
港の湯

미우다 해수욕장
三宇田海水浴場

도노사키 공원
殿崎公園

곤겐산 전망대
権現山展望台

히타카쓰항 국제터미널
比田勝港国際ターミナル

니시도마리 해수욕장
西泊海水浴場

히타카쓰 중심가

아지로의 연흔
網代の漣痕

미나토야 료칸
みなと屋旅館

우리들 펜션
ウリドゥルペンション

나루타키 자연 공원
鳴滝自然公園

펜션 히노키노모리
ペンションひのきの森

히타카쓰항과 주변

슈시 단풍길
舟志のもみじ街道

모기하마 해수욕장
茂木浜海水浴場

긴의 큰 은행나무
琴の大銀杏

히타카쓰항과 주변 BEST COURSE

히타카쓰항 입국 후

반나절 미우다 해수욕장 코스

히타카쓰항 국제터미널(짐 맡기기) → 도보 3분 → 곤피라구·에비스구 → 도보 2분 → 미나토 스시(점심 식사) → 도보 5~7분 → 히타카쓰 버스 센터(12:31) 또는 히타카쓰항 국제터미널(12:34) → 버스 8~11분 → 나기사노유 버스 정류장(12:42) → 도보 1분 → 미우다 해수욕장 → 도보 1분 → 나기사노유(온천욕) → 도보 15분 → 도노사키 공원 → 택시 7~9분 또는 도보 45분 → 히타카쓰항 국제터미널(16:36 출발) → 버스 159분 → 이즈하라(19:15 도착)

히타카쓰항 입국 후

반나절 렌터카 코스

Tip 렌터카로 히타카쓰항 주변의 명소들을 돌아볼 때 기타 지역에 있는 사스나 마을이나 센뵤마키산, 이국이 보이는 언덕 전망탑도 함께 들러보자. 더욱 풍성한 렌터카 여행이 된다.

히타카쓰항 국제터미널 → 도보 또는 송영차 → 렌터카 대여 → 자동차 5~6분 → 미우다 해수욕장 → 자동차 3분 → 도노사키 공원 → 자동차 20분 → 한국 전망소 → 자동차 4분 → 도요포대 유적 → 자동차 16분 → 사스나 마을(점심 식사) → 자동차 31분 → 센뵤마키산 → 자동차 20분 → 이국이 보이는 언덕 전망탑 → 자동차 35분 → 나루타키 공원 → 자동차 15분 → 슈시 단풍길 → 자동차 24분 → 렌터카 반납 → 도보 또는 송영차 → 히타카쓰항 국제터미널(16:36 출발) → 버스 159분 → 이즈하라(19:15 도착)

*선박 도착 시간이나 관심에 따라 미우다 해수욕장+도노사키 공원 또는 한국 전망소+도요포대 유적 또는 센뵤마키산+이국이 보이는 언덕 전망탑 또는 나루타키 공원+슈시 단풍길 중 빼고 진행

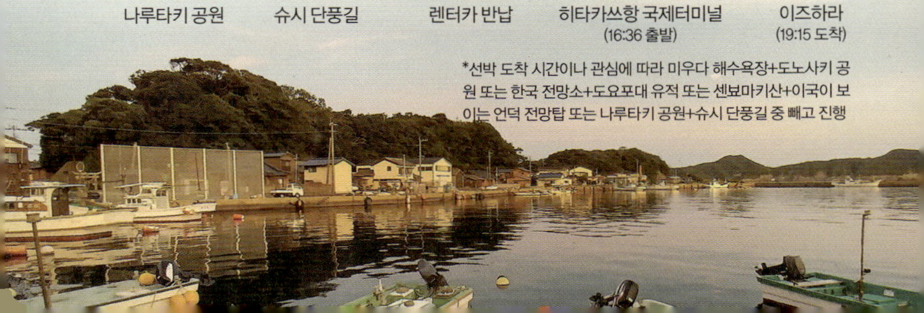

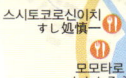

입국까지 일사천리로 진행되는 터미널

히타카쓰항 국제터미널 比田勝港国際ターミナル [히타카쓰코쿠사이타미나루]

📍 34.655843, 129.469217

주소 対馬市上対馬町比田勝 958-11 **mapcode** 539 866 319 **위치** ❶ 히타카쓰항에 위치 ❷ 히타카쓰 버스 센터에서 도보 12분 ❸ 코쿠사이타미나루(国際ターミナル) 버스 정류장 하차 후 바로 **전화** 092-281-2315(JR규슈고속선), 0920-86-2828(미래고속), 0920-86-2008(대아고속해운)

2016년에 새로이 건축한 히타카쓰항 국제터미널은, 크지 않은 규모지만 하선부터 입국 심사, 세관 검사 등이 일사천리로 끝나기 때문에 편리하게 이용할 수 있다. 승선객이 많을 때는 대기 시간이 다소 오래 걸리나 공항에 비해 상당히 빠르다. 출국 역시 승선 인원에 따라 출발 15분 전에 출국 심사를 시작할 때도 있다. 그야말로 출국 심사와 승선을 후다닥 실시한 후 바로 출항한다. 히타카쓰항 국제터미널을 통해 출국 시 최소 30분 전까지는 발권을 끝내야 하므로 터미널에는 1시간~1시간 30분 전에 도착하는 것이 좋다. 히타카쓰항 국제터미널 입국장과 출국장은 동일하고 2층에 대기 장소도 있다. 로커 룸은 1층 관광 안내소 옆쪽에 있으며 작은 것은 200엔, 큰 것은 400엔이다. 로커가 다 찼을 때는 관광 안내소에서 1개당 500엔씩 유료 보관이 가능하다. 짐 보관은 히타카쓰항 중심가의 상점에서도 유·무료로 가능하다.

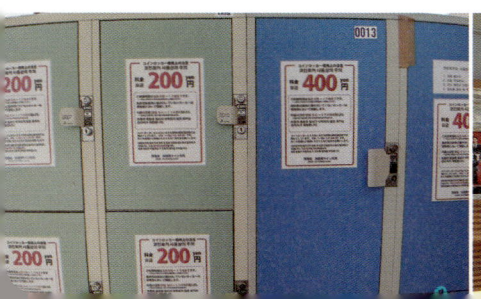

우리나라 여행자들이 가장 좋아하는 해수욕장
미우다 해수욕장 三宇田海水浴場 [미우다카이스이요쿠조]

📍 34.668793, 129.483167

주소 対馬市上対馬町西泊 1210 **mapcode** 539 898 671 **위치** ❶ 히타카쓰항 국제터미널에서 차로 5분 또는 도보 35분 ❷ 히타카쓰항 국제터미널에서 와니우라·히타카쓰 순환선(鰐浦·比田勝循環線) 타고 나기사노유(渚の湯) 버스 정류장 하차(8분 소요, 1일 2회 운행) 후 도보 1분 ❸ 이즈하라항 국제터미널에서 차로 112분 **요금** 무료

1996년 일본의 물가 백선日本の渚·百選에 뽑힌 해수욕장이다. 남태평양의 에메랄드빛 바다와 같은 색깔에 깨끗할 뿐만 아니라 입자가 고운 천연 모래사장이 있어 인기가 높다. 히타카쓰항 국제터미널에서 가깝기 때문에 미우다 해수욕장에 가면 거의 한국 사람이라는 말이 나올 정도로 우리나라 여행자들이 많이 간다. 미우다 해수욕장 주변에는 나기사노유를 비롯해 미우다 캠프장, 쓰시마 미우다 펜션 등이 있어 더욱더 이용객이 많다. 만약 조용하고 한적한 곳에서의 해수욕을 원한다면 모기하마 해수욕장이나 대마도 남단에 위치한 쓰쓰이탄가타 해수욕장을 추천한다. 미우다 해수욕장은 샤워실과 화장실 그리고 정자 등이 설치돼 있으며 매년 7월 20일~8월 31일 정도에 해수욕이 가능하다. 개장 기간을 제외한 나머지 기간에는 모래사장을 밟아 볼 수는 있으나 수영은 금지다.

우유나 아이스크림 먹방으로 온천욕 완성
나기사노유 渚の湯 [나기사노유]

📍 34.670012, 129.484050

주소 対馬市上対馬町西泊 1217-8 **mapcode** 972 013 010 **위치** ❶ 히타카쓰항 국제터미널에서 차로 5분 또는 도보 36분 ❷ 히타카쓰항 국제터미널에서 와니우라·히타카쓰 순환선(鰐浦·比田勝循環線) 타고 나기사노유(渚の湯) 버스 정류장 하차(8분 소요, 1일 2회 운행) ❸ 무료 셔틀버스 운행 **시간** 10:00~21:00(접수 마감 20:00) **휴무** 월요일 **요금** 600엔(성인), 450엔(70세이상), 250엔(초·중·고등학생) **전화** 0920-86-4568

나기사노유는 미우다 해수욕장 바로 옆에 있어 자유 여행자들도 많이 이용하는 곳이다. 대마도는 화산 지형이 아니기 때문에 유황천을 비롯해 일본 온천 하면 생각나는 그런 온천물은 없다. 나기사노유는 우리나라에서도 만날 수 있는 약알칼리성 단순천이다. 신경통, 근육통, 관절통, 피로 회복 등에 효과가 있다. 남녀별 실내탕은 한 면이 키 큰 유리창으로 되어 있어 개방감 있는 온천욕을 즐길 수 있다. 나기사노유에는 남녀별로 노천 온천이 있는데 여름에만 이용 가능하다. 해수욕 후 온천욕을 할 때는 젖은 수영복 차림이거나 모래가 묻은 채 들어가지 않도록 해야 한다. 참고로 나기사노유 무료 셔틀버스가 화요일~금요일 1일 1회 운행하나 매일 시간이 다르므로 이용 시 히타카쓰항 국제터미널 관광 안내소에 문의하면 된다.

미우다 해수욕장을 닮은 인공 해수욕장

📍 34.657109, 129.481350

니시토마리 해수욕장 西泊海水浴場 [니시토마리카이스이요쿠조]

주소 対馬市上対馬町西泊 428 **mapcode** 539 868 421 **위치** ❶ 히타카쓰항 국제터미널에서 차로 5분 또는 도보 24분 ❷ 히타카쓰항 국제터미널에서 와니우라·히타카쓰 순환선(鰐浦·比田勝循環線) 버스 타고 니시토마리(西泊) 버스 정류장 하차 후 도보 3분 **요금** 무료

히타카쓰항 국제터미널에서 출발해 미우다 해수욕장 방향으로 갈 때 조그마한 항구 하나가 나오는데 마을이 꽤나 번성해 보인다. 제1, 2차 세계 대전 당시에는 지금의 히타카쓰 중심가보다 더 번화했다고 한다. 산기슭을 따라 조금 올라가면 가미소花海荘로 가는 길이 나오고 조금 더 걸어가 커브를 돌면 니시토마리 해수욕장으로 내려가는 길이 나온다. 니시토마리 해수욕장은 2003년 7월에 문을 연 인공 모래 해수욕장이다. 미우다 해수욕장과 비슷한 분위기인데 이용객이 많지 않아 미우다 해수욕장 인근에서 대체할 만한 곳을 찾는다면 이곳이 괜찮다. 미우다 해수욕장의 모래보다는 다소 거친 입자이긴 하지만 놀기에는 별반 차이가 없다. 샤워실과 화장실, 휴게 공간 등이 갖춰져 있다. 니시토마리 해변 끝에는 나야하마 해변 산책로なや浜海岸遊歩道[나야하마카이간유호도]가 정비돼 있어 바닷길 산책이 가능하다.

리아스식 해안을 한눈에 담을 수 있는 곳

📍 34.662464, 129.479789

곤겐산 전망대 權現山展望台 [곤겐야마텐보다이]

주소 対馬市上対馬町西泊 **mapcode** 539 897 115 **위치** 히타카쓰항 국제터미널에서 차로 22분 **요금** 무료

일본 각지에는 90여 개가 넘는 곤겐산이 있으며 대마도에도 곤겐산이 이곳과 이즈하라 두 군데에 있다. 히타카쓰항에 가까운 곤겐산權現山은 해발 186m의 비교적 낮고 평이한 산이다. 2016년 3월에 완성된 트레킹 코스가 있는 곳이기도 하다. 곤겐산 정상에는 곤겐산 전망대權現山展望台가 있으며 트레킹 중간에 들를 수 있다. 곤겐산 전망대 주변은 곤겐산 전망 공원權現山森林公園으로 꾸며져 있는데 작은 주차장에 화장실 그리고 곤겐산 전망대로 오르는 계단과 산책로가 있다. 다행히 곤겐산 전망 공원은 우리나라 여행자들에게는 입소문을 타지 않은 곳이라 무척 한적하다. 곤겐산 전망대에 서면 탁 트인 인근 경치가 한눈에 들어온다. 넓은 잔디밭의 나무 의자에 앉아 간간히 부는 바람을 마시며 잠시 쉬었다가기 좋은 곳이다.

러일 전쟁 당시 러시아 병사들이 상륙했던 장소
도노사키 공원 殿崎公園 [토노사키코엔]

📍 34.664124, 129.490303

주소 対馬市上対馬町西泊 **mapcode** 539 899 273 **위치** ❶ 히타카쓰항 국제터미널에서 차로 8분 ❷ 히타카쓰항 국제터미널에서 와니우라·히타카쓰 순환선(鰐浦·比田勝循環線) 타고 니시토마리(西泊) 버스 정류장 하차 후 도보 20분(타고 내리고 싶은 곳에서 승하차 가능) **요금** 무료

도노사키 공원은 러일 전쟁(1904~1905) 때 도고 헤이하치로東郷平八郎가 이끈 일본 연합 함대에게 패전한 러시아 발틱 함대의 병사들이 상륙한 장소다. 대마도인들은 모기하마 해수욕장과 함께 이곳에 상륙한 러시아 병사들을 숨겨 주며 지극 정성으로 간호했다고 한다. 이를 전해 들은 도고 헤이하치로는 "메구미노우미 기하타카시恩海義僑"라는 친필을 내렸는데 "전쟁으로 죽음의 바다가 된 대마도의 바다가 은혜의 바다가 됐다. 대마도인의 의로움이 높기 때문이다."라는 뜻이다. 1911년 지역 주민들은 쓰시마 해전의 승리를 기념하기 위해 이 글자를 새긴 일본해 해전 기념비日本海海戦記念碑를 세웠다고 한다. 이와 함께 곤겐산 아래 도로변에서 커다란 부조상을 볼 수 있다.

2005년 쓰시마 해전 100주년을 맞아 지역 주민들이 세운 평화와 우호의 비平和と友好の碑다. 부조의 주인공은 러시아 함대 제독이었던 지노비 페트로비치 로제스트벤스키와 그를 병문안 온 도고 헤이하치로다. 한 가지 더, 곤겐산 트레킹 코스 마지막 관문이기도 한 도노사키 공원은 동백나무 군락지로도 유명하다. 서로 가지를 맞닿은 채 연리지를 이루는 동백나무 숲을 지나 곶의 끝 쪽으로 가면 푸른 바다와 함께 1905년 5월 28일 러시아 병사들이 상륙한 지점이 나온다.

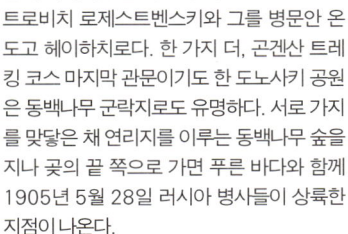

붕장어 요리로 현지인들에게 유명한 곳

스시토코로 신이치 すし処 慎一 [스시토코로신이치]

📍 34.658594, 129.470493

주소 対馬市上対馬町古里 13-3　**mapcode** 539 866 592　**위치** 히타카쓰항 국제터미널에서 도보 4분　**시간** 11:30~14:00, 18:00~22:00　**휴무** 부정기　**가격** 500엔(유부초밥), 600엔(붕장어초밥), 800엔(붕장어마키[김밥]), 1,000엔(붕장어카쓰 정식[점심]), 1,000엔(붕장어사시미), 1,000엔(붕장어구이), 1,000엔(붕장어튀김), 1,200엔(붕장어덮밥[점심]), 1,200엔(사시미 정식[점심]), 1,200엔(스시 정식[점심]), 1,200엔~(모둠회), 1,200엔(생선초밥), 2,300엔(특선 생선초밥)　**전화** 0920-86-3749

2016년 11월에 문을 연 스시 전문점이다. 새로 지은 건물이라 내부가 깔끔하다. 히타카쓰항 국제터미널에서 히타카쓰 중심가 반대편에 있어서 아직 잘 알려지지 않아 대기 시간도 짧고 여유 있게 식사를 할 수 있다. 대마도의 다른 음식점들이 스시나 초밥 외의 다양한 메뉴를 제공하는데 이곳은 스시와 초밥처럼 생선으로 만들 수 있는 구이, 튀김, 덮밥 등을 제공하기 때문에 대마도에서 본격적인 스시 전문점을 찾는다면 이곳이 괜찮다. 이곳의 주인장은 직접 생선을 잡아오며 특히 아나고穴子라 불리는 붕장어 요리를 특화해 제공한다.

인기 쇼핑 아이템만 모아 놓은 곳

선물 가게 공중전화 ギフトショップ公衆電話 [기후토숍푸코슈덴와]

📍 34.655761, 129.468458

주소 対馬市上対馬町比田勝 957-17　**mapcode** 539 866 284　**위치** 히타카쓰항 국제터미널에서 도보 1분　**시간** 12:30~당일 마지막 선박 출항 시간까지

야마네코 시티 투어 버스 회사에서 운영하는 잡화 및 기념품점이다. 우리나라 여행자들이 많이 사는 곤약 젤리, 우마이봉, 인절미 과자, 킷캣, 카스마키, 대마도 간장 등을 비롯해 과자, 잡화, 팬시 등을 판매한다. 많이 구입할 것이 아니라면 시간도 절약할 겸 들러 볼 만하다. 한국어를 조금 하는 직원이 있으므로 불편함 없이 쇼핑할 수 있다. 엔화, 달러, 우리나라 돈으로 계산이 가능하다. 이곳에서는 토요일을 제외한 오후 3시 30분에 출발하는 히타카쓰-이즈하라 구간의 버스를 예약할 수 있다. 버스 출발 시간은 다소 변경 가능하며 1인당 15,000원 또는 1,500엔이다. 단, 빈자리가 있어야 가능하다.

히타카쓰항을 조망하기 좋은 곳
곤피라구·에비스구 金比羅宮·恵比寿宮 [콘피라쿠·에비스쿠]

📍 34.655037, 129.467012

주소 対馬市上対馬町比田勝 940-3 **mapcode** 539 866 248 **위치** 히타카쓰항 국제터미널에서 도보 3분
요금 무료

히타카쓰항 국제터미널에서 친구야 쪽으로 3분 정도 걸어가다 보면 붉은색 도리이와 계단이 나온다. 이곳에는 해상 교통의 수호신을 모신 곤피라구金比羅宮와 칠복신의 하나로 어업과 상업 번창의 신을 모신 에비스구恵比寿宮가 합사돼 있다. 이곳은 88개의 지장보살을 볼 수 있는 히타카쓰 88개소 순례길比田勝88ヶ所お遍路의 시작점이기도 하나 관리가 되지 않고 있다. 곤피라구·에비스구 주변은 봄에는 진달래꽃, 벚꽃 명소로 경치가 좋다. 사실 이곳은 순례길보다는 히타카쓰항을 비롯해 히타카쓰 중심가의 풍경을 바라보는 전망 장소로서 보다 인기가 있다. 계단 중간에 있는 정자까지만 가더라도 멋진 경치를 볼 수 있다.

한국발 쓰레기에 몸살을 앓고 있는 대마도

대마도를 여행하다 보면 곤피라구·에비스구金比羅宮·恵比寿宮 정자 휴지통 주변에 한국어로 된 쓰레기들이 어지럽게 널려 있는데 음료와 생수통 그리고 도시락 등이 대부분이다. 대마도 어딜 가나 화장실, 무료 주차장은 많은데 휴지통은 거의 없다. 관광지나 산에 꼭 있는 안내판들이 "쓰레기는 가져가시오"다. 대마도 이쿠치하마 해수욕장 한편에는 조류를 타고 떠밀려 온 한국산 쓰레기들이 넘쳐난다. 이곳뿐만 아니라 모기하마 해수욕장을 갔을 때도 한쪽에 무언가를 담은 커다란 검은색 비닐들이 쌓여 있었는데 아마도 쓰레기를 담은 것이 아닐까 싶다. 우리나라 여행자들이 많이 가는 장소인지 아닌지는 함부로 버려져 있는 쓰레기로 확인할 수 있을 정도다. 대마도 여행 시 여행 가방에 쓰레기를 담을 수 있는 비닐 몇 개 챙겨 다니자.

패키지여행객들 취향 저격 면세점

게이트웨이 면세점_쓰시마점 永山免税店 対馬店 [나가야마멘제이텐쓰시마텐]

📍 34.655176, 129.467626

주소 対馬市上対馬町比田勝 956-6　**mapcode** 539 866 221　**위치** 히타카쓰항 국제터미널에서 도보 2분
시간 9:00~18:00　**전화** 0920-86-2404

2013년 11월에 문을 연 면세점이다. 자유 여행자들도 들어갈 수 있지만 주로 패키지여행객들을 대상으로 한다. 술, 화장품, 전자 제품, 주방용품, 의약품, 식품, 액세서리에 이르기까지 한국인들이 좋아하는 물품을 위주로 판매한다. 꼭 맞는 제품들만 진열해 놓았기 때문에 지갑을 열지 않을 수 없게 한다. 이곳은 다른 곳들에 비해 다소 비싼 편인데 관세 면세가 아니라 다이렉스나 드러그스토어 모리, 밸류처럼 소비세 8% 면세다.

일본식 전통 주택에서의 유카타 체험

마도　窓 MADO [마도]

📍 34.654980, 129.466567

주소 対馬市上対馬町比田勝 956-4　**mapcode** 539 866 188　**위치** 히타카쓰항 국제터미널에서 도보 4분
시간 10:00~16:00　**요금** 1,000엔(유카타 체험[1시간]), 1,000~1,500엔(진주 체험[30분 소요]), 2,000엔(아동 진베이[판매]), 3,000엔(아동 유카타[판매])　**홈페이지** demado.modoo.at　**전화** 080-6490-8363, 010-5662-8650

곤피라구·에비스구로 올라가는 계단을 지나면 스낫쿠 다카코スナック 貴子가 나오는데 바로 옆에 있는 곳이 유카타 체험을 할수 있는 마도(MADO)다. 남녀 유카타가 준비돼있으며 1시간에 1,000엔이고 추가 1시간당 500엔이다. 마도는 상점이라기보다 가정집 분위기로 100여 년 된 고옥이다. 일본 전통 집의 분위기가 물씬 풍기는 곳이라 사진 찍기도 좋다. 이곳에서는 대마도산 진주로 만든 액세서리 체험도 가능하다(1,000~1,500엔).

테이크아웃 카페가 있어 보다 저렴하게 이용할 수 있는 곳

히타카쓰 토키세키 比田勝 TOKISEKI [히타카쓰 토끼세키]

📍 34.655033, 129.465534

주소 対馬市上対馬町比田勝 843-24 **mapcode** 539 866 184 **위치** 히타카쓰항 국제터미널에서 도보 5분 **시간** 10:00~15:00, 18:00~22:00 **휴무** 화요일 **가격** 300엔(콜라), 400엔(커피), 500엔(우동), 600엔(생맥주), 880엔(마루노우치 정식), 930엔(돈짱), 980엔(오코노미야키), 1,200엔(김치찌개), 1,500엔(야키니쿠불고기), 1,000엔(유카타 및 한복 체험[1시간]) **전화** 0920-86-3955, 080-6236-4491(카카오톡 ID : tour1188)

한국 여행사에서 운영하는 음식점 겸 카페로 선박, 숙박, 렌터카 예약, 민숙 운영까지 하고 있어 여러모로 편리하게 이용할 수 있다. 다년간 축적된 대마도 여행과 트레킹에 대한 노하우가 있어 여행 정보 얻기에도 좋다. 1층은 테이크아웃 카페(커피, 생맥주 할인), 2층은 음식점 겸 카페 그리고 3층은 유카타 체험장이다. 식사 후 커피나 음료는 10% 할인되며 유카타 체험 시에도 커피나 음료가 10% 할인된다. 이곳은 우리나라 여행자들의 유카타 체험은 물론 현지인들의 무료 한복 체험이 가능해 한일 간 교류의 장이 되고 있다. 민박의 경우 이곳으로부터 약 4분 거리에 있는 쓰시마 세이코쓰인つしま整骨院 옆에 있으며 숙박만 할 때는 1인 4,000엔, 조식 포함일 때는 1인 4,500엔이다.

카페를 이용하면 무료로 짐 맡길 수 있는 곳

친구야 & 키요 Chinguya & Kiyo [친구야 앤 키요]

📍 34.655108, 129.465177

주소 対馬市上対馬町比田勝 850 **mapcode** 539 866 212 **위치** 히타카쓰항 국제터미널에서 도보 5분 **시간** 10:00~16:00 **휴무** 월요일 **가격** 300엔(아메리카노[HOT]), 300엔(음료: 버거 구입 시 100엔 할인), 400엔(블루하와이), 590엔(쓰시마 버거), 620엔(쓰시마 데리야키버거), 690엔(쓰시마 치즈버거), 800엔(자전거 대여[4시간]), 1,000엔(자전거 대여[1일]), 1,000엔(낚시대 대여), 3,000엔(휴대 전화 충전기) **홈페이지** chinguya.co.kr **전화** 070-7842-7634

한국 여행사에서 운영하는 카페로, 이즈하라 중심가에 1호점, 히타카쓰 중심가에 2호점 그리고 부산에 3호점이 있다. 직원들이 한국어가 능통하지 않지만 모든 안내가 한국어로 되어 있어 불편함이 없다. 이곳에서는 키요의 쓰시마 버거를 함께 판매한다. 재료가 일찍 소진되는 경우가 많으니 쓰시마 버거를 꼭 먹어 보겠다면 일찍 방문하는 것이 좋다. 카페를 이용하면 무료로 짐 보관도 가능하니 이득이다. 자전거나 낚시대를 사전 예약 시 할인 가능하며 홈페이지를 통해 선박, 숙박, 렌터카, 캠핑 등의 예약이 가능하다.

진한 국물의 묵직함을 걷어 낸 하카타라멘
마루후쿠 라멘　マルフクラーメン [마루후쿠라멘]

📍 34.655258, 129.465537

주소 対馬市上対馬町比田勝 1011-1　**mapcode** 539 866 214　**위치** 히타카쓰항 국제터미널에서 도보 5분　**시간** 11:00~15:00, 18:00~21:00　**휴무** 화요일　**가격** 100엔(맛계란 추가), 100엔(목이버섯 추가), 150엔(면 추가), 200엔(차슈 추가), 200엔(유부초밥), 300엔(음료), 480엔(추하이), 480엔(하이볼), 600엔(생맥주(中)), 700엔(하카타돈코츠라멘), 800엔(매운 된장라멘)　**전화** 0920-86-2888

2017년 5월에 문을 연 하카타라멘 전문점이다. 장시간 돼지 뼈를 우려 낸 육수가 특징인 하카타라멘은 돈코츠라멘とんこつラーメン이라고도 부르는데, 쫄깃쫄깃한 가는 면발에 파, 목이버섯 그리고 차슈チャーシュー라는 간장 조림한 돼지고기를 넣는다. 이곳의 하카타라멘은 후쿠오카의 그것보다 담백하고 진하지 않은 맛이다. 그래서 우리나라 여행자들의 입맛에 잘 맞는다. 라멘에는 토핑을 추가할 수 있는데, 맛계란味玉, 차슈チャーシュー, 목이버섯キクラゲ, 면 추가替玉 등이 있다. 이곳의 인기 메뉴는 하카타라멘과 볶음밥이 함께 나오는 차한 세트(1,050엔)다. 점심시간(11:00~15:00)에만 한정 판매하는 하카타라멘과 주먹밥의 오니기리 세트(900엔)는 하카타라멘 양이 부족하다 싶은 여행자들에게 든든한 한 끼가 된다. 매운 된장라멘辛みソラーメン은 얼큰함이 우리나라 여행자들의 입맛에 딱이다.

브레이크 타임이 없어 언제든지 이용할 수 있는 식당
가이칸 식당　かいかん食堂 [카이칸쇼쿠도]

📍 34.655428, 129.466215

주소 対馬市上対馬町比田勝 943　**mapcode** 539 866 246　**위치** 히타카쓰항 국제터미널에서 도보 5분　**시간** 10:00~20:00　**가격** 200엔(콜라), 650엔(생맥주), 750엔(교자), 800엔(짬뽕), 800엔(자루소바), 900엔(불고기덮밥), 1,300엔(돈가스 정식), 1,300엔(돈짱 정식)　**전화** 0920-86-2223

가이칸 식당은 히타카쓰항 인근에서 브레이크 타임이 없는 몇 안 되는 식당 중 하나다. 언제든지 식사가 가능한 곳이기 때문에 계획한 맛집에 가지 못했을 때 차선책으로 많은 여행자가 찾는다. 약 40여 개가 넘는 다양한 메뉴가 있으며 양이 많은 편이라 소·소자 메뉴도 함께 판매하고 있다. 어떤 메뉴를 먹든지 무난하게 맛있기 때문에 메뉴 선택의 실패가 적다. 음식에는 샐러드나 단무지 혹은 오이절임이 함께 제공되므로 느끼하지 않게 먹을 수 있다.

가성비가 만족스러워 더욱 맛있는 우동 세트와 서비스 런치 9 34.654730, 129.465282

미나토 스시 みなと寿司 [미나토스시]

주소 対馬市上対馬町比田勝 1006 **mapcode** 539 866 152 **위치** 히타카쓰항 국제터미널에서 도보 5분 **시간** 11:00~14:30, 18:00~22:00(주문 마감 21:30) **휴무** 부정기 **가격** 300엔(음료), 400엔(생맥주[小]), 400엔(사워), 400엔~(하이볼), 450엔(유부초밥[5개]), 800엔(나가사키짬뽕), 800엔(야키소바), 1,000엔(치라시스시), 1,000엔(우동 세트), 1,000엔(서비스 런치), 1,200엔(오징어회덮밥), 1,200엔(생선초밥), 1,200엔(모둠회), 1,500엔(회덮밥), 1,500엔(생선회 정식) **전화** 0920-86-3710

2대째 운영하고 있는 스시 전문점이다. 구이, 덮밥이나 면류 또한 함께 팔기 때문에 초밥이나 회를 좋아하지 않는 일행도 함께할 수 있다. 대마도에서는 초밥에 올라가는 재료 부분인 네타ねた와 초밥의 밥 부분인 샤리しゃり가 다소 큰 편인데, 이곳 역시 식후 포만감이 클 정도로 넉넉하게 나온다. 고급 스시 전문점의 스시와는 비교할 수 없지만 저렴한 가격에 배부르게 먹었다는 생각이 드는 곳이다. 초밥, 마키巻き, 우동이 포함된 우동 세트うどんセット와 점심에만 판매하는 초밥, 마키, 반찬, 미소된 장국, 과일 등이 포함된 서비스 런치お昼のサービスランチ가 인기다.

70~80년대로 회귀한 빵집 분위기 9 34.654722, 129.464654

포에무 ポエム [포에무]

주소 対馬市上対馬町比田勝 833 **mapcode** 539 866 151 **위치** 히타카쓰항 국제터미널에서 도보 6분 **시간** 8:00~19:00 **휴무** 일요일 **가격** 80엔(링도너츠), 90엔(밀크빵), 90엔(초코버터빵), 90엔(팥빵), 90엔(크림빵), 150엔(오렌지빵), 150엔(스위트콘), 160엔(스파게티빵), 160엔(야키소바빵), 180엔(햄버거), 180엔(사라다빵), 180엔(계란빵), 210엔(소세지빵), 260엔(참치샌드위치), 320엔(가쓰샌드위치) **전화** 0920-86-2842

할머니가 운영하시는 빵집이다. 요즘의 화려한 제빵 기술로 빚은 고급스러운 베이커리에 비해 꾸밈없는 순박한 모습의 빵들이 낯설기까지 하다. 너무나 시골스러운 포에무의 빵들은 어린 시절 빵을 처음 대했을 때의 기억을 떠오르게 한다. 검은 팥빵, 흰 팥빵, 크림빵, 슈크림빵, 멜론빵 등 오랜만에 먹어 보는 맛이다. 빵은 크지 않은 편인데, 빵 크기 치고는 넉넉하게 들어가 있는 팥이나 크림이 촉촉한 빵 껍질과 잘 어울린다. 오후만 되면 군데군데 빈 트레이들만 있으니 이곳의 빵을 맛보려면 가급적 아침 일찍 방문하는 것이 좋다. 슈퍼 밸류 다케스에 오우라점에 있는 빵집을 제외하고는 인근에서는 유일한 빵집이다.

평이한 스시, 저렴한 가격

산라쿠 스시 三楽寿し [산라쿠스시]

주소 対馬市上対馬町比田勝 836-2 **mapcode** 539 865 119 **위치** 히타카쓰항 국제터미널에서 도보 8분
시간 11:00~14:00, 18:00~22:00(주문 마감 21:00) **휴무** 부정기 **가격** 440엔(우동), 590엔(생맥주), 660엔(라멘), 870엔(돈짱덮밥), 980엔(회덮밥), 1,100엔(돈가스 정식), 1,180엔(스시), 1,330엔(회 정식), 2,160엔(산라쿠 정식), 2,700엔(기쿠 정식) **전화** 0920-86-2143

미나토 스시와 함께 우리나라 여행자들이 많이 이용하는 스시 전문점이다. 영업시간이 불규칙하고 부정기 휴일이 많아 이곳을 꼭 이용하려면 사전에 연락해 보는 것이 낫다. 산라쿠 스시 역시 두툼한 네타ねた와 많아 보이는 듯한 샤리しゃり의 스시를 제공한다. 스시는 1,180엔이라는 저렴한 가격에 맞는 종류와 맛으로 무난한 식사를 할 수 있다. 우동과 라멘, 돈쨩덮밥이나 돈가스 정식 등 초밥이나 회 외의 식사도 가능하다. 소프트아이스크림(350엔)과 아이스크림이 올라간 호떡(540엔) 등 디저트도 판매한다. 신라쿠 스시는 본인 음식 외에는 사진 찍는 것을 삼가고 외부 음식을 먹을 때는 2,000엔의 벌금을 받으며 재료에 따라 불가능한 식사가 있을 수 있다. 당연한 이야기지만 여러 가지 제한으로 약간의 까칠함이 느껴져서 멈칫거리게 하는 곳이다.

기운 빠지게 하는 부정기 휴무

요즘 여행은 맛집 여행이 대세다. 대마도 여행 역시 맛집 순례를 빼놓을 수 없다. 한 끼를 먹더라도 원하는 음식을 제대로 먹어 보자는 여행자들을 낙담하게 하는 단어가 바로 부정기 휴무다. 대마도의 음식점들은 예고 없이 휴무하는 경우가 많아 모처럼의 여행을 기운 빠지게 한다. 뿐만 아니라 정해진 영업시간이 있지만 늦게 열 때도 사정상 혹은 재료가 없다고 일찍 닫을 때도 많다. 꼭 먹어 보고 싶은 곳이라면 예약이 우선이다. 요즘에는 무료로 예약해 주는 앱도 있으니 사전에 예약해 놓는 것이 낫다.

히타카쓰의 작은 밸류 슈퍼

슈퍼 밸류 다케스에 _히타카쓰점
スーパーバリュータケスエ比田勝店 [슈파바류타케스에히타카쓰텐]

📍 34.654570, 129.463580

주소 対馬市上対馬町比田勝 821　**mapcode** 539 865 147　**위치** 히타카쓰항 국제터미널에서 도보 7분　**시간** 9:00~23:00　**홈페이지** www.takesue.co.jp　**전화** 0920-86-2017

히타카쓰항 국제터미널로 당일치기 또는 1박 2일 여행을 와서 쇼핑을 하려면 보통 히타카쓰항 국제터미널에서 차로 7분 거리에 있는 슈퍼 밸류 다케스에 오우라점을 많이 간다. 만약 시간이 없다면 히타카쓰 중심가에 도보로 7분 거리에 있는 이곳을 찾아도 괜찮다. 조그마한 마트 분위기라 오우라점에 비해 규모가 매우 작지만 아쉬운 대로 쇼핑할 만하다. 물론 때에 따라서 우리나라 여행자들의 싹쓸이 쇼핑 때문에 인기 제품이 바닥 날 때도 있다. 슈퍼 밸류 다케스에 히타카쓰점은 히데요시 건너편에 있으며 'Life タケスエ VALUE'라는 간판을 달고 있다.

직접 잡은 맛있는 숙성회를 맛볼 수 있는 곳

히데요시　ひでよし [히데요시]

📍 34.654275, 129.463612

주소 対馬市上対馬町比田勝 835　**mapcode** 539 865 117　**위치** 히타카쓰항 국제터미널에서 도보 8분　**시간** 10:30~14:30, 17:00~22:00　**휴무** 부정기　**가격** 500엔(추하이), 600엔~(생맥주), 650엔(닭고기덮밥), 800엔(카레라이스), 1,000엔(닭튀김 정식), 1,100엔(가쓰카레), 1,200엔(붕장어튀김 정식), 1,200엔(돈가스 정식), 1,200엔(돼지구이 & 생강구이 정식), 1,500엔(사시미 정식)　**전화** 0920-86-2970

모르는 한국어라도 열심히 친절하게 주문받는 주인 아주머니와 맞춤법 틀린 한국어 안내판이 정겹게 느껴지는 곳이다. 예쁜 그림에 적힌 다소 과장된 요리 문구들은 웃음을 자아내게 한다. 영업시간 후에도 방문하는 손님들을 딱 잘라 거절하지 않는다. 대마도 식당들은 대부분 주인 혼자 혹은 부부가 함께 운영하면서 주문 후 요리하는 경우가 대부분이어서 시간이 많이 걸린다. 히데요시 역시 주문 후 음식을 만들기 때문에 뜨끈뜨끈함이 바로 전해져 오는 것만으로도 기분 좋은 식사가 된다. 닭고기 덮밥, 닭튀김 정식, 붕장어튀김 정식, 사사미 정식 등이 인기다. 사시미 정식은 생선을 직접 잡아오기 때문에 매일매일 구성이 조금씩 다르다. 각종 회는 예약을 하거나 바쁘지 않을 때만 주문이 가능하다.

친절하지 않지만 규슈·오키나와 맛집 100에 선정된 가게

야에 식당 八重食堂 [야에쇼쿠도]

📍 34.654249, 129.463185

주소 対馬市上対馬町比田勝 818 **mapcode** 539 865 115 **위치** 히타카쓰항 국제터미널에서 도보 9분 **시간** 10:00~20:00 **휴무** 화요일 **가격** 650엔(낫토볶음밥), 750엔(쟁반우동), 750엔(불고기덮밥), 750엔(중화덮밥), 850엔(터키라이스), 1,000엔(탕수육 정식), 1,000엔(팔보채 정식), 2,200엔(장어덮밥) **전화** 0920-86-2152

히타카쓰항 중심가는 음식점들이 많지 않다. 여행자들에 비해 식사할 장소가 많이 부족한 편이니 웬만한 음식점들은 본의 아니게 '맛집'이 된다. 맛이라는 것이 본래 개인차가 있는데다가 그날의 재료 상태와 음식 만드는 이의 컨디션에 따라 맛있기도 맛없기도 하니 맛집이라는 것에 크게 연연할 필요는 없다. 야에 식당은 히타카쓰에서 가장 불친절한 음식점이라고 소문난 곳이다. 그러나 다베아루키 규슈·오키나와 맛집 100 たべあるき九州沖縄味100選店 (kuishinbou.net) 즉, 찾아가서 먹어 보는 규슈·오키나와 맛집 100에 선정된 가게이기도 하다. 브레이크 타임이 없어서 우리나라 여행자들이 많이 찾는다. 우동, 라멘, 덮밥, 카레, 오므라이스, 정식에 이르기까지 메뉴가 다양해시켜 먹기 좋다. 한국어 메뉴판이 있어 주문하는 데 어려움은 없다.

히타카쓰 중심가에서 유일한 서양식 레스토랑

레스토랑 미마쓰 RESTAUTANT 美松 [레스토란 미마츠]

📍 34.654020, 129.463384

주소 対馬市上対馬町比田勝 819 **mapcode** 539 865 116 **위치** 히타카쓰항 국제터미널에서 도보 9분 **시간** 10:00~15:00(주문 마감 14:30), 17:00~22:00(주문 마감 21:30) **휴무** 목요일 **가격** 300엔(커피), 300엔~(음료) 600엔(생맥주[中]), 700엔(미트소스스파게티), 800엔(어린이 정식), 900엔(가쓰카레라이스), 1,300엔(햄버거스테이크), 1,300엔(돈가스), 1,300엔(치킨가스), 1,400엔(미마쓰 런치), 1,400엔(돼지고기양념구이), 1,700엔(새우튀김), 2,100엔(오카리바야키), 3,000엔(비프스테이크) **전화** 0920-86-2411

건물 앞쪽을 붉은색 벽돌로 처리해 복고 느낌이 물씬 풍기는 대마도의 미마쓰는 70~80년대 레스토랑 분위기다. 벽면 곳곳을 채우는 사진과 그림은 마치 갤러리 카페와 같은 느낌이다. 긴 테이블 좌석을 지나 안쪽으로 들어가면 테이블들이 더 있는데 우리나라 여행자보다는 현지인들이 많다. 현지인 추천 레스토랑인 정통 서양식 메뉴가 대부분이다. 스테이크류, 스파게티, 샌드위치 등이 주 메뉴며 햄버거스테이크, 돈가스, 생선가스, 새우튀김, 스파게티, 샐러드, 밥이 나오는 미마쓰 런치(1,400엔)가 인기다. 점심 영업시간이 다른 곳보다 다소 길어 원하는 음식점을 가지 못했을 때 식사하기 좋다.

직접 구워 먹는 재미 있는 돈짱 맛집
야보텐 やぼてん [야보텐]

📍 34.653918, 129.461764

주소 対馬市上対馬町比田勝 664 **mapcode** 539 865 080 **위치** 히타카쓰항 국제터미널에서 도보 11분 **시간** 11:30~15:30, 18:00~21:00 **휴무** 부정기 **가격** 1,000엔(나가사키짬뽕), 1,200엔(돈짱) **전화** 0920-86-2254

한국어가 유창하고 유쾌한 성격의 주인장이 운영하는 돈짱どんちゃん 맛집이다. 2013년 5월 3일 방송된 〈VJ특공대〉에도 나왔던 음식점이다. 메뉴는 돈짱과 나가사키짬뽕 두 가지다. 다른 음식점과는 달리 손님이 직접 가스 불에 구워 먹는다. 매콤달콤한 돈짱은 우리나라 양념돼지갈비와 비슷한 맛으로 대마도에 정착한 한국인들에 의해 전파됐으며 현지인들의 입맛에 맞게 변화한 음식이다. 2012년부터 대마도에서는 지역 유지 및 음식점 사장들을 중심으로 대마도 돈짱 부대対馬とんちゃん部隊를 결성해 지역 경제 활성화를 위해 개최되는 현지식 경연 대회인 B-1 그랑프리B-1グランプリ에 매년 참가하고 있다. 2012년, 2015년 B-1 그랑프리에서 은상을 수상했으며 2016년 서일본 B-1 그랑프리에서는 금상을 차지했다. 야보텐 역시 5개 정도의 테이블만 있으므로 꼭 맛보겠다면 일찍 가거나 예약을 하는 것이 좋다. 영업시간은 주인장 마음대로 유동적인 편이다.

오랜 시간 동안 자연이 만든 아름다운 물결 바위
아지로의 연흔 網代の漣痕 [아지로노렌콘]

📍 34.648488, 129.476543

주소 対馬市上対馬町網代 361 **mapcode** 539 837 403 **위치** 히타카쓰항 국제터미널에서 차로 6분 또는 도보 27분 **요금** 무료

아지로網代 지역에 나타난 일종의 빨래판 바위洗濯岩다. 우리나라 여행자들 사이에서는 미야자키의 아오지마 도깨비 빨래판이 유명하다. 대마도 해안 곳곳에 연흔이 있는데 이곳이 가장 규모가 크다. 대마도의 지층은 모래가 굳은 사암과 점토가 굳은 혈암으로 이루어져 있으며 오랜 기간 파도의 침식 작용과 바람의 풍화 작용으로 물결 모양의 바위가 생긴 것이다. 히타카쓰항 국제터미널에서 차로 약 6분 정도 소요되는데 렌터카 반납 전 시간이 남는다면 이곳을 들러 보는 것도 좋다. 도보로는 왕복 1시간 거리며 히타카쓰항 국제터미널에서 약 18분 거리에 있는 히타카쓰항 국내터미널을 지나 남쪽으로 약 9분 정도 더 걸어가면 된다. 민박 나쓰마루에서 머문다면 약 8분 거리에 위치해있다. 아지로의 연흔을 잘 보려면 간조와 만조 때를 확인하면 더 좋다. 물이 빠지는 간조干潮 때보다 멋지다(www.data.jma.go.jp/gmd/kaiyou/db/tide/suisan/suisan.php?stn=N5).

한국식으로 지어진 부산이 보이는 전망대

한국 전망소 韓国展望所 [칸코쿠텐보조]

📍 34.694452, 129.441996

주소 対馬市上対馬町鰐浦 996 **mapcode** 972 068 849 **위치** ❶ 히타카쓰항 국제터미널에서 차로 18분 ❷ 히타카쓰항 국제터미널에서 와니우라·히타카쓰 순환선(鰐浦·比田勝循環線) 타고 와니우라(鰐浦) 버스 정류장 하차(23분 소요, 1일 2회 운행) 후 도보 17분 **시간** 9:00~18:00(전시실만) **요금** 무료

대마도는 우리나라로부터 다양한 생활 문화를 전수받은 것을 비롯해 에도 시대 조선 통신사의 왕래, 오늘날 많은 한국인 여행객의 유치 등 우리나라와 밀접한 관계를 유지하고 있다. 한국 전망소의 전망대 팔각정은 탑골공원 팔각정, 한국 전망소의 기와문은 부산 국제여객터미널 입구에 있는 문을 본떠 만들었다. 그냥 비슷하게 만든 것이 아니라 우리나라로부터 모든 재료를 공수해 오고, 우리나라 문화재 관련 전문가의 자문을 얻어 만들었다고 한다. 한국 전망소는 우리나라 여행자들이 가장 많이 방문하는 장소이자 대마도 관광지 중 가장 잘 꾸며 놓은 곳이다. 팔각정 안에는 작은 전시실로 꾸며져 있으며 외부는 전망대로 사용된다. 날씨가 아주 좋은 날에는 저 멀리 지평선에 우리나라 산세가 희미하게 보이기도 하지만 한국 전망소가 있는 대마도 북단은 조류의 흐름이 세고 바람이 강해 여간해서 부산을 조망하기란 쉽지 않다. 한국 전망소가 있는 주변은 와니우라 한국 전망 공원鰐浦韓国展望公園으로 지정돼 있다.

스페셜 가이드 한국 전망소

역관사 순난 추도비 訳官使遭難追悼碑

위치 한국 전망소 옆 **요금** 무료

1703년 음력 2월 5일 108명 역관사(오늘날의 통역사)가 대마도 호위 무사 4명과 함께 대마도 제3대 번주인 소 요시자네宗義真의 죽음을 애도하고 제5대 번주인 소 유시미치宗義方의 취임을 축하하기 위해 대마도로 향한다. 그러나 이곳 와니우라鰐浦항에 입항하기 전 불어 닥친 폭풍으로 배가 좌초돼 전원 사망한다. 와니우라항은 급류가 세고 암초가 많지만 우리나라와 가까운 탓에 무역항으로서 번성했다. 이들을 추모하기 위해 1991년 3월 우리 땅이 보이는 이곳에 우리나라와 일본의 학자, 언론인, 정부 관계자 등으로 구성된 이키·쓰시마 종합 학술 조사단壱岐·対馬綜合學術調査団이 역관사 순난 추도비와 112개의 영석을 세웠다. 그 후 소宗 가문의 문서에서 그들의 이름이 밝혀지면서 2003년 3월 순난 300주년을 기념해 그들의 이름을 새긴 조선국 역관사 및 종사 순난 영위비를 건립했다. 참고로, 한국 전망소를 비롯해 와니우라鰐浦 지역은 5월에 약 3,000그루의 이팝나무의 꽃이 개화돼 마치 눈이 내리는 듯한 풍경을 연출하니 이 시기에 여행한다면 놓치지 말아야 할 풍경이다. 히토쓰바타고ヒトツバタゴ가 바로 이팝나무며 대마도의 시목이다.

세계 최대 크기의 박력포가 있던 곳
도요포대 유적 豊砲台跡 [토요호다이아토]

📍 34.699068, 129.446621

주소 対馬市上対馬町鰐浦 **mapcode** 972 098 475 **위치** ❶ 히타카쓰항 국제터미널에서 차로 18분 ❷ 히타카쓰 버스 센터에서 와니우라·히타카쓰 순환선(鰐浦·比田勝循環線) 타고 와니우라(鰐浦) 버스 정류장 하차 후 도보 19분 **요금** 무료

세계 최초의 항공 모함을 만든 나라가 바로 일본인데, 아카기赤城라는 배의 이름은 일본의 전쟁사에서 두 번 등장한다. 하나는 1890년에 건조돼 청일 전쟁, 러일 전쟁 등에 참전했던 전함 아카기, 다른 하나는 순항 전함으로 건조된 후 1925부터 항공 모함으로 취역해 1942년 미드웨이 해전에서 침몰한 아카기다. 1890년 건조된 전함 아카기는 1911년

폐함된 후 아카기마루赤城丸라는 상선으로 개조됐다가 두 번의 침몰로 노후화돼 1953년 오사카에서 해체된다. 도요포대는 1934년 전함 아카기에 있던 주포를 가져와 만든 것이다. 이곳에 설치된 주포는 구경 400mm, 포신 18.5m, 중량 103톤에 이르는 당시 세계 최대 크기의 박격포였다. 사실, 도요포대는 한 번도 발사한 적이 없지만 그 위용이 일본을 방어하기에 부족함이 없었다고 한다. 지금은 포대의 화력을 지탱할 수 있도록 콘크리트로 만든 포대 유적만이 남아 있으며 관리인이 없어 입구에 있는 조명 스위치를 누른 후 자유 관람하면 된다. 조명은 30분이 유지되는데 내부는 낡고 폐허가 됐으며 다소 을씨년스럽고 무서운 분위기다.

> **TIP 도요포대로 가는 길**
> 한국 전망소 화장실 아래 주차장에 한국 전망소와 도요포대로 가는 이정표가 서 있다. 도요포대로 가는 길은 오솔길을 따라 산속으로 이어지다가 흔적이 없어지는데, 낮에 가더라도 상당히 컴컴하고 으스스하다. 도요포대 옆에 있는 계단을 따라 한국 전망소로 올라가는 길은 그나마 낫지만 한국 전망소에서 도요포대로 갈 때는 중간 부분부터 방향을 잡지 못해 헤맬 수 있다. 도요포대로 갈 때는 렌터카로 가거나 도보로 가거나 간에 기와문을 나와 왼쪽 길로 방향을 잡아 내려오면 차로 1분, 도보로 8분 거리에 도요포대로 가는 샛길이 나온다. 샛길로 들어가 도요포대까지는 평지며 도보로 6분 정도 걸린다.

히타카쓰를 중심으로 여행할 때 쇼핑은 이곳
슈퍼 밸류 다케스에 _오우라점
スーパーバリュータケスエ大浦店 [슈파바류타케스에오우라텐]

◉ 34.671717, 129.434289

주소 対馬市上対馬町大浦 60-1 **mapcode** 972 007 191 **위치** ❶ 히타카쓰항 국제터미널에서 차로 7분 또는 도보 60분 ❷ 히타카쓰항 국제터미널에서 와니우라·히타카쓰 순환선(鰐浦·比田勝循環線) 타고 오우라(大浦) 버스 정류장 하차(28분 소요, 1일 2회 운행) 후 도보 3분 ❸ 히타카쓰항 국제터미널에서 이즈하라(厳原)행 버스 타고 오우라(大浦) 버스 정류장 하차(15분 소요, 1일 5회 운행) **시간** 9:00~22:00(평일), 8:00~22:00(일요일) **홈페이지** www.takesue.co.jp **전화** 0920-86-2000

히타카쓰항 국제터미널로 들어와 당일치기 여행을 하거나 히타카쓰항을 중심으로 여행을 할 때 쇼핑하기 가장 좋은 장소다. 상대마도 上対馬에서는 가장 큰 쇼핑센터이기도 하다.

소소하게 구입한다면 히타카쓰 중심가에 있는 슈퍼 밸류 다케스에 히타카쓰점도 나쁘지 않지만 본격적인 쇼핑이라면 당연히 이곳이다. 히타카쓰항 국제터미널에서 이곳까지는

도보로 60분 정도 소요된다. 도보 여행을 목적으로 걷거나 시간이 많이 남는데 별다르게 할 일이 없지 않으면 모를까 교통비 아끼지 말고 버스(310엔)나 택시(1,200~1,300엔) 타는 것이 낫다. 가는 길은 특별히 볼 것 없는 시골길이다. 이곳에서는 5,401엔(소비세 포함) 이상 구매 시 면세(Tax Free)가 가능하다. 계산 시 여권을 제시하면 된다.

우리나라 폭포를 생각하면 실망스러운 대마도 유일의 폭포
나루타키 자연공원 鳴滝自然公園 [나루타키시젠코엔]

◉ 34.633693, 129.448791

주소 対馬市上対馬町久須 **mapcode** 539 774 573 **위치** ❶ 히타카쓰항 국제터미널에서 차로 7분 ❷ 히타카쓰 버스 센터에서 슈시·오시카선(舟志·小鹿線) 타고 오오마스(大增) 버스 정류장 하차(15분 소요, 1일 4회 운행, 일요일 및 공휴일 2회 운행, 히타카쓰항 국제터미널에서는 버스없음) 후 도보 28분 **요금** 무료

대마도는 89% 이상이 산지이긴 하지만 폭포가 없다. 대마도의 지층은 모래가 굳은 사암과 점토가 굳은 혈암으로 이루어져 있어 비가 오면 땅으로 스며들기 때문이다. 토사가 잘 나기 때문에 도로 곳곳의 산기슭을 시멘트로 바르고 배수구를 만든 곳들이 눈에 많이 띈다. 나루타키 자연공원에 있는 나루타키 폭포는 낙차가 15m의 크지 않은 폭포지만 대마도에서 유일한 폭포이기 때문에 또 다른 경관으로 와닿는다. 슈시 단풍길 가기 전 39번 도로변에 있는 작은 공터에 차를 세우고 나루타키 자연공원 안내판 안쪽으로 약 5분 정도 걸어가면 나온다. 좁은 샛길을 따라 는 길 양옆으로는 하늘을 찌를 듯한 나무들이 빼곡히 서 있는데다가 계곡을 따라 흐르는 좁은 강줄기가 으스스한 분위기를 만들어 여러 명이 함께 움직여도 서늘한 느낌이 든다. 나루타키 폭포는 강줄기를 가로지르는 돌다리와 그 옆의 조그마한 나루타키 신사鳴滝神社를 지나 모퉁이를 돌면 계단 아래쪽에서 볼 수 있다. 이곳은 가뭄과 연관된 류진竜神 전설이 있는

곳이며 예전에 기우제를 지내던 장소다. 나루타키 자연공원鳴滝自然公園은 일부러 찾아가기보다는 슈시 단풍길, 긴의 큰 은행나무, 모기하마 해수욕장과 묶어서 가는 길에 들러 볼 만한 곳이다.

39번 국도를 따라 초록이 무성한 산림욕장
슈시 단풍길 舟志のもみじ街道 [슈시노모미지카이도]

📍 34.598934, 129.435534

주소 対馬市上対馬町舟志 **mapcode** 539 591 776 **위치** ❶ 히타카쓰항 국제터미널에서 차로 17분 ❷ 히타카쓰 버스 센터에서 슈시·오시카선(舟志·小鹿線) 타고 진자마에(神社前) 버스 정류장 하차(19분 소요, 1일 4회 운행, 일요일 및 공휴일 2회 운행, 히타카쓰항 국제터미널에서는 버스 없음) **요금** 무료

39번 국도를 따라 흐르는 슈시강 주변은 슈시 삼림 공원舟志森林公園으로 지정돼 있다. 여기에 약 7km의 구간을 슈시 단풍길이라고 부른다. 단풍철이라도 우리나라처럼 사방 천지가 단풍으로 물드는 것이 아니라 푸르른 녹음에 군데군데 물든다. 보통 때는 초록의 나무들로 빼곡해 산림욕 삼아 가 볼 만하다. 단, 통행이 많지 않고 로밍이 터지지 않는 산길이기 때문에 오후 늦게는 가지 않는 것이 좋다. 내비게이션에 따라서는 이 부근에서 먹통이 되어 슈시 단풍길이 아닌 다른 길로 안내하는 경우도 있다. 노선버스를 탈 경우 버스 정류장은 슈시舟志가 아니라 진자마에神社前 버스 정류장이다. 이 노선의 경우 정해진 버스 정류장이 아니라도 기사에게 말하거나 손을 들면 아무 곳에서나 내리고 탈 수 있으니 적당한 곳에서 내리면 된다. 슈시 삼림 공원舟志森林公園 린칸히로바林間広場를 중심으로 곳곳에 산책로가 조성돼 있다.

> **TIP** 히타카쓰에서 이즈하라까지 가장 빠른 길은 바로 39번 국도
>
>
>
> 히타카쓰항 국제터미널에서 이즈하라의 티아라까지 이동 경로를 검색하면 39번 국도를 타고 내려가다가 도요타마마치에서 382번 국도로 갈아타는 것이 가장 빠르나 실제적으로는 382번 국도를 타고 미네마치 인근까지 와서 48번 국도와 39번 국도를 차례로 갈아탄 후 도요타마마치에서 다시 382번 국도를 타는 것으로 나온다. 후자는 전자에 비해 상당히 많이 돌아가는 듯 하나 교행이 가까스로 되는 39번 국도에 비해 길이 좋아 소요 시간은 거의 차이가 나지 않는다. 만약 낮에 이동한다면 슈시 단풍길이나 긴 큰 은행나무를 구경하면서 39번 국도로 이동하는 것도 나쁘지 않다. 39번 국도 변에는 아기자기한 항구들이 많아 경치 또한 빼어나기 때문이다. 단, 어둠이 깔리는 늦은 오후 이후라면 이 길은 피하는 것이 낫다. 거의 산속 길을 따라가는 것이라 불빛이 거의 없기 때문에 비상사태 시 곤란하기 때문이다.

에도 시대 바다에서 보면 마치 산과 같았다고 한 은행나무

긴의 큰 은행나무 琴の大銀杏 [킨노오이초]

📍 34.556241, 129.456018

주소 対馬市上対馬町琴 675 **mapcode** 539 505 300 **위치** ❶ 히타카쓰항 국제터미널에서 차로 34분 ❷ 히타카쓰 버스 센터에서 슈시·오시카선(舟志·小鹿線) 타고 킨(琴) 버스 정류장 하차(35분 소요, 1일 4회 운행, 일요일 및 공휴일 2회 운행, 히타카쓰항 국제터미널에서는 버스 없음) **요금** 무료

원래 이름은 긴(마을 이름)의 큰 은행나무琴の大銀杏로 우리나라에는 긴의 장수 은행나무로 많이 알려져 있다. 1,500년 전 백제로부터 전해져 온 일본에서 가장 오래된 은행나무다. 이 은행나무의 둘레는 12.5m, 높이는 40m로 1798년 낙뢰를 맞았고, 1950년 태풍으로 인해 몸통이 부러지는 수난을 겪었으나 아직도 살아 있다. 줄기들이 갈라지고 철기둥으로 고정해 놓은 모습이 더욱더 생명력 있고 신령스럽게 느껴진다. 1961년 나가사키현의 천연기념물로 지정돼 있다. 긴의 큰 은행나무만 보러 오기에는 볼거리가 다소 약한 편이라 히타카쓰-이즈하라 구간을 이동할 때 지나면서 구경하는 것이 좋다.

대마도 최대 천연 모래사장 해수욕장

모기하마 해수욕장 茂木浜海水浴場 [모기하마카이스이요쿠조]

📍 34.569231, 129.469350

주소 対馬市上対馬町茂木 **mapcode** 539 536 827 **위치** ❶ 히타카쓰항 국제터미널에서 차로 43분 ❷ 티아라에서 차로 85분 **요금** 무료

현지인들도 많이 이용하는 곳으로 천연 모래 해수욕장으로는 대마도 최대 규모다. 나가사키현 자연환경 보전 지역으로 지정될 만큼 수질이 맑고 투명하며 깨끗하게 잘 보존돼 있다. 모기하마 해수욕장의 최대 장점은 해변가가 길며 바다 멀리까지 수심이 얕아 아이들이 놀기에 좋다. 뿐만 아니라 샤워실, 화장실, 야외 샤워대 등이 깨끗하게 잘 관리돼 있다. 해수욕과 캠프는 여름에만 가능하며 운영 기간 동안에는 작은 매점이 설치되나 그 외 기간에는 음료 자동판매기 외에는 없다. 참고로 이곳은 러일 전쟁(1904~1905) 당시 도고 헤이하치로東郷平八郎가 이끄는 일본 연합 함대에게 패전한 러시아 발틱 함대의 병사들이 상륙한 곳이다. 러일 전쟁 관련 비석, 러시아 장병 상륙의 비, 순양함 나히노프호의 대포 등을 볼 수 있다. 나히노프호의 대포는 1980년에 인양한 것으로 당시 나히노프호에는 엔화 8조엔에 해당되는 어마어마한 보물이 실려 있어 세계적으로 화제가 되기도 했다.

기타 지역

대마도 최고의 관광지가 있는 곳

대마도는 쓰시마시対馬市를 비롯해 6개의 마치町로 이루어져 있다. 쓰시마 시청이 있는 곳이자 이즈하라항이 위치한 이즈하라마치厳原町와 히타카쓰항이 위치한 가미쓰시마마치上対馬町를 비롯해 미쓰시마마치美津島町, 도요타마마치豊玉町, 미네마치峰町, 가미아가타마치上県町가 그것이다. 미쓰시마마치는 베스트 전기, 다이렉스, 드러그스토어 모리, 밸류, 파루 21 등 대형

할인 매장이 포진해 있으며 게치鶏知|케치로 불린다. 이즈하라 중심가에서 15분 정도밖에 걸리지 않아 쇼핑하기에 좋다. 또한 히타카쓰항 중심의 상대마도와 이즈하라항 중심의 하대마도를 연결하는 만관교가 있는 곳이기도 하다. 도요타마마치는 대마도 최고의 관광지 중 하나라 할 수 있는 와타즈미 신사와 에보시다케 전망대가 있는 곳이다. 미네마치에는 기사카노 모코야, 기사카 해신 신사, 원통사 등이 있다. 가미아가타마치에서는 사고 버드 워칭 공원, 사오자키 공원, 쓰시마 야생 생물 보호 센터, 센뵤마키산, 이국이 보이는 언덕 전망탑 그리고 사스나 마을 등을 볼 수 있다. 그런데 이즈하라마치와 가미쓰시마마치를 제외한 나머지 4개 마치는 행정 구역상의 분류일 뿐 여행자의 입장에서는 그다지 중요하지 않다. 여행을 할 때는 관광지와 동선으로 기억되지 어떤 관광지가 어떤 마치에 있다는 것이 여행자에게는 큰 의미가 되지 않기 때문이다. 이동 거리가 제한돼 할 수 없이 숙박을 하는 자전거 여행자나 낚시 포인트가 있어 특정한 마을에서 지내는 낚시꾼이 아니라면 대부분 이즈하라항이나 히타카쓰항 인근에서 투숙하기 때문에 특정 마을에 대해 깊게 준비하지 않아도 된다.

기타 지역 교통편

대마도는 렌터카 없이는 제대로 여행을 하지 못할 정도로 교통이 상당히 불편하다. 노선버스는 현지 주민들 출퇴근용으로 편성돼 여행자들이 이용하기에는 시간이 잘 맞지 않는 경우가 태반이다. 렌터카를 이용할 경우 길이 좋고 볼거리가 많은 도로는 382번 국도다. 이즈하라-히타카쓰를 연결할 때 보다 빠른 도로는 39번 국도를 일부 이용하는 것이다. 39번 국도 변에는 아기자기한 항구들이 많아 경치가 좋다.

노선버스

쓰시마시의 6개 마치町를 연결하는 노선버스는 이즈하라-히타카쓰를 운행하는 5대 노선버스뿐이다. 이즈하라마치의 이즈하라厳原, 미쓰시마마치의 만제키万関, 도요타마마치의 니이仁位, 미네마치의 미네三根, 가미아가타마치의 사스나佐須奈 그리고 가미쓰시마마치의 히타카쓰항 국제터미널国際ターミナル 등이 각 마치에서 기억해야 할 중요한 버스 정류장이다. 렌터카 없이 여행한다면 중요 버스 정류장들을 중심으로 연결되는 노선버스들을 이용하거나 도보 여행 혹은 택시를 이용하면 된다. 참고로 이즈하라-히타카쓰를 운행하는 노선버스는 거의 중간 지점인 니이 버스 정류장에서 약 3분간 정차해 운전기사를 바꾼다. 정차 중 기사에게 알리고 화장실을 다녀올 수 있다.

택시

이즈하라에서 미쓰시마마치에 있는 대형 할인 매장을 가려면 버스를 이용하거나 택시를 타면 된다. 택시를 탈 때는 콜택시를 부르거나 이즈하라 중심가에 있는 택시 회사로 찾아가면 된다. 쇼핑 후 이즈하라로 되돌아올 때는 우리나라처럼 지나가는 택시가 거의 없으니 다시 콜택시를 부르거나 왔던 택시 기사와 약속을 정하는 것이 편리하다. 도요타마마치의 관광은 버스를 타고 니이 버스 정류장에 와서 (유)도요타마 택시를 이용하거나 이즈하라쪽 택시 투어 상품을 이용할 수 있다. 가미아카타마치의 관광은 히타카쓰항을 중심으로 한 가미쓰시마마치에 있는 택시 회사의 택시 투어가 있다.

(유)도요타마 택시 (有)豊玉タクシー
주소 対馬市豊玉町仁位 406-1 **위치** 니이(仁位) 버스 정류장에서 도보 3분 **요금** 7,000엔(와타즈미 신사+에보시다케 전망대 등[2시간]) **전화** 0920-58-1251

기타 지역 BEST COURSE

Tip 렌터카로 기타 지역의 명소들을 돌아볼 때 이즈하라나 히타카쓰 지역에 있는 명소들도 함께 들러 보자. 더욱 풍성한 렌터카 여행이 된다.

히타카쓰항 국제터미널 → (도보 또는 송영차) 렌터카 대여 → (자동차 6분) 미우다 해수욕장 → (자동차 3분) 도노사키 공원 → (자동차 20분) 한국 전망소 → (자동차 60분) 이국이 보이는 언덕 전망탑 → (자동차 20분) 센뵤마키산 → (자동차 31분) 사스나 마을 (점심 식사) → (자동차 16분) 도요포대 유적 → (자동차 4분) 기사카노 모코야 → (자동차 1분) 기사카 해신 신사 → (자동차 31분) 와타즈미 신사 → (자동차 14분) 에보시다케 전망대 → (자동차 41분) 만관교 → (자동차 12분) 티아라 → (자동차 3분) 다이렉스 미쓰시마점 → (자동차 2분) 드러그스토어 모리 → (자동차 8분) 사카나야·엔

히타카쓰항 국제터미널 → (도보 또는 송영차) 렌터카 대여 → (자동차 6분) 미우다 해수욕장 → (자동차 3분) 도노사키 공원 → (자동차 15분) 나루타키 공원 → (자동차 10분) 원통사 → (자동차 31분) 우미코야 요시에이 (점심 식사) → (자동차 17분) 긴의 큰 은행나무 → (자동차 9분) 슈시 단풍길 입구 → (도보 30초) 나가도메카시텐 → (자동차 2분) 다이렉스 미네점 → (자동차 20분) 와타즈미 신사 → (자동차 14분) 에보시다케 전망대 → (자동차 15분) 티아라 → (자동차 7분) 드러그스토어 모리 → (자동차 18분) 우동차야 → (자동차 41분) 만관교

기타 지역

샤스나 마을 p.191

- 샤오자키 공원 캠프장 / 棹崎公園キャンプ場
- 샤오자키 공원 / 棹崎公園
- 미나토하마 해수욕장 / 湊浜海水浴場
- 사고 버드 워칭 공원 / 佐護バードウォッチング公園
- 이국이 보이는 언덕 전망탑 / 異国の見える丘展望塔
- 이쿠치하마 해수욕장 / 井口浜海水浴場
- 이쿠치하마 캠프장 / 井口浜キャンプ場
- 사고(佐護) 버스 정류장
- 샤스나 마을 / 佐須奈地区
- 센뵤마키산 / 千俵蒔山

미나토하마 해수욕장 인근

- 샤오자키 공원 / 棹崎公園
- 쓰시마 야생생물 보호 센터 / 対馬野生生物保護センター
- 샤오자키 공원 캠프장 / 棹崎公園キャンプ場
- 이국이 보이는 언덕 전망탑 / 異国の見える丘展望塔
- 센뵤마키산 / 千俵蒔山
- 미나토하마 해수욕장 / 湊浜海水浴場
- 이쿠치하마 해수욕장 / 井口浜海水浴場
- 미나토(湊) 버스 정류장
- 사고 버드 워칭 공원 / 佐護バードウォッチング公園

- 미네초 역사 민속 자료관 / 峰町歴史民俗資料館
- 미네 온천 호타루노유 / 峰温泉ほたるの湯
- 기사카노 모코야 / 木坂の藻小屋
- 기사카 해신 신사 / 木坂海神神社
- 미네(三根) 버스 정류장
- 원통사 / 円通寺
- 사가(佐賀) 버스 정류장
- 나가도메카시텐 / 永留菓子店

도요타마마치 p.179

- 네즈카시호 / 根津菓子舗
- 니이(仁位) 버스 정류장
- 우미코야 요시에이 / 海小屋 吉栄
- 아나고테이 / あなご亭
- 에보시다케 전망대 / 烏帽子岳展望台

만관교 인근

- 아소 베이 파크 / あそうベイパーク
- 매림사 / 梅林寺
- 고후나코시 / 小船越
- 만제키 전망대 / 万関展望台
- 민박 포세이돈
- 우메야 / うめや
- 만관교 / 万関橋
- 이시야네 모형 / 石屋根模型

미쓰시마마치 쇼핑 스트리트 p.168

- 유타리랜드 쓰시마 / 湯多里ランド つしま
- 소바 도장 미쓰시마점 / そば道場 美津島店
- 사카나야·엔 / 肴や・え
- 만관교 / 万関橋
- 오후나코시바시 / 大船越橋
- 쓰시마 그린 파크 / 対馬グリーンパーク
- 미쓰시마마치 해수욕장 / 美津島町海水浴場
- 로와루 / ロワール

양을 조절해 먹을 수 있는 스테이크 전문 레스토랑
로와루 ロワール [로와루]

◉ 34.249526, 129.315952

주소 対馬市美津島町根緒真星の浜 7-2 **mapcode** 526 293 485 **위치** ❶ 티아라에서 차로 10분 ❷ 이즈하라항 국제터미널에서 차로 13분 **시간** 11:00~20:30(11~2월, 주문 마감 20:00), 11:00~21:00(3~10월, 주문 마감 20:30), 14:45~17:00(브레이크 타임) **휴무** 둘째, 넷째 주 목요일 **요금** 350엔(무알코올 맥주), 500엔(와인), 650엔(생맥주), 740엔(햄버거[150g]+게크림고로케 세트), 750엔(비프햄버거[150g]), 750엔(일본식[和風] 비프햄버거[150g]), 850엔(키즈 플레이트), 1,050엔(키즈 더블 스테이크), 1,180엔(햄버거+에비[새우]프라이[150g]), 1,180엔(햄버그+치킨페퍼스테이크[300g]), 1,280엔(햄버그스테이크[300g]), 1,580엔(로스스테이크[150g]) **전화** 0920-54-3338

현지인들이 추천하는 스테이크 전문 레스토랑이다. 맛있을 뿐만 아니라 가격도 저렴한 편이다. 스테이크는 무게로 팔고 있어 양을 조절할 수 있으며 60g당 200엔씩 추가한다. 탄산음료를 마음대로 마실 수 있는 드링크 바를 운영하는데 어른 380엔, 어린이 280엔이다. 점심에는 수프나 미소된장국, 샐러드, 밥, 음료 1잔이 포함된 각종 스테이크(150g)가 980엔으로 저렴하다. 저녁에도 특가로 먹을 수 있는 메뉴가 있는데, 햄버거와 게크림고로케를 묶어 반액으로 판매한다. 여기에 수프+샐러드+밥(480엔)이나 미소된장국+샐러드+밥(380엔), 샐러드+밥(280엔)을 추가할 수 있다. 조각 케이크(450엔), 아이스크림(480엔), 멜론후르츠(500엔), 와플바닐라아이스크림(580엔), 후르츠 파르페(700엔) 등 디저트류의 메뉴도 다양하다. 로와루는 테이블의 금연석과 좌식의 흡연석이 나눠져 있기 때문에 보다 쾌적하게 식사할 수 있다. 낮에는 발코니에서 바다 조망도 가능하다.

조각 케이크를 맛볼 수 있는 서양식 쿠키 전문점
로슈·루가루 ロシェ・ルガール [로쉐 루가루]

◉ 34.263395, 129.315576

주소 対馬市美津島町鷄知甲 371-1 **mapcode** 526 353 184 **위치** ❶ 티아라에서 차로 13분 ❷ 이즈하라항 국제터미널에서 차로 16분 ❸ 이즈하라(嚴原)에서 히타카쓰(比田勝)·쓰시마뵤인(対馬病院)·쓰시마쿠코(対馬空港)·아카시마(赤島)·이누보(犬吠)·니이(仁位)행 버스 타고 타카하마(高浜) 버스 정류장 하차(15~20분 소요, 평일 26회 운행) 후 도보 2분 **시간** 10:00~19:00 **휴무** 월요일 **가격** 130엔(마들렌), 130엔(캐러멜사과쿠키), 150엔(사케카스텔라), 150엔(초코포테이토), 150엔(아몬드쿠키), 220엔(버터쿠키) **전화** 0920-54-3818

다이렉스에서 차로 1분, 도보로 7분 거리에 파란 지붕을 얹은 서양식 건물이 나온다. 마치 요정이 살 것 같은 외관이다. 서양식 쿠키 전문점으로, 대마도에서는 얼마 전까지만 해도 조각 케이크나 쿠키를 이곳에서만 맛볼 수 있었다. 지금은 야마다쇼게쓰도에도 조각 케이크나 쿠키를 만들어 그것이 휴무일 때 대안적으로 찾을 만하다. 단, 방문 시간대에 따라 조각 케이크는 만드는 중이거나 판매 완료돼 맛보지 못할 수 있다. 조각 케이크와 함께 여러 가지 쿠키 그리고 술, 말차, 매실, 복숭아 등이 들어간 카스텔라를 판매한다.

대마도 최고의 빵집
야마다쇼게쓰도 山田松月堂 [야마다쇼게쓰도]

📍 34.268295, 129.313553

주소 対馬市美津島町鶏知甲 494 **mapcode** 526 352 746 **위치** ❶ 티아라에서 차로 14분 ❷ 이즈하라항 국제터미널에서 차로 17분 ❸ 이즈하라(厳原)에서 쓰시마뵤인(対馬病院)·쓰시마쿠코(対馬空港)·아카시마(赤島)·이누보(犬吠)행 버스 타고 케치미야마에(鶏知宮前) 버스 정류장 하차(19분 소요, 평일 8회 운행) 후 도보 2분 ❹ 이즈하라(厳原)에서 히타카쓰(比田勝)·쓰시마뵤인(対馬病院)·쓰시마쿠코(対馬空港)·아카시마(赤島)·이누보(犬吠)·니이(仁位)행 버스 타고 큐나카쓰시마뵤인(旧中対馬病院) 버스 정류장 하차(16분 소요, 평일 26회 운행) 후 도보 8분 **시간** 8:00~20:00 **가격** 130엔(미녀총 미니 파운드케이크), 130엔(이사야네 미니 초코파운드케이크), 130엔(후르츠케이크), 150엔(쓰시마야마네코껌), 150엔(세인트안카이크), 200엔(스노볼), 310엔(후르츠롤), 310엔(치즈케이크), 310엔(초콜릿무스), 330엔(후르츠푸딩) **전화** 0920-54-2038

맛있는 빵만큼 해피 바이러스를 뿜어 주시는 할머니 빵집이다. 몇 마디지만 한국어로 열심히 대화하신다. 사실 야마도쇼게쓰도는 대마도에서 소문난 화과자 전문점이다. 지금은 조각 케이크, 쿠키까지도 판매하는데 어느 하나 빼놓을 것 없이 제과 제빵 솜씨가 상당하다. 일본 만화 캐릭터를 이용한 케이크나 쿠키는 물론 대마도 유수의 관광지 이름을 붙인 미니 빵들이 시선을 끈다. 대마도산 블루베리를 사용한 롤케이크, 쓰쓰 마을의 붉은 쌀과 귤을 사용한 빵 그리고 대마도의 특산물인 카스마키 역시 늦으면 완판돼 맛볼 기회가 없는 인기 제품들이다.

일찍 문을 열어 렌터카 여행에 들르기 좋은 곳
대지의 은혜 大地のめぐみ [다이치노메구미]

📍 34.271684, 129.318024

주소 対馬市美津島町鶏知乙 520-38 **mapcode** 526 383 193 **위치** ❶ 티아라에서 차로 15분 ❷ 이즈하라항 국제터미널에서 차로 18분 ❸ 이즈하라(厳原)에서 히타카쓰(比田勝)·쓰시마뵤인(対馬病院)·쓰시마쿠코(対馬空港)·니이(仁位)행 버스 타고 타루가하마이리구치(樽ヶ浜入口) 버스 정류장 하차(18분 소요, 평일 19회 운행) 후 도보 4분 **시간** 8:00~19:00 **가격** 30엔(미니멜론), 90엔(밀크도넛), 100엔(밀크프랑스롤), 130엔(큐브러스크), 130엔(허니레몬토스트), 130엔(소금버터빵), 130엔(치즈타르트), 140엔(망고빵), 150엔(슈후르츠), 170엔(베이콘에비) **전화** 0920-54-2535

대지의 은혜 大地のめぐみ라는 다소 낭만스럽고 호감 가는 이름에다가 드러그스토어 모리와 밸류 앞이라는 위치 덕분에 저절로 장사가 되는 듯한 인상의 베이커리다. 내부로 들어가면 넓지 않은 공간에 다양한 빵이 꽉 차 있다. 단팥빵, 크림빵 등 기본적인 빵과 고급 제과 제빵 기술을 선보이는 화려한 빵들까지 무엇을 고를까 잠시 결정 장애에 빠지게 한다. 가격은 비교적 저렴한 편이며 빵 맛은 다소 평이하다. 대지의 은혜는 휴무 없이 오전 8시부터 문을 열기 때문에 일찍 길 떠나는 여행자들의 배를 채워 주기 좋다.

대마도 라멘집 중 최고 인기

하루짱 라멘 春ちゃんラーメン [하루짱라멘]

📍 34.274144, 129.319362

주소 対馬市美津島町鷄知乙 497-7　**mapcode** 526 383 467　**위치** ❶ 티아라에서 차로 15분 ❷ 이즈하라항 국제터미널에서 차로 18분 ❸ 이즈하라(嚴原)에서 히타카쓰(比田勝)·쓰시마뵤인(対馬病院)·쓰시마쿠코(対馬空港)·니이(仁位)행 버스 타고 타루가하마이리구치(樽ヶ浜入口) 버스 정류장 하차(18분 소요, 평일 19회 운행) 후 도보 1분　**시간** 11:00~14:00　**휴무** 부정기　**가격** 90엔(삼각주먹밥), 200엔(음료), 350엔(만두), 450엔(작은 라멘), 500엔(생맥주), 500엔(하루짱 라멘), 550엔(볶음밥), 600엔(중화볶음국수), 650엔(쌈뽕), 650엔(김치볶음밥), 700엔(된장라멘), 700엔(구운 돼지고기라멘), 700엔(김치라멘), 780엔(교자 정식[하루짱 라멘+교자 5개], 점심에만 680엔)　**전화** 0920-54-2394

최근에는 여러 음식점에서 라멘을 취급하고 있고 라멘 전문점도 여러 군데 생겼지만 몇 년 전까지만 해도 하루짱 라멘이 대마도에서 유일한 라멘 전문점이었다. 하루짱 라멘의 기본은 하카타라멘으로 한국인들의 입맛에 맞게 김치라멘도 있으며 단무지가 있어 일본 라멘을 처음 먹는 사람도 느끼하지 않게 먹을 수 있었다. 하루짱 라멘은 대마도에서 제일 맛있는 라멘집으로 소문나서 그런지 많은 손님이 찾는다. 노부부가 운영하는 탓에 최근 영업시간이 대폭 줄어 이 곳에서 식사를 계획한다면 우선적으로 들르는 것

이 낫다. 점심시간(11:30~14:00)에는 하루짱 라멘과 작은 볶음밥이 포함돼 있는 볶음밥 세트 A(900엔)와 하루짱 라멘과 작은 볶음밥 그리고 교자 5개가 포함돼 있는 볶음밥 세트 B(1,030엔)로 보다 저렴하게 푸짐한 식사를 할 수 있다.

TIP 노렌이 걸려 있다면 영업 중이라는 표시

일본 음식점을 잘 살펴보면 문 앞에 천 하나가 걸려 있는 것을 발견할 수 있다. '노렌暖簾'이라는 것인데 해당 점포의 얼굴과도 같은 역할을 한다. 처음에는 햇빛을 피하거나 밖에서 들여다보지 못하도록 걸었는데 점차 해당 점포를 상징하는 역할을 하여 노렌에 상호를 새기거나 그림을 그려 멋지게 꾸미는 곳이 많다. 만약 노렌이 걸려있다면 영업 중이라는 표시다. 영업이 종료됐거나 휴무일 때는 노렌이 없다.

벽에 붙어 있는 물고기 인테리어가 재미있는 곳

사카나야·엔 肴や·えん [사카나야 엔]

📍 34.278277, 129.324456

주소 対馬市美津島町鷄知乙 332-1　**mapcode** 526 414 006　**위치** ❶ 티아라에서 차로 16분 ❷ 이즈하라항 국제터미널에서 차로 19분 ❸ 이즈하라(嚴原)에서 버스 타기 전 쿠코이리구치(空港入口) 버스 정류장에서 하차할 수 있는지 물어본(24~28분 소요, 버스에 따라 하차 가능) 후 도보 1분　**시간** 11:00~15:00, 17:00~22:00(주문 마감 21:00)　**휴무** 월요일　**가격** 300엔~(음료), 400엔(추하이), 500엔(생맥주), 750엔(사시미[1인분]), 850엔(어린이 정식), 1,080엔(스시 정식), 1,080엔(사시미 정식), 1,080엔(아나고튀김 정식), 1,080엔(새우튀김 정식), 1,080엔(일본식 햄버그스테이크 정식), 1,600엔(엔 정식), 2,000엔(사카나야 정식)　**전화** 0920-54-5081

쓰시마 그린 파크 입구에 있어 미쓰시마마치 해수욕장에서 놀 때 이용하기 좋다. 드러그스토어 모리나 밸류에서 쇼핑할 때에도 식사 장소로 좋다. 대부분의 정식은 1,080엔으로 가성비가 좋다. 정식에는 주 메뉴와 함께 밥과 미소된장국, 3가지 정도의 반찬, 과일 등이 나온다.

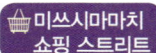
미쓰시마마치 쇼핑 스트리트

쇼핑센터 파루 21
ショッピングセンターパル21

호텔 구코인
ホテル空港イン

타루가하마이리구치(樽ケ浜入口) 버스 정류장

하루짱 라멘
春ちゃんラーメン

타루가하마이리구치
(樽ケ浜入口)
버스 정류장

푸드 파워 센터 사이키밸류 미쓰시마점
フードパワーセンターサイキバリュー美津島店

대지의 은혜
大地のめぐみ

라이프베스 미쓰시마점
ライフバス美津島店

드러그스토어 모리 미쓰시마점
ドラッグストアモリ 美津島店

케치미야마에(鶏知宮前)
버스 정류장

케치미야마에(鶏知宮前)
버스 정류장

야마다쇼게쓰도
山田松月堂

로슈 루가루
ロシェールガール

타카하마(高浜)
버스 정류장

타카하마(高浜)
버스 정류장

다이렉스 미쓰시마점
ダイレックス美津島店

베스트 전기 뉴 쓰시마점
ベスト電器 New対馬店

전자 제품 대형 양판점

베스트 전기 _뉴 쓰시마점 ベスト電器 New対馬店 [베스토덴키뉴쓰시마텐]

📍 34.258551, 129.313952

주소 対馬市美津島町鷄知甲 103   **mapcode** 526 322 569   **위치** ❶ 티아라에서 차로 12분 ❷ 이즈하라항 국제터미널에서 차로 15분 ❸ 이즈하라(嚴原)에서 히타카쓰(比田勝)·쓰시마뵤인(対馬病院)·쓰시마쿠코(対馬空港)·아카시마(赤島)·이누보(犬吠)·니이(仁位)행 버스 타고 다카하마바시(高浜橋) 버스 정류장 하차 (14~19분 소요, 평일 26회 운행) 후 도보 2분   **시간** 10:00~19:00   **홈페이지** www.bestdenki.ne.jp   **전화** 0920-54-5666

2000년대 초 일본 여행을 간 우리나라 여행자들의 인기 쇼핑 아이템 중 하나가 바로 조지루시(ZOJIRUSHI)의 코끼리 밥통이었다. 요즘은 우리나라 전자 제품도 우수하고 인터넷을 통해 직구도 많이 하기 때문에 대마도 여행 시 가전제품을 구입하는 경우는 많지 않으나 원하는 제품이 있다면 이곳을 들러 보는 것이 좋다. 카메라를 비롯해 소형 전자 제품들은 가격이 꽤 괜찮다. 단, 원하는 제품이 있다면 모델명, 우리나라 판매 금액 등을 사전 조사해가는 것이 알뜰 쇼핑의 지름길이다. 베스트 전기는 규슈 지방을 중심으로 성장한 대형 가전 제품 양판점이다. 2000년 이전만 해도 1위였으나 빅 카메라, 요도바시 카메라 등과의 경쟁에서 밀려 2012년 일본 1위의 대형 양판점인 야마다 전기의 자회사가 됐다. 이곳 역시 5,401엔(소비세 포함) 이상 구매 시 면세(Tax Free)가 가능하다. 계산 시 여권을 제시하면 된다.

대마도에서 가격이 저렴한 할인 매장 중 하나

다이렉스 _미쓰시마점 ダイレックス 美津島店 [다이렛쿠스미쓰시마텐]

📍 34.259096, 129.314255

주소 対馬市美津島町鷄知甲 82   **mapcode** 526 323 600   **위치** ❶ 티아라에서 차로 12분 ❷ 이즈하라항 국제터미널에서 차로 15분 ❸ 이즈하라(嚴原)에서 히타카쓰(比田勝)·쓰시마뵤인(対馬病院)·쓰시마쿠코(対馬空港)·아카시마(赤島)·이누보(犬吠)·니이(仁位)행 버스 타고 다카하마바시(高浜橋) 버스 정류장 하차 (14~19분 소요, 평일 26회 운행) 후 도보 1분   **시간** 9:00~22:00   **홈페이지** www.ds-direx.co.jp   **전화** 0920-54-7575

다이렉스는 대마도 여행 중 식품, 음료, 맥주, 의료품, 건강식품 등을 구입한다면 드러그스토어 모리와 함께 보다 저렴하게 구입할 수 있는 대형 할인 매장이다. 다이렉스와 드러그스토어 모리 중 어떤 곳이 더 저렴한가는 구입 시기나 제품에 따라 다르므로 고르기가 쉽지 않다. 다이렉스와 드러그스토어 모리는 차로 3분, 도보로 20분 거리이기 때문에 시간이 된다면 쇼핑 리스트를 작성해 양쪽을 다 비교하는 것이 낫다. 소소하게 몇 십엔 정도 차이에서 몇 백엔 차이까지 나는 경우도 있기 때문이다. 또한 양쪽의 상품 구성이 다르기 때문에 다이렉스에 있는 것, 드러그스토어 모리에 있는 것 등이 약간 다르다. 다이렉스는 드러그스토어 모리에 비해 현지인들이 많이 이용해 제품 구성 자체가 우리나라 여행객보다는 현지인들에게 맞춰져 있다. 매장 또한 현지 슈퍼마켓에 가까운 분위기다. 이곳 역시 5,401엔(소비세 포함) 이상 구매 시 면세(Tax Free)가 가능하다. 계산 시 텍스 프리(Tax Free)라고 말하고 여권을 제시하면 된다. 단, 이곳에는 10,000엔 이상 되면 한 번에 카드 결제를 하지 않고 나눠서 결제를 한다.

다이렉스 미네점이 제일 저렴하다?

대마도에서 다이렉스는 미쓰시마점ダイレックス美津島店과 쓰시마점ダイレックス対馬店 두 곳이 있다. 다이렉스 쓰시마점(9:00~21:00, mapcode 539 104 553)은 미네마치에 있어 다이렉스 미네점이라고도 부른다. 39번 국도의 자라고자카 터널ザラゴ坂トンネル 앞쪽에 있으며 다이렉스 미쓰시마로부터 40분, 티아라로부터는 52분 소요된다. 만약 이즈하라에 있다면 다이렉스 미쓰시마점을 이용하는 것이 여러모로 편리하다. 다이렉스 쓰시마점이 약간 더 저렴하다고 하지만 구입 시기나 제품에 따라 다르며 이동 시간과 유류비를 고려한다면 큰 차이가 없다.

다이렉스와 함께 의약품, 식품 등이 저렴한 곳

드러그스토어 모리 _미쓰시마점

ドラッグストアモリ 美津島店 [드럭스토어 모리_미츠시마텐]

📍 34.271293, 129.318222

주소 対馬市美津島町鷄知乙 525-28 **mapcode** 526 383 135 **위치** ❶ 티아라에서 차로 15분 ❷ 이즈하라항 국제터미널에서 차로 18분 ❸ 이즈하라(嚴原)에서 히타카쓰(比田勝)·쓰시마뵤인(対馬病院)·쓰시마쿠코(対馬空港)·니이(仁位)행 버스 타고 타루가하마이리구치(樽ヶ浜入口) 버스 정류장 하차(18분 소요, 평일 19회 운행) 후 도보 4분 **시간** 9:00~24:00 **홈페이지** www.doramori.co.jp **전화** 0920-54-5050

드러그스토어 모리는 의약품은 물론 건강식품, 화장품, 생활 잡화, 문구, 식품, 음료, 술 등을 취급하는 대형 할인 매장이다. 일본 전역에 248개 점포를 갖춘 체인 스토어로서 대형 매장을 갖추고 주요 도시 교외에 위치하고 있다. 2016년 3월에 오픈한 드러그스토어 모리 미쓰시마점은 넓고 쾌적한 쇼핑 환경에 오전 9시부터 자정까지 영업을 하여 방문하기 매우 좋다. 티아라에서 차로 15분 거리며 바로 옆에 밸류는 물론 파루 21과 다이렉스가 있어 쇼핑이 목적이라면 하루 종일 이곳에 있어도 부족할 정도로 볼거리가 많다. 드러그스토어 모리 역시 5,401엔(소비세포함) 이상 구매시 면세(Tax Free)가 가능하다.

면세품 뜯어도 되나?

구입한 물건을 면세(Tax Free)로 구매하고 싶다면 계산원에게 택스 프리(Tax Free)라고 말하면 별도의 카운터로 가져가 여권을 받은 다음 처리해 준다. 구입한 물건 중에 생수나 음료 혹은 맥주 등을 비롯해 도시락, 과자, 식품 등이 있다면 직원에 따라서 여행 중 소비할 것으로 간주되는 물건은 빼는 경우가 있다. 만약 대마도에서 먹을 것이 아닌 우리나라로 가져가는 것이면 택스 프리라 말하면 된다. 음료나 맥주, 식품, 화장품, 건강식품, 의료품 모두 면세가 가능하다. 반대로 현지에서 소비할 것인데 택스 프리로 처리한다면 빼는 것이 낫다. 면세품은 계산 후 개봉하면 스티커 자국이 남는 비닐에 넣어 주기 때문에 현지에서 면세품을 사용했는지 하지 않았는지 알 수 있다. 원칙적으로는 면세품을 사용하면 해당 물품에 대한 8% 소비세를 내야 한다. 마지막 날 출국 심사 시 직원이 여권에서 면세 구입 서류를 떼는데 만약 그냥 통과했다면 운이 좋았을 뿐 원칙적으로는 일본 관세법을 어긴 것이다.

각종 식재료가 풍부한 슈퍼마켓
푸드 파워 센터 사이키밸류 _미쓰시마점
フードパワーセンターサイキバリュー 美津島店 [푸도파와센타사이키바류]

📍 34.273107, 129.319207

주소 対馬市美津島町鷄知乙 505-1 **mapcode** 526 383 317 **위치** ❶ 티아라에서 차로 15분 ❷ 이즈하라항 국제터미널에서 차로 18분 ❸ 이즈하라(嚴原)에서 히타카쓰(比田勝)·쓰시마뵤인(対馬病院)·쓰시마쿠코(対馬空港)·니이(仁位)행 버스 타고 타루가하마이리구치(樽ヶ浜入口) 버스 정류장 하차(18분 소요, 평일 19회 운행) 후 도보 2분 **시간** 9:00~22:00(일요일 8:00~22:00) **홈페이지** www.saikinet.co.jp **전화** 0920-54-3334

대마도에는 밸류 마트가 네 군데 있는데 이곳 미쓰시마마치와 도요타마마치에는 사이키밸류サイキバリュー, 가미쓰시마마치의 히타카쓰 중심가와 오우라에는 슈퍼 밸류 다케스에スーパーバリュータケスエ가 있다. 같은 밸류라는 이름을 쓰지만 운영하는 회사가 다르므로 구성이나 가격이 다소 차이가 난다. 밸류는 슈퍼마켓이므로 식품 및 생필품 등이 위주다. 과일, 육류, 어류 등 신선 식품도 다양하다. 대마도에서 캠핑을 한다면 밸류에서 장을 보는 것이 낫다. 이곳 밸류 2층은 하이퍼 센터 오사다ハイパーセンターオサダ이다. 생필품 위주의 할인 매장인데 상품의 질이 다소 떨어지나 낚시 코너는 볼만하다. 그밖에 주변에는 주택 자재 및 각종 공구를 판매하는 라이프베스 미쓰시마점ライフバス 美津島店과 마쓰모토 기요시와 같은 회사인 미도리약품 쓰시마점ミドリ藥品 対馬店이 함께 있다.

대규모 100엔 숍이 있는 쇼핑센터
쇼핑센터 파루 21 ショッピングセンターパル21 [쇼핑구센타파루21]

📍 34.276101, 129.320087

주소 対馬市美津島町鷄知乙 387-11 **mapcode** 526 383 710 **위치** ❶ 티아라에서 차로 15분 ❷ 이즈하라항 국제터미널에서 차로 18분 ❸ 이즈하라(嚴原)에서 히타카쓰(比田勝)·쓰시마뵤인(対馬病院)·쓰시마쿠코(対馬空港)·니이(仁位)행 버스 타고 타루가하마이리구치(樽ヶ浜入口) 버스 정류장 하차(18분 소요, 평일 19회 운행) 후 도보 4분 **시간** 9:30~20:00(다이소 10:00~19:00) **휴무** 둘째 주 수요일(8, 12월 제외), 1월 1일 **홈페이지** www.sakaibunkaido.co.jp **전화** 0920-54-2021

100엔숍인 다이소ザ・ダイソー를 비롯해 대마도 최대 서점, 문구, 팬시용품, 의류, 화장품, 의류, 의약품 등을 판매하는 쇼핑센터다. 한쪽에는 작은 게임 센터도 있다. 다이소를 제외한 매장은 우리나라 아파트 상가 매장과 같은 분위기로 크지 않다. 이곳에서 우리나라 여행자들이 가장 관심 갖는 매장은 다이소인데 티아라 2층에 있는 100엔 숍인 도쿠토쿠야 쓰시마점100円ショップ得得屋 対馬店과는 상품 구성이 다르기 때문에 관심이 있다면 양쪽 다 들러 볼 만하다. 특히 다이소는 할로윈, 크리스마스, 설날 등 특별한 행사가 있을 때 행사 관련 상품들을 별도로 구성하는데 재미있을 뿐만 아니라 상품의 질도 나쁘지 않다.
다이소는 쇼핑센터 파루 21의 다른 매장과는 달리 현금만 사용 가능하며 영업시간은 아침 10시부터 저녁 7시까지로 다른 매장보다 일찍 닫는다.

어른도 재미있는 길고 긴 미끄럼틀 타기 ♀ 34.278496, 129.325100
쓰시마 그린 파크 対馬グリーンパーク [쓰시마그린파쿠]

주소 対馬市美津島町鷄知乙 324-1 **mapcode** 526 384 853 **위치** ❶ 티아라에서 차로 16분 ❷ 이즈하라항 국제터미널에서 차로 19분 ❸ 이즈하라(厳原)에서 버스 타기 전 쿠코이리구치(空港入口) 버스 정류장에서 하차할 수 있는지 물어본(24~28분 소요, 버스에 따라 하차 가능) 후 도보 1분 **시간** 9:00~22:00 **요금** 무료 **전화** 0920-54-2501

84,000m²인 쓰시마 그린 파크는 대마도민을 위한 전천후 공원 시설이며, 유료로 운영되는 야구장과 테니스 코트를 비롯해 산책로, 잔디밭, 휴게 시설, 기념비 등을 갖추고 있다. 좁은 도로를 따라 쓰시마 그린 파크 안쪽으로 들어가면 미쓰시마마치 해수욕장과 연결된다. 쓰시마 그린 파크는 미쓰시마마치 해수욕장을 들러 볼 겸 함께 구경하기 좋다. 특히 잔디밭에 놓인 나무배 놀이 기구나 미끄럼틀은 어른도 재미를 느끼게 한다.

공항 인근에 위치한 AA등급 수질의 해수욕장 ♀ 34.275983, 129.329198
미쓰시마마치 해수욕장 美津島町海水浴場 [미쓰시마마치카이스이요쿠조]

주소 対馬市美津島町鷄知 **mapcode** 526 384 683 **위치** ❶ 티아라에서 차로 17분 ❷ 이즈하라항 국제터미널에서 차로 20분 ❸ 이즈하라(厳原)에서 버스 타기 전 쿠코이리구치(空港入口) 버스 정류장에서 하차할 수 있는지 물어본(24~28분 소요, 버스에 따라 하차 가능) 후 도보 8분 **요금** 무료

2001년 일본 해수욕장 88선日本の海水浴場88選에 선정된 미쓰시마마치 해수욕장은 대마도에서도 가장 깨끗한 수질을 유지하고 있는 해수욕장 중 하나다. 미쓰시마마치 해수욕장은 가쓰미노우라 해수욕장勝見ノ浦海水浴場과 오타우라 해수욕장太田海水浴場으로 구성된 인공 모래사장 해수욕장들이다. 주차장에서 가까운 쪽이 가쓰미노우라 해수욕장이며 모래사장이 좀 더 큰 곳은 오타우라 해수욕장이다. 두 해수욕장은 약 8분 거리에 있으며 500m의 산책로로 연결돼 있고, 샤워실과 화장실을 갖추고 있다. 매년 7월 1일~8월 31일 정도에 해수욕이 가능하다. 개장 기간을 제외한 나머지 기간에는 모래사장을 밟아 볼 수 있으나 수영은 금지다. 오우라 해수욕장과 함께 이즈하라 중심가에서 가까운 해수욕장이라 여름철 해수욕을 하지 않더라도 바다 구경 삼아 들르기 좋다. 쓰시마 그린 파크를 통과해 해수욕장 옆에 무료 주차장이 마련돼 있다.

사스나의 소바 도장과 같은 곳
소바 도장 _미쓰시마점 そば道場 美津島店 [소바도조_미쓰시마텐]

 34.283242, 129.319353

주소 対馬市美津島町鷄知乙 461-6 **mapcode** 526 413 557 **위치** ❶ 티아라에서 차로 18분 ❷ 이즈하라항 국제터미널에서 차로 21분 ❸ 이즈하라(厳原)에서 히타카쓰(比田勝)·쓰시마뵤인(対馬病院)·쓰시마쿠코(対馬空港)·아카시마(赤島)·이누보(犬吠)·니이(仁位)행 버스 타고 쓰시마뵤인(対馬病院) 버스 정류장 하차(21~25분 소요, 평일 25회 운행) 도보 4분 **시간** 11:00~15:00(식사), 9:00~16:00(특산물 판매), 11:00~16:00(소바 체험) **가격** 216엔(무알코올 맥주), 216엔(미니 카케소바), 270엔(커피), 324엔(생맥주[小]), 324엔(추하이), 324엔(미니 돈짱돈), 540엔(모리소바), 648엔(이리야키[소바), 702엔(니쿠소바[고기국수]), 756엔(로쿠베), 756엔(센소바[가는 국수]), 864엔(스페셜 소바), 864엔(돈짱 정식), 972엔(스키야키 정식), 1,188엔(도장 정식) **홈페이지** sakusyoku.com/mitsushima **전화** 0920-54-8311

쓰시마 공항 가는 길에 있는 쓰시마 후루사토 전승관対馬ふるさと伝承館에 있다. 그곳에 위치한 소바 전문점이다. 물론 소바뿐만 아니라 돈짱이나 덮밥류도 있으니 밥을 먹고 싶은 사람도 이용 가능하다. 이곳은 사스나佐須奈에 있는 소바 도장 아가타노사토そば道場あがたの里와 같은 곳이다. 사스나까지 갈 시간이 없다면 아쉽지만 이곳을 이용해도 좋다. 매일 수작업으로 면을 만들고, 덮밥류도 달걀 비린내가 전혀 나지 않으며 부드러운 맛이라 덮밥 전문 음식점에 떨어지지 않는다. 다이슈소바로 만든 커피나 아이스크림이 있는데 메밀이라고 해서 특별한 맛은 아니나 특이한 경험이 만족스럽다. 이곳에서도 소바 체험 예약이 가능하며 1~4명은 4,320엔으로 추가 1명당 1,080엔이다.

패키지여행객들이 가장 많이 이용하는 온천

유타리랜드 쓰시마 湯多里ランド つしま [윳타리란도쓰시마]

📍 34.284425, 129.318945

주소 対馬市美津島町鶏知乙 1168-1 **mapcode** 526 413 647 **위치** ❶ 티아라에서 차로 20분 ❷ 이즈하라항 국제터미널에서 차로 23분 ❸ 이즈하라(嚴原)에서 히타카쓰(比田勝)·쓰시마뵤인(対馬病院)·쓰시마쿠코(対馬空港)·아카시마(赤島)·이누보(犬吠)·니이(仁位)행 버스 타고 쓰시마뵤인(対馬病院) 버스 정류장 하차(21~25분 소요, 평일 25회 운행) 후 도보 3분 **시간** 11:00~21:00 **휴무** 화요일 **요금** 800엔(고등학생 이상), 500엔(중학생 이하, 70세 이상) 2,150엔(가족당, 1인 요금) **홈페이지** yuttariland.com **전화** 0920-54-3336

대마도에는 온천이 많지 않다. 해수욕장 이용 후 많이 들르는 미우라 해수욕장 옆 나기사노유渚の湯, 자전거 여행자들이 주로 찾는 미네마치의 호타루노유ほたるの湯, 미쓰시마마치의 쓰시마 그랜드 호텔 옆 다마노유真珠の湯와 쓰시마 그랜드 호텔의 가이보노유海望の湯 그리고 2003년에 문을 연 유타리랜드다. 나기사노유, 호타루노유, 다마노유, 가이보노유 모두 알카리성 단순천이고 유타리랜드는 나트륨·칼슘 염화물천이다. 우리나라와 비슷한 온천들인데다가 대중탕과 비슷한 시설이지만 피로 회복 및 여독 풀기에는 그만이다. 유타리랜드 인근에는 쓰시마 병원対馬病院이 있어 이

즈하라 중심가에서 이곳까지 하루에 25번 노선버스가 운행하기 때문에 오고 가기에 좋다. 단, 이곳은 패키지여행객들이 많이 이용하므로 시간대에 따라 복잡하니 좀 더 느긋이 온천욕을 즐기고 싶다면 유타리랜드 현관 문 앞에 몇 시에 어느 팀이 이용하는지 확인 후 그 시간대를 피하는 것도 방법이다. 이곳은 신경통, 근육통, 만성 소화 장애, 만성 부인병 등에 좋다.

예전에 배가 언덕을 넘었던 곳에 세워진 다리

오후나코시바시 大船越橋 [오후나코시바시]

📍 34.279217, 129.352585

주소 対馬市美津島町大船越 **mapcode** 526 417 108 **위치** ❶ 티아라에서 차로 21분 ❷ 이즈하라항 국제터미널에서 차로 24분 ❸ 이즈하라(嚴原)에서 히타카쓰(比田勝)·아카시마(赤島)·이누보(犬吠)·니이(仁位)행 버스 타고 오후나코시(大船越) 버스 정류장 하차(36~37분 소요, 1일 9회 운행) 후 도보 2분 ❹ 히타카쓰항 국제터미널에서 차로 90분 **요금** 무료

히타카쓰항이 있는 상대마도와 이즈하라항이 있는 하대마도를 오가다 보면 두 개의 빨간색 다리를 볼 수 있다. 하나는 만관교고, 다른 하나는 1970년에 완공된 오후나코시바시大船越橋다. 대마도는 남북으로 긴 섬으로 옛날에는 하나의 섬이었다. 대마도의 서쪽에 있는 아소만에서 대마도의 동쪽 해안으로 이동하려

면 긴 해안선을 따라 돌아가야 하므로 수고로움과 시간을 아끼기 위해 낮은 언덕을 따라 배를 옮겼었다. 오후나코시大船越와 고후나코시小船越가 바로 그러한 곳이다. 1671년 3대 번주였던 소 요시자네宗 義真는 오후나코시를 뚫어 오후나코시세토大船越瀬戸를 만들어 선박이 지나다닐 수 있게 했다. 오후나코시바시 인근에는 작은 어촌이 있으며 지리적인 위치를 이용해 민숙 쓰리노이에나 민숙 구로이와 등 현지인 낚시 민숙들이 발달해 있다.

인위적으로 운하를 뚫어 하나의 섬을 둘로 만든 곳

만관교 万関橋 [만제키바시]

📍 34.297726, 129.355915

주소 対馬市美津島町久須保 mapcode 526 477 329 **위치** ❶ 티아라에서 차로 26분 ❷ 이즈하라항 국제터미널에서 차로 29분 ❸ 이즈하라(厳原)에서 히타카쓰(比田勝)·아카시마(赤島)·이누보(犬吠)·니이(仁位)행 버스 타고 만제키(万関) 버스 정류장 하차(36~42분 소요, 1일 9회 운행) 후 도보 3분 ❹ 히타카쓰항 국제터미널에서 차로 85분 **요금** 무료

쓰시마 본섬은 원래 하나의 섬이었다. 지금은 히타카쓰항이 있는 가미시마上島 또는 상대마도上対馬 그리고 아즈하라항이 있는 시모시마下島 또는 하대마도下対馬를 비롯해 109개의 크고 작은 섬으로 이루어져 있다. 여기에 만관교万関橋라 불리는 붉은색 다리가 이 두 섬을 연결한다. 만관교가 걸쳐 있는 만제키세토万関瀬戸는 1900년 쓰시마섬 서쪽의 아소만浅茅湾에 있던 일본 해군 군함을 동쪽으로 빠르게 이동시키기 위해 동쪽의 미우라만三浦湾을 연결하는 인공 해협을 판 것이다. 1671년에 이보다 먼저 만든 오후나코시세토大船越瀬戸라는 해협이 있긴 한데 폭이 좁고 길이가 길며 수심이 얕아 큰 배들이 항로로 이용하기에는 적당치 않기 때문에 이곳을 다시 팠다. 현재의 만관교는 1996년에 만든 제3대 만관교로, 1990년에 만든 철교, 1955년에 가설된 아치교를 잇고 있다. 노선버스를 타고 이곳을 지나가는 여행자들은 만제키万関 버스 정류장에서 내리지 않는 한 만관교를 그냥 지나칠 뿐이지만 패키지여행객들이나 렌터카 여행자들은 이곳에 내려 만관교를 도보로 건널 수 있다. 차량이 많을 때는 다리가 출렁거리는 듯하다. 다리 위에서 내려다보는 시퍼런 바다가 다소 무섭게도 느껴지는 곳이다.

 스페셜 가이드 만관교

이시야네 모형 石屋根模型 [이시야네 모케이]

mapcode 526 478 212 **위치** 만관교 주차장 **요금** 무료

대마도식 창고로, 화재가 났을 때 재산 피해를 덜고자 만들었던 것이다. 제주도에서는 억새 지붕 위에 돌을 올린 반면 이시야네石屋根는 돌 자체로 지붕을 쌓았다. 이시야네는 바닥을 지면으로부터 띄워 습기를 막고 야생 동물의 습격을 막는다는 특징이 있다. 이런 이시야네 돌 지붕의 정자가 만관교 주차장 화장실 앞에 있다. 이곳뿐만 아니라 쓰시마 그린 파크나 아유모도시 자연공원 주차장에도 돌지붕을 응용한 건물들이 서 있다. 오리지널은 시이네椎根 마을 5동을 비롯해 대마도에 50여 동이 있는데 그곳까지 갈 시간이 없다면 아쉽지만 이곳에서라도 돌 지붕 모습을 살펴볼 수 있다.

다코야키가 맛있는 가게
우메야 うめや [우메야]

  34.298956, 129.355786

주소 対馬市美津島町久須保 661-3 mapcode 526 477 449 **위치** ① 티아라에서 차로 26분 ② 이즈하라항 국제터미널에서 차로 29분 ③ 이즈하라(厳原)에서 히타카쓰(比田勝)·아카시마(赤島)·이누보(犬吠)·니이(仁位)행 버스 타고 만관교(万関) 버스 정류장 하차(36~42분 소요, 1일 9회 운행) 후 도보 1분 ④ 히타카쓰항 국제터미널에서 차로 84분 **시간** 10:00~17:00 **휴무** 부정기 **가격** 150엔(아이스커피), 230엔(레몬), 270엔(다코야키[6개]), 450엔(다코야키[10개]), 450엔(오무야키소바), 470엔(오코노미야키), 470엔(하프 세트[야키소바+다코야키]), 470엔(하프 세트[오코노미야키+야키소바]), 470엔(하프 세트[오코노미야키+다코야키]) **전화** 0920-54-3785

다코야키, 야키소바, 오코노미야키 등 3가지 메뉴만을 팔고 있다. 만제키万関 버스 정류장 인근에 있어 도보로 만관교를 건널 때 눈에 잘 띄기 때문에 간식거리로 사 먹을 만하다. 세 메뉴를 반반씩 섞은 하프 세트도 있어 다양하게 맛볼 수 있다. 이곳은 다코야키가 유명한데 촉촉한 반죽과 쫀쫀한 문어의 감촉이 생각 외로 잘 어울려 눈코 뜰 새 없이 집어 먹게 된다. 오무야키소바는 달걀안에 야키소바를 넣은 것으로 다른 곳에서는 볼 수 없는 메뉴다.

만관교가 바라보이는 전망대
만제키 전망대 万関展望台 [만제키텐보다이]

  34.301712, 129.353026

주소 対馬市美津島町久須保 mapcode 526 477 739 **위치** ① 티아라에서 차로 30분 ② 이즈하라항 국제터미널에서 차로 33분 ③ 이즈하라(厳原)에서 히타카쓰(比田勝)·아카시마(赤島)·이누보(犬吠)·니이(仁位)행 버스 타고 만제키(万関) 버스 정류장 하차(36~42분 소요, 1일 9회 운행) 후 도보 8분 ④ 히타카쓰항 국제터미널에서 차로 88분 **요금** 무료

만제키 전망대는 만관교를 지나자마자 왼쪽에 있는 건물 옆의 좁은 도로를 따라 올라가면 된다. 만제키엔치万関園地라는 표지판이 있으나 눈에 잘 띄지 않는데다가 도로 폭도 좁아 자칫하면 놓치기 쉽다. 위로 올라가면 주차장이 나오고 계단 위에는 콘크리트로 만든 커다란 전망대가 나온다. 전망대에 오르면 저 멀리 붉은색의 만관교와 함께 주변 경관이 들어오는데 이 또한 장관이다. 아소만의 전망이 에보시다케 전망에 비할 것은 아니지만 방문하는 여행자들이 많지 않아 조용하게 자연을 느끼기에는 이곳이 낫다. 1층 산책로를 따라 주변을 돌아보면 전망대 자체도 그림이 되는 곳이다.

아소산에 인접한 공원으로 오토 캠프장이 유명
아소 베이 파크 あそうベイパーク [아소베이파쿠]

📍 34.305865, 129.346136

주소 対馬市美津島町大山 584-1 **mapcode** 526 507 640 **위치** ❶ 티아라에서 차로 35분 ❷ 이즈하라항 국제터미널에서 차로 38분 ❸ 이즈하라(厳原)에서 히타카쓰(比田勝)・아카시마(赤島)・이누보(犬吠)・니이(仁位)행 버스 타고 이누보에이리구치(犬吠入口) 버스 정류장 하차(40~48분 소요, 1일 9회 운행) 후 도보 20분 ❹ 히타카쓰항 국제터미널에서 차로 86분 **시간** 다이슈 말 목장: 9:00~18:00(10~6월), 9:00~19:00(7~9월)/ 카누 체험: 9:00~17:00(10~6월), 9:00~18:00(7~9월) **요금** 무료입장/ 50엔(다이슈말 먹이 체험), 300엔(1인당 카누[2인 탑승 가능, 30분]) **홈페이지** asoubaypark.com **전화** 0920-54-4994

560,000m² 넓은 부지에 오토 캠프장, 다이슈 말対馬 목장, 다목적 광장, 풍차 전망대, 카누 승선장 등이 있는 전천후 공원이다. 우리나라 여행자들 사이에서는 오토 캠프장으로 잘 알려져 있다. 오토 캠프장 각 사이트에는 전기 시설이 있으며 관리동에는 화장실 및 샤워실이 있어 무료로 온수 샤워를 할 수 있다. 오토 캠프장은 연중 운영하며 사전 예약이 필요하다. 쓰시마 재래종인 다이슈 말은 체구가 매우 작으나 힘이 세서 농사나 화물 운반에 이용해 왔다. 다이슈 말은 성격이 비교적 온순해 만져 보며 먹이를 주는 체험이 가능하다. 카누 체험은 맑고 바람이 없는 날 가능하며 어린이 혼자 탑승은 불가하다. 무경험자도 이용할 수 있게 직원이 설명해 준다. 이곳에서는 카누 체험, 신화의 마을 자연공원에서는 카약 체험이 가능하다. 다목적 광장에 있는 종합 관리동이나 캠프장에서는 무료 와이파이 사용이 가능하다.

오후나코시와 함께 배를 끌어당겨 육지로 이동했던 곳
고후나코시 小船越 [코후나코시]

📍 34.339677, 129.360679

주소 対馬市美津島町小船越 **mapcode** 526 628 346 **위치** ❶ 티아라에서 차로 34분 ❷ 이즈하라항 국제터미널에서 차로 37분 ❸ 이즈하라(厳原)에서 히타카쓰(比田勝)・아카시마(赤島)・이누보(犬吠)・니이(仁位)행 버스 타고 고후나코시(小船越) 버스 정류장 하차(46~49분 소요, 1일 9회 운행) 후 도보 3분 ❹ 히타카쓰항 국제터미널에서 차로 79분 **요금** 무료

대마도가 하나의 섬이었을 때 고후나코시小船越는 오후나코시大船越와 함께 대마도 서쪽 바다와 동쪽 바다의 배들을 양쪽으로 이동시키기 위해 육지 위로 배를 끌어 이동했던 장소다. 오후나코시는 1671년 3대 번주였던 소 요시자네宗 義真가 오후나코시 해협으로 뚫어 작은 선박들이 지나다니게 했으나 이곳은 뚫지 않고 예전 그대로의 모습을 간직하고 있다. 원래는 지금의 우체국 인근까지 바닷물이 들어왔다고 한다. 지금은 매립해 건물 및 382번 국도가 놓여 있다. 이곳은 630년에서 894년까지 일본이 당나라에 파견했던 견당사遣唐使와 668년에서 779년까지 일본이 통일 신라에 파견했던 견신라사遣新羅使의 배가 이곳을 통해 오갔던 역사적인 장소이기도 하다.

2014년 11월 한국인에 의한 도난 사건이 있었던 절
매림사 梅林寺 [바이린지]

📍 34.340908, 129.363128

주소 対馬市美津島町小船越 382 **mapcode** 526 628 475 **위치** ❶ 티아라에서 차로 34분 ❷ 이즈하라항 국제터미널에서 차로 37분 ❸ 이즈하라(厳原)에서 히타카쓰(比田勝)·아카시마(赤島)·이누보(犬吠)·니이(仁位)행 버스 타고 고후나코시(小船越) 버스 정류장 하차(46~49분 소요, 1일 9회 운행) 후 도보 3분 ❹ 히타카쓰항 국제터미널에서 차로 77분 **요금** 무료

538년 백제로부터 일본에 전해지는 불상과 경전을 임시로 보관했던 절로서, 일본에서 가장 오래된 사원으로 불린다. 이 불상은 일본의 전통 신앙인 신토神道를 숭상하고 불교를 배척하는 모모노베지物部氏에 의해 오사카에 방치됐다가 지금은 일본 3대 사찰 중 하나인 나가노현의 젠코지善光寺에 안치돼 있다. 매림사는 고후나코시 인근이라는 지리적 특색 때문에 조선과 무역하는 무역선에게 도항 허가증을 발급해 주던 곳이다. 도항 허가증은 1443년 세종 때 대마도와 무역에 관해 맺은 계해약조癸亥約條에 의한 것으로 원통사円通寺[엔쓰지]의 이예와도 연관이 있다. 매림사에는 10.6cm의 동으로 만든 통일 신라 시대 탄생불과 14세기 대반약경 579권이 있는데 탄생불과 대반약경 360권을 한국인 5인이 훔쳤다가 체포된 사건이 있었던 절이기도 하다. 매림사에 가면 세트장처럼 느껴지는 산문 하나, 아담한 본전 하나 그리고 묘지만이 있을 뿐이다. 역사 탐방이 아니라면 볼거리가 약하다.

밀물 때 바다에 빠지는 두 개의 도리이

와타즈미 신사 和多都美神社 [와타즈미진자]

📍 34.380931, 129.310618

주소 対馬市豊玉町仁位字和宮 55 **mapcode** 526 772 110 **위치** ❶ 티아라에서 차로 50분 ❷ 이즈하라항 국제터미널에서 차로 53분 ❸ 이즈하라(厳原)에서 히타카쓰(比田勝)·니이(仁位)행 버스 타고 니이(仁位) 버스 정류장 하차(65~81분 소요, 1일 6회 운행) 후 도보 40분 ❹ 히타카쓰항 국제터미널에서 차로 79분 **요금** 무료

와타즈미 신사和多都美神社는 대마도에서 가장 볼 만한 관광지 중 하나로 자유 여행이나 패키지여행에서 빠지지 않는 곳이다. 이곳은 도요타마히메노미코토豊玉姫命(도요타마히메豊玉姫로 많이 알려짐)와 그녀와 결혼한 히코호호데미노미코토彦火火出見尊(야마사치히코山幸彦 또는 호오리노미코토火遠理命로 많이 알려짐)를 모시는 신사다. 와타즈미 신사가 있는 도요타마마치豊玉町 지명이 여기에서 나왔다. 와타즈미 신사에는 용궁이 나오는 일본 설화가 깃들어 있다. 이 때문인지 밀물 때면 5개의 도리이 중 2개의 도리이가 바닷속에 잠기는 것이 신기해 보인다. 세계 유산으로 지정돼 있는 미야지마의 이쿠쓰시마 신사厳島神社와 비슷한 모양새다. 썰물과 밀물이 바뀌는 때에 가면 더욱더 환상적인 경치를 볼 수 있다. 와타즈미 신사 본전 뒤쪽으로 가면 울창한 원시림이 나오는데 이곳에는 신화 속 두 인물의 무덤이라고 전해 내려오는 바위가 있다. 잠시라도 숲속을 거닐면서 삼림욕을 하는 것도 좋다. 와타즈미 신사까지는 니이仁位 버스 정류장에서 차로 약 7분 정도 소요되며 택시를 탈 경우에는 1,000엔 정도 나온다. 만약 택시가 없다면 니이 버스 정류장에서 도보로 3분 거리에 있는 (유)도요타마 택시(有)豊玉タクシー까지 가면 된다. 만약 도보로 간다면 마을을 통과해 다리 건너(20분) 오르막길을 걸으면(8분) 신화의 마을 도리이神話の里の大鳥居가 나온다. 고개를 넘어 내리막길로 내려가면 된다.

일본 신화에도 용궁 이야기가 나온다!

바다 신의 딸인 도요타마히메는 자신의 형인 우미사치히코海幸彦가 잃어버린 낚싯바늘을 찾으러 용궁에 온 야마사치히코와 사랑에 빠져 육지로 나와 결혼을 한다. 그녀는 임신해 아들을 낳는데 그에게 본래의 모습을 들켜 바다로 돌아간다. 그녀는 자신의 동생을 보내 대신 자신의 아들을 키우게 하는데 동생과 그 아이 즉, 우가야후키아에즈노미코토鵜葺草葺不合尊가 결혼해 제1대 일왕인 진무 일왕을 낳는다.

대마도 인기 1순위 캠프장이 있는 곳

🔴 34.377325, 129.311869

신화의 마을 자연공원 神話の里自然公園 [신와노사토시젠코엔]

주소 対馬市豊玉町仁位 51-1 **mapcode** 526 742 857 **위치** ❶ 티아라에서 차로 51분 ❷ 이즈하라항 국제터미널에서 차로 54분 ❸ 이즈하라(厳原)에서 히타카쓰(比田勝)·니이(仁位)행 버스 타고 니이(仁位) 버스 정류장 하차(65~81분 소요, 1일 6회 운행) 후 도보 48분 ❹ 히타카쓰항 국제터미널에서 차로 80분 ❺ 와타즈미 신사에서 도보 8분 **요금** 무료 **홈페이지** camp-tsushima.jp(예약가능)

일출이나 일몰을 찍고 싶다면 신화의 마을 자연공원으로 가면 된다. 신화의 마을 자연공원에는 캠프장이 있어 어두워질 때와 해 뜰 때 에보시다케 전망대까지 보다 쉽게 갈 수 있기 때문이다. 신화의 마을 자연공원에서 전망대까지는 차로 13분, 도보로 30분이며 역방향으로는 차로 13분, 도보로 20분 정도밖에 걸리지 않는다. 물론 이곳은 워낙 인기가 많은 곳이라 예약을 서둘러야 한다. 시설이 좋은데다가 하늘과 맞닿은 곳 같은 느낌이 들어 한밤에는 쏟아져 내리는 듯한 무수한 별들을 관찰할 수 있기 때문이다. 목재로 만든 정글짐류의 놀이 기구를 비롯해 캠프파이어 공간, 개수대, 화장실, 바비큐 시설 등을 갖추고 있으며 연중무휴로 운영된다.

대마도 최고의 전망대

🔴 34.373378, 129.316589

에보시다케 전망대 烏帽子岳展望台 [에보시다케텐보다이]

주소 対馬市豊玉町仁位 **mapcode** 526 743 367 **위치** ❶ 티아라에서 차로 56분 ❷ 이즈하라항 국제터미널에서 차로 59분 ❸ 이즈하라(厳原)에서 히타카쓰(比田勝)·니이(仁位)행 버스 타고 니이(仁位) 버스 정류장 하차(65~81분 소요, 1일 6회 운행) 후 도보 78분 ❹ 히타카쓰항 국제터미널에서 차로 85분 ❺ 신화의 마을 자연공원에서 도보 30분 **요금** 무료

가미자카 전망대上見坂展望台와 만제키 전망대万関展望台에서도 대마도의 절경 중 하나로 꼽는 아소만浅茅湾의 리아스식 해안 풍경을 볼 수 있지만 이곳 에보시다케 전망대와 비교가 되지 않는다. 해발 176m의 에보시다케烏帽子岳는 그리 높지 않지만 아소만의 전경을 360도 볼 수 있어 일출과 일몰을 동시에 볼 수 있는 장소다. 때문에 대마도의 전망대 중 최고이자 가장 인기가 있다. 베트남의 하롱베이나 우리나라 한려해상 국립공원에 비유하기도 한다. 에보시다케 전망대는 산 정상에 있지만 전망대 아래 주차장까지 도로가 잘 정비돼 있어 차로 갈 수 있다. 주차장에서 내려 전망대까지는 100여 개의 계단을 올라가면 된다.

일본 전국에서 맛집으로 유명한 붕장어 전문점

📍 34.385926, 129.307756

아나고테이 あなご亭 [아나고테이]

주소 対馬市豊玉町仁位 2091-3　**mapcode** 526 772 815　**위치** ❶ 티아라에서 차로 52분 ❷ 이즈하라항 국제터미널에서 차로 55분 ❸ 에보시다케 전망대에서 차로 10분 ❹ 이즈하라(厳原)에서 히타카쓰(比田勝)・니이(仁位)행 버스 타고 니이(仁位) 버스 정류장에서 하차(65~81분 소요, 1일 6회 운행) 후 도보 35분 ❺ 히타카쓰항 국제터미널에서 차로 77분 **시간** 11:30~14:00, 18:00~21:00(주문 마감 20:00, 야간 예약제) **휴무** 화요일 **가격** 1,450엔(보통 튀김덮밥[並天丼]), 1,450엔(익힌 아나고덮밥[並煮穴子丼]), 1,500엔(보통 튀김 정식[並天ぷら定食]), 1,500엔(아나고카쓰 정식[穴子カツ定食]), 1,500엔(조림아나고 정식[煮穴子定食]), 1,500엔(초밥 정식[にぎり寿司定食]), 1,800엔(보통 나무찜[並せいろ蒸し]) **홈페이지** kogane-anago.jp **전화** 0920-58-2000(FAX 예약 0920-58-1705)

수산 가공 회사를 직접 운영하고 있는 붕장어穴子[아나고] 전문점이다. 그냥 전문점이 아니라 최고의 맛집이라 해도 손색이 없다. 하나의 메뉴를 보통並과 특상特上으로 판매하고 있어 선택의 폭이 넓다. 보통으로 시키고 단품을 추가로 시킬 수 있어 다양하게 먹을 수 있다. 단품은 아나고계란말이穴子だし卷き卵(500엔), 구이白焼(600엔), 아나고카쓰穴子カツ(600엔), 조림煮穴子(650엔), 회刺身(800엔), 튀김天ぷら(800엔), 아나고초밥穴子握り鮨(1,000엔) 등이 있다. 일본어 메뉴밖에 없지만 이것을 보고 주문하면 어렵지 않다. 이곳은 워낙 인기 있는 곳이라 개점 시간에 맞춰 가더라도 기다릴 수 있으니 가급적 예약하는 것이 좋다. 저녁에는 코스 요리(3,000엔)만 있다.

🔖 TIP 아나고테이 찾아가는 법

아나고테이로 가는 길은 다소 험난(?)하다. 아나고테이 위치상 와타즈미 신사, 신화의 마을 자연공원, 에보시다케 전망대 등과 같이 계획하는데 이곳들을 보고 내려오는 길에 들르든 아니면 니이仁位에서 오든 길은 하나다. 하지만 내비게이션이 잘못 안내하는 경우가 많다. 바다로 나가는 좁은 항구를 따라 해안 도로를 달리는데 조금 이상할 수 있다. 달려도 도저히 나올 것 같지 않고 중간에 포크레인 공사장, 목제 공장 등이 나와 혼란스러울 수 있다. 그러나 제대로 가는 것이니 계속 가자. 더 이상 갈 수 없는 길이 나올 때 마치 공사장 임시 건물과 같은 아나고테이 건물이 나온다.

꼬마(?) 카스마키가 인기 있는 곳

네즈카시호 根津菓子舗 [네즈카시호]

주소 対馬市豊町仁位 1323 **mapcode** 526 833 344 **위치** ❶ 티아라에서 차로 46분 ❷ 이즈하라항 국제터미널에서 차로 49분 ❸ 이즈하라(嚴原)에서 히타카쓰(比田勝)·니이(仁位)행 버스타고 니이(仁位) 버스 정류장 하차(65~81분 소요, 1일 6회 운행) 후 도보 2분 ❹ 히타카쓰항 국제터미널에서 차로 71분 **시간** 9:00~19:00 **휴무** 부정기 **가격** 80엔(검은 팥 또는 흰 팥 고마키), 80엔(모나카), 168엔(검은 팥 또는 흰 팥 카스마키), 600엔(고마키 5개), 1,150엔(고마키 10개), 1,150엔(고마키 5개+모나카 5개 세트), 1,700엔(고마키 10개+모나카 5개), 1,850엔(카스마키 10개), 2,300엔(고마키 10개+모나카 10개) **전화** 0920-58-0020

대마도 특산물 중 하나인 카스마키かす巻き 전문점이다. 일본 최대 전자 상거래인 라쿠텐楽天市場을 통해 일본 전국에 판매하기 때문에 가게 지명도가 상당히 있다. 이곳에서는 고마키小まき가 유명하다. 이는 원래의 카스마키를 1/2정도로 만들어 많은 사람이 카스마키를 부담 없이 맛볼 수 있게 했다. 무엇보다 처음 먹어 보는 사람에게는 양이 적어 부담감 없고 가격이 저렴해 만족도가 높다. 이곳의 카스마키는 다른 곳과 비교해 볼 때 단맛이 덜하며 검은 팥보다는 흰 팥이 약간 덜 달다. 네즈카시호에서는 모나카最中를 판매하고 있는데 바스락거리는 껍질이 입에 들어가 바로 녹아 사라질 정도로 부드럽다. 단맛에 있어서는 카스마키보다 모나카가 좀 더 달다. 기억할 것은 이곳뿐만 아니라 다른 곳에서도 선물용이 아니라면 그냥 낱개로 사 먹는 것이 이득이라는 것이다. 같은 개수라도 상자 포장이 들어가면 포장 값이 포함돼 있어 더 비싸다.

TIP 과일이나 채소를 보다 저렴하게 살 수 있는 무인 판매대

네즈카시호 앞에 나무로 만든 작은 집이 눈에 띄는데 이것은 과일 야채 무인 판매대다. 대마도에서는 교통이 편하지 않은데다가 직접 키운 농작물이 있을 때 이와 같은 방법으로 이웃 간에 저렴하게 구입해 먹는다. 물론 여행자들도 구입이 가능하다. 100엔에서 200엔 사이가 주를 이루며 50엔짜리나 좀 더 비싼 것들도 가끔 눈에 띈다. 보통 슈퍼마켓에서 사는 것보다는 많이 저렴하니 캠핑하는 여행자라면 눈여겨볼 만하다. 가격표가 있으며 해당되는 가격을 요금 통에 넣으면 된다.

양식장에서 직접 키운 굴로 요리

우미코야 요시에이 海小屋 吉栄 [우미코야 요시에이]

📍 34.400475, 129.363589

주소 対馬市豊玉町千尋藻字塩戸 73-1　**mapcode** 526 838 627　**위치** ❶ 티아라에서 차로 43분 ❷ 이즈하라항 국제터미널에서 차로 46분 ❸ 히타카쓰항 국제터미널에서 차로 69분　**시간** 11:00~14:00(런치), 14:00~16:00(카페), 18:00~21:30(주문 마감), 야간 예약제　**휴무** 수요일, 목요일(부정기 휴일 있음)　**가격** 150엔(명란문어), 180엔(음료), 200엔(니쿠마키 오니기리), 280엔(추하이), 300엔(수제 로쿠베(小)), 300엔(오징어구이), 380엔(3종 해물치즈구이), 350엔(생맥주(小)), 350엔(우동), 380엔(굴튀김[5개]), 680엔(짬뽕), 780엔(매일 교체 정식[日替わり定食]), 880엔(굴짬뽕), 880엔(특선 해물짬뽕)　**전화** 0920-58-0102

민박 요시에이에서 운영하는 음식점 및 카페다. 주인장이 직접 오징어를 잡고 굴 양식업으로 키운 신선하고 맛있는 해산물과 굴 요리로 소문난 곳이다. 단지 굴이 나는 계절이 9월에서 12월이라 이때가 아니면 신선한 굴구이를 맛보지 못할 수도 있다. 이곳은 굴 요리 외에도 매일매일 메뉴가 바뀌는 정식을 비롯해 짬뽕, 우동 등의 메뉴도 있으니 들러 볼 만하다. 39번 국도 변에 있어 이즈하라와 히타카쓰 구간을 이동할 때 들르기 좋다. 굴구이를 할 때는 한 테이블당 500엔의 숯 값이 별도다. 굴カキ 1kg(1,000엔), 소라さざえ 3~4개(550엔), 히오우기가이 조개류ヒオウギ貝 1개(120엔), 새우 1개(250엔), 문어꼬치たこ串 1개(100엔),

비엔나소시지ウィンナ 1개(150엔), 돼지고기꼬치豚バラ 1개(100엔), 닭 날개手羽先 1개(100엔), 베이비 햄ベビーハム 1개(100엔), 차조기풀 튀김꼬치しそ天ぷら串 1개(100엔), 수제 완자手作りつくね 1개(180엔) 등이 있다. 이곳은 특이하게도 1인당 500엔씩 내면 자신의 음료나 맥주, 술 등을 가져와서 마실 수 있다.

해초류를 말려 비료로 만들어 보관했던 창고

기사카노 모코야 木坂の藻小屋 [키사카노모코야]

📍 34.464593, 129.278426

주소 対馬市峰町木坂 17-1　**mapcode** 539 153 350　**위치** ❶ 티아라에서 차로 69분 ❷ 이즈하라항 국제터미널에서 차로 72분 ❸ 미네마치 역사 민속 자료관에서 차로 12분 ❹ 히타카쓰항 국제터미널에서 차로 69분　**요금** 무료

모코야는 농사짓는 데 비료로 썼던 해초류를 보관했던 창고다. 대마도는 89%가 산지라 땅이 매우 척박해 바다에서 나는 해초류를 모아 말린 다음 비료로 사용했다. 지금은 더 이상 이러한 방법으로 비료를 만들지 않기 때문에 사용하지 않는다. 모코야는 이곳 외에 서해안 곳곳에 있었으나 해안 구역 정리 계획에 의해 없어지고 기사카木坂 마을에 8동 만이 남아 있다. 이곳 역시 돌로 쌓은 벽은 예전 것 그대로이나 지붕은 새로 복원한 것이다. 모코야는 태풍이 올 때 이곳에 선박을 보관했기 때문에 후네야船屋라고도 부른다. 모코야가 있는 주변은 기사카오마에하마엔치木坂御前浜園地로 지정돼 있으며 이곳에 오마에하마 캠프장御前浜キャンプ場이라는 무료 캠프장이 있다.

우리나라 절도단이 훔쳐 갔던 통일 신라 시대 불상이 있는 곳

기사카 해신 신사 木坂海神神社 [키사카카이진진자]

📍 34.464442, 129.280898

주소 対馬市峰町木坂 247 **mapcode** 539 154 278 **위치** ❶ 티아라에서 차로 70분 ❷ 이즈하라항 국제터미널에서 차로 73분 ❸ 미네마치 역사 민속 자료관에서 차로 13분 ❹ 히타카쓰항 국제터미널에서 차로 70분 **요금** 무료 **전화** 0920-83-0137

기사카 해신 신사木坂海神神社는 역사적으로 규명되지 않은 삼한 정벌이나 임나일본부설과 연관된 진구 황후神功皇后라는 전설 속 인물이 창건한 곳이다. 진구 황후의 깃발을 봉납한 곳으로 하치만혼구八幡本宮 또는 쓰시마쿠니치노미야対馬国一ノ宮라 불렸다. 도리이 옆 팻말에 고쿠헤이추사国幣中社라고 적혀 있는데 대마도에서 제일 격이 높은 신사로 나라에서 운영했다는 의미다. 대마도 제일의 신사라고 하지만 인적이 거의 없는데다가 손질을 거의 안 해 상당히 거칠어 보인다. 계단을 올라 본전에 이르면 무서울 정도로 적막감이 돈다. 해신 신사에는 통일 신라 시대 것으로 추정되는 동조여래입상銅造如来立像이 있는데 지난 2012년 10월 우리나라 절도단이 훔쳐 갔다가 반환된 것이다. 현재 동조여래입상은 관람 불가다.

해신 신사도 와타즈미 신사로 불린다?

일본 신화에서는 해신海神을 와타즈미ワタツミ로 읽기도 하여 해신 신사를 와타즈미 신사라고도 한다. 바다 신의 딸인 도요타마히메豊玉姫와 그녀의 아들이자 진무 일왕神武天皇의 아버지인 우가야후키아에즈노미코토鵜葺草葺不合尊를 모시고 있기 때문이다. 에보시다케 전망대 아래에 있는 와타즈미 신사和多都美神社에도 도요타마히메를 모시고 있으니 두 신사가 헷갈릴 수 있다. 해신 신사에는 진구 황후와 그의 아들 오진 일왕応神天皇을 역시 모시고 있다. 엄마와 아들을 함께 모신 것도 특이하고 바다의 신과 전쟁의 신八幡하치만을 합사한 것도 특이하다. 바다를 통한 조선과 무역 전쟁에의 출병 사이에서 양쪽 모두 신에게 의지했던 모습이 보인다. 국경의 섬인 대마도의 모습이다.

왜구에 의해 어머니가 납치된 이예의 공적비가 있는 곳 34.457733, 129.371067

원통사 円通寺 [엔쓰지]

주소 対馬市峰町佐賀 573 **위치** ❶ 티아라에서 차로 54분 ❷ 이즈하라항 국제터미널에서 차로 57분 ❸ 미네·시코에(三根·志越)선 또는 나이·긴(仁位·琴)선 버스 타고 사가(佐賀) 버스 정류장 하차 후 도보 2분 ❹ 히타카쓰항 국제터미널에서 차로 57분 **요금** 무료 **전화** 0920-82-0270

원통사가 있는 사가佐賀 마을은 소宗 가문이 쓰시마 번주가 되기 전, 1908년 소宗 가문의 8대 당주였던 소 사다시게宗 貞茂의 가옥이 있던 곳이다. 현재 원통사 서쪽 지역에 해당되며 원통사는 소 가문의 종가 묘지로서 소 가문의 일부가 이곳에 묻혀 있다. 크지 않은 원통사 앞에 서면 가장 먼저 눈에 들어오는 것이 통신사 이예 공적비通信使李藝功績碑다. 2005년 11월에 세운 통신사 이예 공적비가 원통사에 있는 이유는 소 사다시게宗 貞茂가 죽자 이예가 이곳에 와서 조의를 표했기 때문이다. 이예(1373~1445)는 조선 전기의 통신사로서 일본의 류큐琉球(오늘날의 오키나와)와 대마도에 40여 차례 방문해 다양한 외교 활동을 수행한 다. 오키나와와 대마도에서 667명의 조선인 포로들을 조선으로 돌려보냈으며 쓰시마와 조선의 무역에 관한 조약 체결에 지대한 공헌을 하여 쓰시마 입장에서도 공덕을 기리는 인물이다. 이곳 원통사에는 우리나라 유물이 두 가지 있는데 원통사 종각에는 15세기 조선 시대에 만든 범종이 있으며 본전에는 13세기 고려 시대 동조약사여래좌상銅造藥師如来坐像이 있다. 종각의 범종은 볼 수 있으나 본전은 개방하지 않는다. 둘 다 현 지정 유형 문화재로 지정돼 있다.

우리나라 붕어빵과는 조금 다른 대마도의 명물 간식 34.457247, 129.370616

나가도메카시텐 永留菓子店 [나가도메카시텐]

주소 対馬市峰町佐賀 588 **mapcode** 539 134 442 **위치** ❶ 원통사가 있는 큰 길 건너편 ❷ 티아라에서 차로 54분 ❸ 이즈하라항 국제터미널에서 차로 57분 ❹ 미네·시코에(三根·志越)선 또는 나이·긴(仁位·琴)선 버스 타고 사가(佐賀) 버스 정류장 하차 후 도보 2분 ❺ 히타카쓰항 국제터미널에서 차로 57분 **시간** 9:00~17:00 **휴무** 월요일, 금요일(7, 8월은 임시 휴무) **가격** 100엔 **전화** 0920-82-0814

우리나라에서는 흔한 붕어빵이지만 대마도에서는 특이한 먹거리로서 일부러 찾아가는 사람들이 많은 곳이다. 붕어빵たい焼[타이야키] 가게로 현지인들도 수십 개씩 사 갈 정도로 인기가 있다. 다베아루키 규슈·오키나와 맛집100 たべあるき九州沖縄味100選店(kuishinbou.net) 즉, 찾아가서 먹어 보는 규슈·오키나와 맛집 100에 선정된 가게이기도 하다. 붕어빵은 검은 팥과 흰 팥 두 가지가 있는데 검은 팥은 우리가 잘 아는 맛이며 흰 팥은 잼 같은 느낌으로 사람마다 호불호가 다르다. 우리나라 붕어빵은 바싹한 식감이지만 이곳 붕어빵은 약간 찰지며 부드러운 맛이다. 39번 국도를 이용하거나 다이렉스 미네를 갈 때 들러 볼 만하다. 인기가 있어 시간대에 따라 대기가 상당하니 미리 예약해 놓는 것도 괜찮다.

철새 관찰이 아니라도 넓은 평야가 경치 좋은 곳

사고 버드 워칭 공원 佐護バードウォッチング公園 [사고바도윗친구코엔]

📍 34.623349, 129.343140

주소 対馬市上県町佐護西里 1390 **mapcode** 539 731 373 **위치** ❶ 히타카쓰항 국제터미널에서 차로 41분 ❷ 이즈하라(厳原)-히타카쓰(比田勝)행 버스 타고 사고(佐護) 버스 정류장 하차 후 도보 40분 ❸ 이즈하라항 국제터미널에서 차로 101분 **요금** 무료

사오자키 공원 내에 있는 쓰시마 야생 생물 보호 센터 가는 길에 갑자기 넓은 평야와 그 사이를 곧게 뻗은 도로를 지나가게 되는데 이곳이 바로 철새를 관찰할 수 있는 지역이다. 대마도는 우리나라와 일본을 잇는 철새 이동 중간지로서 연중 300여 종의 철새를 관찰할 수 있다. 대마도에서 버드 워칭을 할 수 있는 장소가 여러 군데 있는데 이즈하라항에서 가까운 우치야마토게內山峠, 쓰쓰豆酘 지역, 대마도 중부의 유타리랜드湯多里ランド, 대마도 공항 인근, 그리고 이곳 사고 버드 워칭 공원 등이다. 특히 철새이동을 제일 잘 관찰할 수 있는 사고 버드 워칭 공원은 산이 많은 대마도에서는 보기 드문 평야 지대며 봄(2, 3월)과 가을(9, 10, 11월)에는 철새들이 하늘을 그득히 메운 장관을 볼 수 있다.

일본의 최북서단 지역이자 군사 지역이었던 공원

사오자키 공원 棹崎公園 [사오자키코엔]

📍 34.646731, 129.320481

주소 対馬市上県町佐護西里 **mapcode** 539 818 201 (사오자키 등대) **위치** ❶ 히타카쓰항 국제터미널에서 차로 45분 ❷ 이즈하라(厳原)~히타카쓰(比田勝)행 버스 타고 사고(佐護) 버스 정류장에서 가미쓰시마뵤인(上対馬病院)행 버스 환승 후 미나토(湊) 버스 정류장 하차 뒤 차로 13분 또는 도보 50분 ❸ 이즈하라항 국제터미널에서 차로 105분 **요금** 무료

상대마도의 서쪽 지역에 있는 사오자키 공원은 일본 최북서단 지역이다. 이곳에 일본 최북서단의 비日本最北西端の碑가 서 있다. 대마도에서 우리나라까지의 거리가 49.5km라고 하는 것은 이곳을 기점으로 했을 때다. 때문에 우리나라 부산까지의 거리 또한 다른 지역보다 가까워 날씨가 좋을 때는 수평선에 가물거리는 부산의 모습을 볼 수 있다. 사오자키 공원은 원래 러일 전쟁 때 군사 시설이 있던 곳으로 당시 감시탑을 지금은 전망대로 사용하고 있다. 720,000m²가 넘는 넓은 부지에는 1938년에 완공한 포대가 있던 건물, 탄약고, 병사 숙소 등이 남아 있으며 1967년 제3 포차 유적지에 세운 사오자키 등대(棹崎灯台 또는 棹尾崎燈台로 표기)가 있다. 사오자키 공원 내에 쓰시마 야생 생물 보호 센터와 사오자키 공원 캠프장도 함께 있어 인기 여행지 중 하나다.

 **스페셜 가이드 사오자키 공원**

쓰시마 야생 생물 보호 센터 対馬野生生物保護センター [쓰시마야세이세이부츠호고센타]

주소 対馬市上県町佐護西里 2956-5 **mapcode** 539 789 751 **위치** ❶ 히타카쓰항 국제터미널에서 차로 45분 ❷ 이즈하라(厳原)-히타카쓰(比田勝)행 버스 타고 사고(佐護) 버스 정류장에서 가미쓰시마뵤인(上対馬病院)행 버스 환승 후 미나토(湊) 버스 정류장 하차 뒤 차로 13분 또는 도보 50분 ❸ 이즈하라항 국제터미널에서 차로 105분 **시간** 10:00~16:30(입장마감 16:00) **휴무** 월요일, 12월 29일~1월 3일 **요금** 무료 **홈페이지** kyushu.env.go.jp/twcc **전화** 0920-84-5577

1997년에 개관한 쓰시마 야생 생물 보호 센터는 쓰시마 야마네코ツシマヤマネコ에 관한 전시관이라고 할 만큼 쓰시마 야마네코에 대한 많은 자료와 함께 실제 쓰시마 야마네코를 볼 수 있는 곳이다. 크지 않은 전시관에 글 자료 대부분이 일본어지만 사진과 그림이 풍부해 아이들이 흥미를 갖고 둘러볼 수 있다. 우리나라 살쾡이(삵)에 해당하는 쓰시마 야마네코는 현재 대마도에 약 100여 마리밖에 없기 때문에 일본의 국가 지정 천연기념물로 지정돼 있다. 길을 가다 보면 쓰시마 '야마네코 튀어나옴 주의ツシマヤマネコ飛び出し注意'라고 쓰인 노란색 간판을 볼 수 있다. 쓰시마 야마네코가 많이 나오는 지역에 설치한 것으로 쓰시마 야마네코가 차에 치이지 않도록 주의해서 운전하라는 의미다. 사실 도로에서 야마네코를 만나면 행운이라는 이야기를 할 정도로 쉽게 볼 수 없다.

사오자키 공원 캠프장 棹崎公園キャンプ場 [사오자키코엔캄푸바]

주소 対馬市上県町佐護西里 **mapcode** 539 819 334 **위치** ❶ 히타카쓰항 국제터미널에서 차로 45분 ❷ 이즈하라(厳原)-히타카쓰(比田勝)행 버스 타고 사고(佐護) 버스 정류장에서 가미쓰시마뵤인(上対馬病院)행 버스 환승 후 미나토(湊) 버스 정류장 하차 뒤 차로 13분 또는 도보 50분 ❹ 이즈하라항 국제터미널에서 차로 105분 **요금** 무료

사오자키 공원 내에 있는 무료 캠프장이다. 해안선 절벽 위에 있어 절경을 이루지만 날씨가 좋지 않거나 바람이 세면 이용을 자제하고 대비해야 한다. 사오자키 공원 캠프장은 해안선까지 좁고 옆으로 긴 형태로 잔디가 깔려 있어 텐트를 지참한 후 자유롭게 이용하면 된다. 캠프장 내에 화장실, 바비큐 시설, 개수대가 있다. 캠프장으로 내려가는 길은 상당히 가파르며 캠프장으로 내려가기 전 주차할 수 있는 작은 공터가 있는데 차의 진행 방향이 낭떠러지라 조심히 운전해야 한다.

바비큐 시설과 개수대가 잘 정비돼 있어 피크닉하기 좋은 곳   ♀ 34.638637, 129.337057
미나토하마 해수욕장 湊浜海水浴場 [미나토하마카이스이요쿠조]

주소 対馬市上県町佐護西里 **mapcode** 539 790 043 (시랜드 스테이지) **위치** ❶ 히타카쓰항 국제터미널에서 차로 28분 ❷ 이즈하라항 국제터미널에서 차로 98분 ❸ 이쿠치하마 해수욕장에서 이국이 보이는 언덕 전망탑 앞의 수국 로드(アジサイロード)를 따라 차로 22분 **요금** 무료

미나토하마 해수욕장湊浜海水浴場은 대마도 북단에 위치한 두 군데 해수욕장 중 하나로 사고강 하구에 있는 천연 모래사장을 갖춘 해수욕장이다. 몇 년 전까지만 해도 이쿠치하마 해수욕장井口浜海水浴場이 더 유명했는데 우리나라로부터 밀려 들어온 쓰레기들로 인해 지금은 이곳을 더 많이 이용하는 추세다. 미나토하마 시랜드 스테이지湊浜シーランドステージ라는 이름의 다목적 운동장이 있어 이 이름으로도 많이 알려져 있다. 미나토하마 해수욕장은 넓은 주차장에 화장실, 바비큐 시설 및 개수대, 휴게소로 사용되는 정자 등이 있다. 해수욕은 6월 하순에서 9월 중순까지 가능하다. 샤워실은 유료(100엔)로 운영 기간 중 오전 9시부터 오후 5시까지 사용 가능하다.

> **TIP** 아무 곳에서나 캠핑하지 마세요
>
> 미나토하마 해수욕장은 280여 대를 수용할 수 있는 넓은 주차장에 바비큐 시설, 개수대, 정자 마루 등을 비롯해 나무로 만든 정글짐 형식의 놀이 기구가 있어 자녀와 함께 여행하는 캠핑족들이 많이 찾는다. 미나토하마 해수욕장에는 유료 캠프장 못지않게 잘 정비된 잔디밭이 있어 텐트 지참 후 캠핑을 하는 여행자들이 있는데 이곳에서의 캠핑은 원칙적으로 불법이다. 무료 야영장으로 잘못 알려져 있기도 한데 이곳뿐만 아니라 미우다 해수욕장이나 모기하라 해수욕장 등 해변에서의 밤샘 캠핑 역시 불법이다. 정식 캠프장이라고 할지라도 운영 기간 외의 기간에 임의로 사용하는 것 또한 안 된다. 정식 캠프장은 아시오노사토 오우라 캠프장青潮の里 尾浦キャンプ場, 아유모도시 자연공원鮎もどし自然公園, 아소 베이 파크 오토 캠프장あそうベイパーク オートキャンプ場, 신화의 마을 자연공원神話の里自然公園, 미우다 캠프장三宇田キャンプ場 등 유료 캠프장과 이쿠치하마 해수욕장의 이쿠치하마 캠프장井口浜キャンプ場, 기사카노 모코야木坂の藻小屋가 있는 기사카오마에하마엔치木坂御前浜園地의 오마에하마 캠프장御前浜キャンプ場 등이 무료 캠프장이다. 넓은 잔디밭이 있다고 해서 화장실과 물을 쓸 수 있는 곳이 있다고 해서 다 캠핑을 할 수 있는 곳은 아니다. 대마도에서는 불법 캠핑을 철저히 단속하고 있지 않지만 지정된 캠프장 외의 캠핑은 금지하고 있어 적발되면 철수하도록 하고 있다.

푸른 초원과 억새풀이 볼 만한 바람의 언덕

센뵤마키산 千俵蒔山 [센뵤마키야마]

📍 34.642039, 129.353239

주소 対馬市上県町佐護 mapcode 539 822 082 **위치** ❶ 히타카쓰항 국제터미널에서 차로 43분 ❷ 이즈하라항 국제터미널에서 차로 104분 **요금** 무료

센뵤마키산千俵蒔山은 보리와 메밀을 천 섬이나 뿌려 놓은 듯한 산이라는 뜻이다. 우리나라 조선시대에 봉화를 올렸던 곳으로 조선과 쓰시마를 오갔던 배들의 이정표가 됐다고 한다. 지금은 패러글라이딩의 최적지로 유명하다. 센뵤마키산은 여름에는 푸르른 들판이지만 가을이면 우리나라의 민둥산이나 화왕산처럼 사방에 펼쳐진 억새들을 볼 수 있다. 계절에 따라 다른 풍경을 볼 수 있는 곳이라 더더욱 좋다. 해발 287m의 그리 높지 않은 센뵤마키산 정상에는 2대의 풍력 발전기가 있는데 이곳까지 차로 올라갈 수 있다. 산 정상에 오르면 주변 산들의 산세와 푸른 바다가 한눈에 들어온다. 경치 좋은 풍경에 빠져 있는 것도 잠시, 거센 바람과 머리 위에서 돌아가는 커다란 풍력 발전기의 위용에 눌려 내려가는 길을 재촉한다. 센뵤마키산으로 가는 길이 좁고 가파르기 때문에 초보 운전이라면 가지 않는 것이 좋다. 베테랑 운전자들도 스릴을 느낄 정도로 길이 썩 좋지 않기 때문이다.

날씨가 좋으면 무료 망원경을 통해 부산을 볼 수 있는 곳

이국이 보이는 언덕 전망탑

異国の見える丘展望塔 [이코쿠노미에루오카텐보토]

📍 34.649135, 129.354280

주소 対馬市上県町佐護北里 mapcode 539 822 473 **위치** ❶ 히타카쓰항 국제터미널에서 차로 33분 ❷ 이즈하라항 국제터미널에서 차로 105분 **요금** 무료

매년 6, 7월이면 수국이 지천으로 피는 해안 도로인 수국 로드アジサイロード[아지사이로도]가 있다. 센뵤마키산 자락에 위치한 미나토하마 해수욕장과 이쿠치하마 해수욕장 사이를 잇는 도로이다. 이 도로 중간에 해안 쪽으로 2층짜리 이국이 보이는 언덕 전망탑이 서 있다. 2층에 서서 1층 전망대를 찍으면 바다로 돌출된 열쇠 구멍 모양이 마치 뱃머리처럼 보여 근사한 사진이 된다. 이곳 역시 날씨가 좋을 때는 수평선에서 가물거리는 부산을 조망할 수 있다. 망원경으로 보면 아파트들이 또렷하게 보이기도 한다. 이국이 보이는 언덕 전망탑은 그 어느 곳보다 멋진 풍경을 볼 수 있는 곳이니 수국이 피는 계절에 여행을 한다면 반드시 들러볼 만한 곳이다.

우리나라 대학생들이 매년 쓰레기 줍기 봉사 활동을 하는 곳 📍 34.639010, 129.363070

이쿠치하마 해수욕장 井口浜海水浴場 [이쿠치하마카이스이요쿠조]

주소 対馬市上県町佐護北里 **mapcode** 539 793 238 **위치 ❶** 히타카쓰항 국제터미널에서 차로 30분 **❷** 이즈하라항 국제터미널에서 차로 102분 **요금** 무료

이쿠치하마 해수욕장井口浜海水浴場은 이국이 보이는 언덕 전망탑이나 센뵤마키산을 렌터카나 자전거로 여행할 때 잠시 들르는 장소로 인기가 있다. 이쿠치하마 해수욕장은 육지를 따라 모래사장이 움푹 들어가 있는 형태라 수심이 낮고 파도가 세지 않아 어린아이를 동반한 여행에서 물놀이하기 좋다. 단지 우리나라로부터 쓰레기가 많이 밀려 들어와 본격적인 해수욕을 하기에는 좋지 않다. 해변가 한편에는 이쿠치하마 캠프장井口浜キャンプ場이 있는데 텐트를 지참해 자유롭게 이용하면 된다. 해수욕장에 비교적 큰 규모의 정자를 비롯해 화장실, 개수대 등이 있다. 참고로 이쿠치하마 해수욕장은 2016년 5월 22일에 실시된 부산 송도-대마도 카약 대항해의 대마도 종착지기도 하다. 청소년, 일반인을 포함한 30명이 1인 카약으로 대한 해협을 건너는 시도를 했으나 높은 파도로 인해 중단됐다.

히타카쓰 중심가 대신 식사와 숙박을 해결할 수 있는 곳 📍 34.639620, 129.397696(우체국)

사스나 마을 佐須奈地区 [사스나치쿠]

주소 対馬市上県町佐須奈乙 925(사스나 우체국) **mapcode** 539 797 359 **위치 ❶** 히타카쓰항 국제터미널에서 차로 17분 **❷** 히타카쓰항 국제터미널에서 이즈하라(厳原)행 버스 타고 사스나(佐須奈) 버스 정류장 하차(23분 소요, 1일 5회 운행) **❸** 이즈하라항 국제터미널에서 차로 102분 **요금** 무료

히타카쓰를 출발해 382번 국도를 따라 달리기 시작한 지 약 15분쯤 되면 작지만 왠지 정감이 가고 아기자기한 마을이 나오는데 이곳이 사스나 마을佐須奈地区이다. 히타카쓰항이 있는 상대마도의 중심 마을 중 하나인 사스나는 에도 시대 조선 통신사가 대마도에 왔을 때 처음 도착했던 항구이기도 하다. 조선 통신사들이 탄 배는 이곳을 기항한 후 이즈하라로 향했다. 일본에서 우리나라로 전해졌다고 알려진 고구마 역시 사스나항을 통해 우리나라로 왔다. 지금은 인구 1천 명이 조금 넘는 한적한 작은 마을이지만 메이지 시대에는 부산으로 향하는 항로가 있었기 때문에 대마도의 어느 마을보다도 더 번영했다고 한다. 사스나 마을은 우체국을 중심으로 번화가가 형성돼 있으며 수로처럼 보이는 바닷물이 마을 깊숙이 들어와 있어 특색 있는 경치를 볼 수 있다.

다이슈소바 만들기 체험
소바 도장 아가타노사토 そば道場 あがたの里 [소바도조아가타노사토]

📍 34.638111, 129.397479

주소 対馬市上県町佐須奈甲 565-2 **mapcode** 539 797 179 **위치** ❶ 히타카쓰항 국제터미널에서 차로 17분 ❷ 히타카쓰항 국제터미널에서 이즈하라(厳原)행 버스 타고 사스나(佐須奈) 버스 정류장 하차(23분 소요, 1일 5회 운행) 후 도보 3분 ❸ 이즈하라항 국제터미널에서 차로 101분 **시간** 11:00~14:00 **휴무** 12월 29일~1월 3일 **가격** 60엔(오니기리), 216엔(다이슈소바 커피), 216엔(다이슈소바 아이스크림), 324엔(캔맥주), 540엔(모리소바), 540엔(고보텐소바), 648엔(이리야키소바), 756엔(새우튀김소바), 4,320엔(소바 체험[4인 이내]) **전화** 0920-84-2340

산지가 대부분인 대마도는 척박한 땅에서 살기 위해 예전부터 화전 농업이 발달했다. 이러한 곳에서 잘 자랄 수 있는 곡식이 바로 메밀이라 우리나라 강원도처럼 대마도 역시 메밀이 유명하다. 1996년에 문을 연 소바 도장 아가타노사토는 대마도 향토 요리인 다이슈소바対州そば의 맛집으로 현지인, 여행자 할 것 없이 인기가 있다. 이곳 역시 이즈하라에 있는 다쿠미体験であい塾 匠와 함께 다이슈소바 만들기 체험을 할 수 있다. 대마도 메밀국수는 전분 등을 전혀 사용하지 않는 100% 메밀로 만들기 때문에 끈기가 없으며 매우 부드러워 입에서 술술 잘 넘어간다. 다이슈소바에 닭 국물을 부은 후 양배추, 버섯 등 제철 야채를 넣어 만든 이리야키소바いりやきそば 역시 이곳의 추천 메뉴다.

어린이 110번의 집子ども110番の家이라는 명패의 뜻은?

갓포레는 가정집을 개조한 음식점이다. 갓포레 현관문에 어린이 100번의 집子ども100番の家이라는 명패가 달려 있다. '고도모하쿠토반노이에子ども110番の家'라는 뜻은 어린이 긴급 대피 장소로 쓰이는 집이라는 뜻이다. 어린이가 위험에 처했을 때 이 집으로 들어가면 무조건 보호받을 수 있는 시스템이다. 상점을 비롯해 일반 가정집에도 이 명찰이 붙어 있는 곳이 간혹 눈에 띈다. 어린이 110번의 집에서는 아이에게 자초지종을 물은 후 우리나라 112에 해당되는 일본의 긴급 전화 110번으로 전화를 걸어 범죄를 예방·해결한다. 대마도는 2017년 10월 말 현재 31,454명인데 노령화가 진행돼 젊은 사람들은 물론 어린이들이 많이 없는 지역이기 때문에 특히 어린이 보호에 큰 관심을 기울이고 있다. 2008년 4월 우리나라도 아동안전지킴이집 제도를 도입해 초등학교 주변의 상점, 편의점, 약국, 유치원 등을 아동안전지킴이집으로 활용하고 있다.

부드러운 속살을 두툼하게 튀겨 낸 일본식 돈가스 ♀ 34.639608, 129.398410

요정 & 레스토랑 갓포레 料亭＆レストラン かっぽれ [료테이 & 레스토란 캇포레]

주소 対馬市上県町佐須奈乙 919 mapcode 539 798 332 **위치** ❶ 히타카쓰항 국제터미널에서 차로 16분 ❷ 히타카쓰항 국제터미널에서 이즈하라(厳原)행 버스 타고 사스나(佐須奈) 버스 정류장 하차(23분 소요, 1일 5회 운행) 후 도보 1분 ❸ 이즈하라항 국제터미널에서 차로 103분 **시간** 10:00~20:00 **휴무** 일요일 **가격** 350엔(튀김우동), 500엔(도시락), 650엔(어린이 런치), 600엔(카레라이스), 600엔(짬뽕), 600엔(야키소바), 650엔(오므라이스), 700엔(가쓰카레), 800엔(덴돈), 1,200엔(갓포레 런치[수프 포함]), 1,200엔(갓포레 정식), 1,200엔(튀김 정식[天ぷら定食]), 1,200엔(불고기 정식[焼き肉定食]), 1,200엔(돈가스[トンカツ定食]) **전화** 0920-84-2055

사스나에는 5개의 음식점만이 있어 사스나에서 지낸다면 같은 곳을 또 가게 된다. 이러한 이유가 아니더라도 음식이 맛있어 다시 찾고 싶은 곳이다. 사스나 우체국 건너편 좁은 골목으로 들어가면 갓포레가 있다. 각종 화분과 아기자기한 장식물들로 꾸며 놓아 눈에 잘 띈다. 갓포레의 돈가스는 우리나라에서 찾기 힘든 비주얼을 지녔다. 두툼한 것이 마치 닭고기 가슴살을 튀겨 놓은 것 같다. 한 입 깨물면 퍽퍽함이 아닌 입 안에서 녹아내리는 듯한 부드러움에 깜짝 놀라게 된다. 정식에는 메인 메뉴와 함께 밥과 미소된장국 그리고 1~3가지의 반찬이 제공되며 배부르게 먹을 수 있다. 메뉴는 회를 포함한 갓포레 정식, 튀김, 불고기, 돈가스, 사시미 정식 등 정식류와 덮밥, 짬뽕, 야키소바, 우동, 카레라이스, 오므라이스 등 다양하다. 이곳은 일본어 메뉴판밖에 없으나 친절한 할머니 사장님이 잘 알아들으신다.

규슈·오키나와 맛집 100에 선정된 가게 ♀ 34.640169, 129.396889

기류켄 起龍軒 [키류켄]

주소 対馬市上県町佐須奈乙 1838-7 mapcode 539 797 417 **위치** ❶ 히타카쓰항 국제터미널에서 차로 17분 ❷ 히타카쓰항 국제터미널에서 이즈하라(厳原)행 버스 타고 사스나(佐須奈) 버스 정류장 하차(23분 소요, 1일 5회 운행) 후 도보 2분 ❸ 이즈하라항 국제터미널에서 차로 103분 **시간** 12:00~14:00(주문 마감), 17:30~22:00(주문 마감) *일요일은 저녁만 영업 **휴무** 부정기 **가격** 400엔(생맥주), 400엔(추하이), 450엔(매운 라멘[ピリ辛ラーメン]), 450엔(교자), 450엔(야채볶음[野菜いため]), 600엔(짬뽕), 600엔(볶음밥[焼飯]), 700엔(중화덮밥[中華丼]), 1,000엔(라멘 세트[라멘+볶음밥]), 1,100엔(기起] 세트[밥, 환살생선튀김, 수프, 생야채]), 1,100엔(류[龍] 세트[덴신한, 도리아, 수프, 생야채]), 1,200엔(새우칠리소스), 1,300엔(닭튀김 정식), 1,300엔(생선튀김 정식), 1,300엔(돈가스 정식), 1,300엔(중화 정식), 1,500엔(새우튀김 정식), 1,500엔(기류켄 런치) **전화** 0920-84-2873

일본까지 가서 무슨 중국요리냐 싶겠지만 기류켄은 다베아루키 규슈·오키나와 맛집 100たべあるき九州沖縄味100選店(kuishinbou.net) 즉, 찾아가서 먹어 보는 규슈·오키나와 맛집 100에 선정된 가게다. 본격적인 중화 음식을 먹을 수 있는 곳이다. 춘권(900엔), 돼지고기부추볶음ニラ肉(900엔), 탕수육酢豚(1,000엔), 가라아게唐揚げ(1,000엔), 팔보채八宝菜(1,000엔), 환살생선튀김白身魚フライ(1,000엔), 호이코로回鍋肉(1,000엔) 등 우리나라 중국집보다는 메뉴가 많지 않지만 우동, 소바, 덮밥류를 함께 팔아 입맛에 맞는 풍성한 식사를 할 수 있다. 덴신한天津飯(650엔)이라는 음식도 기회가 되면 먹어 볼 만하다. 우리나라 짜장면이 중국에 없는 음식인 것처럼 덴신한은 중국에 없는 일본식 중국 음식이다. 중화풍 계란덮밥이라 할 수 있으며 전분을 넣어 다소 걸쭉한 새콤달콤한 소스 맛이 사람에 따라 맞지 않을 수 있지만 괜찮다면 끊을 수 없는 중독의 맛이 될 수 있다. 한국어 메뉴는 없지만 메뉴판에 약간의 음식 사진이 있는데다가 위의 한자를 보면 어렵지 않게 주문할 수 있다.

Daemado

추천 숙소 9

대마도

일본 숙소에 대한 TIP
이즈하라항 주변
히타카쓰항 주변

추천 숙소

대마도의 숙소 예약은 그리 쉽지 않다. 여행자들은 많은데 호텔이나 민박이 부족하기 때문이다. 또한 오래된 호텔이 많아 시설 또한 열악하다. 일부 호텔은 객실을 트윈 룸, 더블 룸, 싱글 룸으로 분류하지 않고 다다미방, 침대방 등으로 구분해 룸당 요금이 아닌 인원당 요금으로 책정하기 때문에 숙박비가 비싸다. 2017년 3월 246개 객실을 갖춘 도요코인 쓰시마 이즈하라가 문을 열어 그나마 객실난이 어느 정도 해소됐지만, 더욱더 많은 여행자가 가니 아직은 여유롭지 않다. 더욱이 몇몇 호텔은 패키지여행객을 전용으로 받다 보니 자유 여행자들이 예약하기가 힘들다. 몇 군데 호텔이나 민숙, 민박들은 인터넷으로 예약이 가능하지만 대부분은 전화 예약이라 일본어를 모른다면 이 또한 어려움이 있다.

일본 숙소에 대한 Tip

최근 몇 년 사이에 대마도에 가는 우리나라 여행자들의 수가 대폭 증가했다. 현지에서 여행하다 보면 이곳이 일본 땅인지 우리나라 땅인지 헷갈릴 정도다. 이렇기에 우리나라 여행자들의 일부는 예약을 너무 쉽게 생각한다. 예약해 놓고 안 가면 그만인 경우가 많다. 숙박업소건 음식점이건 예약금을 걸거나 위약금을 받자는 이야기도 나온다. 일본은 예약 문화가 발달한 나라로 예약 후 피치 못한 사정이 생겼을 때는 정해진 날짜까지 반드시 취소하는 절차가 필요하다. 특히 당일 투숙하지 않는 노쇼(No Show)를 내지 않도록 하자.

민숙民宿이나 민박民泊은 개인이 운영하는 숙소인데, 민숙은 주인이 동거하지 않은 상태로 주택이나 일부 객실만을 빌려주는 곳이고, 민박은 주인이 함께 기거하면서 방을 빌려주는 곳이다. 그러나 민숙이나 민박을 개념대로 사용하지 않는 경우가 많다. 민박의 경우 일본어를 못할 때 언어적인 부담감이 다소 있지만 오히려 민박 체험이 여행에 있어 가장 기억에 남는다고 하니 특별한 여행을 원한다면 시도해 볼 만하다.

민숙이나 민박의 경우 일본 전통 가옥들이 많다. 일본의 가옥은 우리나라처럼 방바닥에 보온이 되지 않으며 히터에 의존하기 때문에 겨울에 방이 추울 수 있다. 춥다고 히터를 세게 틀면 건조해서 코와 입이 고생스럽다. 민숙이나 민박은 대부분 이러한 구조이니 남들보다 더 추위를 타는 여행자라면 추위에 대한 채비를 단단히 해야 한다.

대마도는 호텔이 다다미방으로 되어 있는 곳이 많은 편이다. 호텔 다다미방을 비롯해 민숙 혹은 민박 모두 장롱 안은 침구를 넣는 곳이다. 그 안에 캐리어를 보관하지 않도록 한다. 또한 방바닥이 다다미일 때는 캐리어를 질질 끌지 않도록 한다. 다다미가 망가질 수 있다.

일본 가옥은 경량제로 지어지기 때문에 옆방 소리가 고스란히 들리기도 한다. 말소리는 물론 코고는 소리까지 다 들릴 수 있다. 또한 방과 방 사이는 후스마襖라고 불리는 미닫이 문이 많아 보안이 되지 않는 곳도 있다. 민숙이나 민박 내 도난 사고는 극히 드물지만 오해의 소지가 없게 배낭이나 트렁크의 열쇠를 준비하는 것이 좋다.

민숙이나 민박에서는 조식이나 석식을 선택할 수 있다. 현지인 민박의 주 생업은 농업이나 어업이기 때문에 식사가 좋은 편이다. 식사 예약은 재료 준비상 사전 예약으로 진행되며 현지에서의 예약은 받지 않는 곳도 있다. 만약 저녁 식사를 예약했다면 시간에 맞추어 도착하도록 한다.

대마도는 섬이기 때문에 날씨에 따라 선박의 출항 여부가 결정된다. 기상 악화로 인한 결항일 경우 대부분의 호텔이나 민숙, 민박에서는 수수료 없이 예약을 취소, 환불해 주나 몇몇 숙박업소에서는 절대 불가능한 경우도 있으니 유의해야 한다.

> **TIP 30여 개의 현지인 민박 예약이 한국어로 가능하다?**
> 대마도에서 운영하는 일반 사단 법인 MIT一般社団法人MIT의 쓰시마 그린 블루 투어리즘 협회対馬グリーン・ブルーツーリズム協会는 대마도 현지인 민박 단체로서 약 30군데의 민박에 대한 예약 및 각종 체험을 운영하고 있다. 현지인 민박 주인 대부분이 농업이나 어업에 종사하기 때문에 방파제 낚시, 선상 낚시, 오징어 가공, 소바나 이리야키 그리고 센단고 등 만들기, 과일 따기, 표고버섯 재배, 숯 구이, 양봉 등 각종 체험을 유료로 할 수 있다. 현지인 민박의 경우 외국인들을 숙박시켜 본 경험이 없는 민박도 있기 때문에 일본어를 할 줄 모르면 숙박할 수 없는 곳도 있다. 현지인 민박 예약은 한국인 직원이 있어 카카오톡(ID : simko)으로 예약 가능하며 이름, 남녀별 인원, 초등학생 자녀 유무, 연락처, 메일, 숙박 날짜, 대략적인 일정, 렌터카 유무 등을 알려 주면 된다. 숙박료는 숙박만 5,000엔, 1박 조식 6,000엔, 1박 2식 7,800엔이다. 초등학생의 경우 숙박료가 다르다. 참고로 굴 요리로 유명한 우미코야 요시에이海小屋 吉栄를 운영하는 민박 요시에이도 이곳에서 예약할 수 있다.
> **홈페이지** tsushima-gbt.com, blog.naver.com/changhyun_e

이즈하라嚴原항 주변

마루야 호텔 丸屋ホテル [마루야호테루]   ♀ 34.201943, 129.287889

주소 対馬市厳原町国分 1409 **mapcode** 526 109 774 **위치** ❶ 티아라에서 도보 3분 ❷ 이즈하라항 국제터미널에서 도보 9분 **요금** 5,250엔~(1인당-숙박만), 6,300엔~(1인당-조식 포함), 8,400엔~(1인당-1박 2식 일반식), 10,500엔~(1인당-1박 2식 향토 요리) **전화** 0920-52-1970

쓰시마 시청 인근에 있다. 티아라 앞쪽 도로에서 떨어진 안쪽 주택가에 있어 도로변보다는 조용하다. 다다미방 18개, 침대방 5개를 갖추고 있다. 세면대와 화장실은 방마다 다 있으나 방 안에 욕실이 있는 방이 많지 않아 공중탕을 이용해야 한다. 무료 와이파이가 지원된다.

슈쿠보 쓰시마 서산사 宿坊対馬西山寺 [슈쿠보쓰시마세이잔지]   ♀ 34.201148, 129.287929

주소 対馬市厳原町国分 1453 **mapcode** 526 109 684 **위치** ❶ 티아라에서 도보 4분 ❷ 이즈하라항 국제터미널에서 도보 9분 **요금** 4,300엔~(1인당-숙박만), 5,000엔~(1인당-조식 포함) **전화** 0920-52-0444

서산사西山寺[세이잔지]는 2012년 6월까지 유스 호스텔로 운영되던 곳으로 조선과의 외교, 무역을 위해 설립했던 이테이안以酊庵이 있던 곳이다. 1868년 이테이안이 폐사되면서 다시 서산사가 이전해 오늘날에 이르고 있다. 우리나라 여행자들에게는 조선 통신사와 연관이 있는 역사적인 장소라 숙박지로도 인기가 높다. 사찰의 분위

기나 정원의 아름다움, 이즈하라항이 내려다보이는 전망 또한 이곳의 매력 중 하나다. 다다미방 3개, 트윈 룸 2개, 더블 룸 2개가 있는데 트윈 룸과 더블 룸에는 화장실과 욕실이 있으나 다다미방은 공동 화장실, 공동 욕실을 사용해야 한다. 에어컨과 TV 또한 침대방에만 있다.

호텔 미쓰와칸 ホテル美津和館 [호테루미쓰와칸] ♀ 34.202488, 129.287946

주소 対馬市厳原町国分 1421 **mapcode** 526 109 834 **위치** ❶ 티아라에서 도보 3분 ❷ 이즈하라항 국제터미널에서 도보 10분 **요금** 5,500엔(1인당-숙박만), 5,900엔(1인당-조식 포함) **홈페이지** mitsuwakan.jp **전화** 0920-52-0111

2014년 8월에 문을 연 비교적 최신 호텔이다. 위치도 쓰시마 시청 맞은편이라 이즈하라항 국제터미널이나 티아라 가기에 모두 좋다. 호텔 미쓰와칸은 싱글 룸 10개만 있는 미니 호텔이라 일행끼리 한 방에 투숙하지 못한다. 호텔 미쓰와칸은 연박 할인이 있으며 2층 베란다에 공용 세탁기가 있어 편리하게 이용할 수 있다. 조식 포함 시 조식은 죽 세트 또는 주먹밥 세트 중 하나를 선택할 수 있으며, 1층에 비스트로 판타카ビストロ パンタカ라는 파스타, 피자 전문점이 있어 야밤에 출출할 때 편리하게 이용할 수 있다.

호텔 벨포레 ホテルベルフォーレ [호테루베루포레] ♀ 34.204365, 129.288742

주소 対馬市厳原町今屋敷 660 **mapcode** 526 139 147 **위치** ❶ 티아라에서 도보 3분 ❷ 이즈하라항 국제터미널에서 도보 12분 **요금** 7,200엔~(1인당-숙박만), 8,000엔~(1인당-조식 포함) **홈페이지** belle-foret.com **전화** 0920-52-1301

싱글 룸(1인실)을 겸하는 세미 더블(2인실) 1개, 더블 룸(2인실) 18개, 트리플 룸(3인실) 2개 등이 있는 비교적 최신 호텔이다. 바로 옆에 티아라가 있어 쇼핑에는 최적이다. 2015년에 호텔로 개조한 곳으로 시설이 오래되지 않아 다른 곳보다 좀 더 높은 가격에도 불구하고 예약하기가 쉽지 않다. 호텔 벨포레에는 냉장고가 있어 좀 더 편하게 지낼 수 있다.

호텔 이즈하라 ホテル厳原 [호테루이즈하라] ♀ 34.204876, 129.289578

주소 対馬市厳原町今屋敷 650 **mapcode** 526 140 180 **위치** ❶ 티아라에서 도보 1분 ❷ 이즈하라항 국제터미널에서 도보 11분 **요금** 5,000엔~(1인당-조식 포함) **전화** 0920-53-5055

2015년 8월에 리뉴얼해 오픈한 호텔로 한국 여행사에서 운영하고 있다. 다다미방 16개에 객실 내 화장실, 욕실 등을 갖추고 있다. 객실은 2인실, 다인실 등이 있으며 인원수에 맞게 배정된다. 조식은 일본 가정식으로 제공되며 유카타 체험이 가능하다(1,000엔). 이곳은 종종 패키지여행객을 받을 때도 있으나 한국 여행사나 소셜 커머스 등에서 어렵지 않게 예약할 수 있다.

도요코인 쓰시마 이즈하라

東横イン対馬厳原 [도요코인쓰시마이즈하라]

📍 34.204247, 129.289800

주소 対馬市厳原町今屋敷 771-1 **mapcode** 526 140 091 **위치** ❶ 티아라에서 도보 1분 ❷ 이즈하라항 국제터미널에서 도보 10분 **요금** 6,264엔(싱글), 8,424엔(더블), 9,504엔(트윈) **홈페이지** toyoko-inn.com/hotel/00268 **전화** 0920-53-6145

2017년 3월 30일에 246개실로 오픈한 대마도 최신의 최대 호텔이다. 도요코인은 일본 및 우리나라, 필리핀 세부, 캄보디아, 독일 프랑크푸르트 등에 268개 호텔이 있으며 어느 나라, 어느 호텔을 가든지 획일화된 어메니티와 동일한 서비스를 제공하는 것이 특징이다. 폭넓은 체인망과 저렴한 가격, 깔끔한 시설로 일본 비즈니스맨들에게 인기가 많다. 무료 조식과 무료 와이파이를 제공한다. 싱글 룸 침대가 150cm인 더블 사이즈가 제공되며 초등학생 이하 동반 시 어메니티, 베개, 침구 등을 제공받지 않는다면 무료로 데리고 잘 수 있다. 주차장은 유료(1일 500엔)며 16대가 이용 가능하다. 반드시 사전 예약해야 하며 홈페이지에서 할인 예약이 가능하다. 또한 유료 회원 가입 시 추가 할인이 가능하다.

대마 호텔 ホテル対馬 [호테루쓰시마]

📍 34.203896, 129.290608

주소 対馬市厳原町今屋敷 765 **mapcode** 526 140 064 **위치** ❶ 티아라에서 도보 2분 ❷ 이즈하라항 국제터미널에서 도보 9분 **요금** 6,300엔~(1인당-숙박만), 7,100엔~(1인당-조식 포함), 8,360엔~(1인당-1박 2식) **전화** 0920-52-7711

도요코인 쓰시마 이즈하라가 생기기 이전 이즈하라에서 가장 큰 호텔이었다. 대마도의 터줏대감과 같은 호텔로서 버스와 택시를 갖고 있어 운송업을 겸한다. 전 객실이 양실이며 싱글 룸(1인실), 트윈 룸(2인실) 그리고 트리플 룸(3인실)으로 구성된다. 대마 호텔에는 금연실, 흡연실 구분이 없으니 만약 객실에서 냄새가 난다면 프런트에 냄새 제거를 부탁하면 된다. 참고로, 호텔 투숙객이라면 오전 7시부터 오후 7시 사이에 500엔으로 자전거 대여가 가능하다.

야나기야 호텔
柳屋ホテル [야나기야호테루]

📍 34.204220, 129.290582

주소 対馬市厳原町今屋敷 768 **mapcode** 526 140 094 **위치** ❶ 티아라에서 도보 2분 ❷ 이즈하라항 국제터미널에서 도보 9분 **요금** 5,700엔~(1인당-숙박만), 6,500엔~(1인당-조식 포함), 9,000엔~(1인당-1박 2식) **전화** 0920-52-0332

다다미방 4개를 비롯해 싱글 룸 8개, 트윈 룸 3개로 구성된 작은 호텔이다. 겨울에 침대방은 담요를 제공해 주며 다다미방은 요 위에 전기담요를 깔아 주므로 좀 더 따뜻하게 지낼 수 있다.

만송각 万松閣 [반쇼카쿠]

📍 34.204695, 129.290921

주소 対馬市厳原町田渕 808 mapcode 526 140 155 **위치** ❶ 티아라에서 도보 3분 ❷ 이즈하라항 국제터미널에서 도보 10분 **요금** 4,500엔~(1인당-숙박만), 5,000엔~(1인당-조식 포함), 7,000엔~(1인당-1박 2식) **홈페이지** banshoukaku-ron.com **전화** 0920-52-0021

만송각은 객실 내 욕실과 화장실을 갖춘 다다미방 6개, 침대방 4개로 이루어진 60여 년 전통의 일본 료칸이다. 고급 료칸은 아니지만 대마도의 숙박 시설을 고려해 볼 때 저렴한 가격에 료칸에서 묵어 볼 수 있다는 장점이 있다. 이곳은 식사로 향토 요리를 제공하고 있으니 식사에 좀 더 의의를 두는 여행자라면 묵어 볼 만하다. 사전 요청 시 이즈하라항까지 송영이 가능하다. 참고로 만송각은 RON이라는 중화요리집을 함께 운영하고 있는데, 이시야키와 나가사키짬뽕으로 유명하나 현재는 단체 손님을 위주로 받는다.

민숙 센료 民宿千両 [민슈쿠센료]

📍 34.203216, 129.291403

주소 対馬市厳原町大手橋 1073 mapcode 526 110 877 **위치** ❶ 티아라에서 도보 3분 ❷ 이즈하라항 국제터미널에서 도보 9분 **요금** 2,700엔~(1인당-숙박만), 3,600엔~(1인당-조식 포함), 5,400엔~(1인당-1박 2식) **전화** 0920-52-4406

민숙 센료의 강점은 식사 포함일 경우 우리나라 여행자들도 많이 찾는 센료 식당에서 식사를 한다는 점이다. 민숙이지만 타월, 칫솔, 치약, 샴푸, 보디워시 등이 제공되니 자잘한 짐들을 줄일 수 있다. 방은 5개며 샤워실이나 화장실은 공용으로 사용한다. 샤워실은 시간대별로 남녀 교차로 사용하고 그 외 시간은 자유롭게 사용하면 된다. 주의해야 할 점은 일본의 주택들은 방음이 잘 되지 않으니 우리의 보통 말소리가 상당히 시끄러운 소음으로 들릴 수 있다는 점을 기억하자.

민숙 오렌지

民宿オレンジ [민슈쿠오렌지]

📍 34.202717, 129.291671

주소 対馬市厳原町大手橋 1088 mapcode 526 110 848 **위치** ❶ 티아라에서 도보 3분 ❷ 이즈하라항 국제터미널에서 도보 8분 **요금** 4,000엔~(1인당-숙박만), 4,600엔~(1인당-조식 포함) **홈페이지** blog.naver.com/orangeminsuk **전화** 070-7592-7080, 0920-52-8244

2015년 5월에 문을 연 한국인이 운영하는 민숙으로, 다다미방 7개가 있다. 이즈하라 중심가와 가깝고 주변이 조용하며 깨끗하게 잘 관리돼 있어 우리나라 여행자들에게 인기다. 주인장이 한국인이라 여행 정보 얻기도 편하고 배편 결항 등 비상사태(?) 때 도움을 구하기도 좋다.

쓰타야 호텔 ツタヤホテル [츠타야호테루] 📍 34,201882, 129,291202

주소 対馬市厳原町大手橋 1053 **mapcode** 526 110 756 **위치** ❶ 티아라에서 도보 4분 ❷ 이즈하라항 국제터미널에서 도보 6분 **요금** 5,940엔~(1인당-숙박만), 6,800엔~(1인당-조식 포함), 8,300엔~(1인당-1박 2식) **전화** 0920-52-0806

다다미방 1개, 세미 더블 겸용 싱글 룸 12개, 트윈 룸 9개로 다소 오래된 느낌의 호텔이지만 이즈하라항 국제터미널이나 시내 중심가로 이동이 편해서 지낼 만하다. 객실 내 시설이나 용품들은 교체한 것이 많아 쾌적하게 지낼 수 있다. 최근에는 패키지여행에서 많이 이용하기 때문에 조용한 분위기를 원한다면 다른 호텔을 우선 고려해 보는 것도 좋다. 객실 내 와이파이가 제공된다.

호텔 금석관 ホテル金石館 [호테루킨세키칸] 📍 34,201466, 129,290689

주소 対馬市厳原町今屋敷 739 **mapcode** 526 110 694 **위치** ❶ 티아라에서 도보 4분 ❷ 이즈하라항 국제터미널에서 도보 7분 **요금** 6,696엔~(1인당-숙박만), 7,560엔~(1인당-조식 포함), 8,856엔~(1인당-1박 2식) **전화** 0920-52-0154

트윈 룸 1개와 싱글 룸 47개로 구성된 비즈니스호텔이다. 5회 이용 시 5% 할인권을 준다. 위치 또한 이즈하라항 국제터미널에서 5분 거리로 매우 가까운 데다가 중심가로도 이동이 편해 여행하기 좋다. 단, 이곳은 유선 랜만이 있으니 와이파이가 필요하다면 별도의 준비를 해야 한다. 조식은 뷔페식으로 제공되며 오전 11시부터 오후 2시까지는 1인당 864엔이라는 저렴한 가격에 점심 뷔페를 맛볼 수 있다. 가짓수는 많지 않지만 커피에다가 과일, 아이스크림까지 제공되니 다른 호텔에 투숙한 여행자라도 조식 불포함이었다면 늦은 아침 식사를 먹을 겸 들러 볼 만하다.

민숙 페코짱 렌털 하우스 📍 34,201193, 129,291080
民宿ペコちゃんレンタルハウス [민슈쿠페코찬렌타루하우스]

주소 対馬市厳原町大手橋 1214 **mapcode** 526 110 666 **위치** ❶ 티아라에서 도보 5분 ❷ 이즈하라항 국제터미널에서 도보 6분 **요금** 1층 7,000엔(2인 기준, 식사 없음), 2층 10,000엔(3인 기준, 식사 없음) **홈페이지** www.scubadiving-joujou.jp/js-00-index.htm **전화** 0920-52-1716

민숙 페코짱에서 위클리 하우스로 운영하던 곳을 렌털 하우스로 개조한 곳이다. 이즈하라 중심가에 있어 쇼핑이나 관광하기 좋다. 2층 건물로서 한 층을 통째로 쓴다. 각 층에 방을 비롯해 주방과 거실, 화장실과 욕실 등이 갖춰져 있으며 1층은 2인까지 1박 요금이 7,000엔이고 1인 추가 시 2,000엔씩 추가 요금을 내면 된다. 2층은 3인까지 1박 요금이 10,000엔이고 1

인 추가 시 4,000엔의 추가 요금이 있다. 이곳은 3박 이상의 연박만 가능하며 식사는 제공하지 않는다. 이곳은 숙박일 기준 일주일 이내 취소 시 수수료가 있으니 유의해야 한다.

쓰시마 대아 호텔　対馬大亜ホテル [쓰시마다이아호테루]　♀ 34.205050, 129.297157

주소 対馬市厳原町東里 223　**mapcode** 526 140 207　**위치** ❶ 티아라에서 차로 5분 또는 도보 18분 ❷ 이즈하라항 국제터미널에서 차로 4분 또는 도보 21분　**요금** 5,500엔(1인당-숙박만, 토요일에는 6,500엔), 6,500엔(1인당-조식 포함, 토요일에는 7,500엔)　**전화** 0920-52-3737

이사리비 공원 인근에 있는 호텔로서 이즈하라 중심가에서는 멀지만 바다를 조망할 수 있어 인기가 있다. 대아고속해운을 운영하는 포항의 대아그룹에서 운영하는 호텔이기 때문에 우리나라 여행자들이 좀 더 편안하게 지낼 수 있다. 다다미방 6개, 더블 룸 4개, 트윈 룸 16개를 비롯해 단체 손님을 위한 4인실, 6인실도 있다. 객실 내 욕실과는 별도로 남녀별 공중탕이 마련돼 있어 오전 9시부터 정오까지, 오후 5시부터 9시까지 무료로 이용할 수 있다. 와이파이는 로비에서만 가능하다.

뷰 호텔 미즈키　ビューホテル観月 [뷰호테루미즈키]　♀ 34.202379, 129.296634

주소 対馬市厳原町東里 238-12　**mapcode** 526 110 836　**위치** ❶ 티아라에서 차로 5분 또는 도보 17분 ❷ 이즈하라항 국제터미널에서 차로 4분 또는 도보 15분　**요금** 4,800엔~(1인당-숙박만), 문의(1인당-조식 포함), 문의(1인당-1박 2식)　**전화** 0920-52-2188

이즈하라 중심가에서는 다소 멀리 떨어져 있다는 불편함이 있지만, 날씨가 좋을 때는 뷰 호텔이라는 이름답게 대마도 인근 해역까지 조망할 수 있으므로 전망이 좋다. 이 호텔은 14개 객실을 갖추고 있는데 우리나라 온돌바닥이라 호텔보다는 우리나라 민박과 같은 느낌이 든다. 체크인은 오후 1시, 체크아웃은 오전 11시로 대부분의 호텔이 체크인 오후 3시, 체크아웃 오전 10시인 것에 비해 보다 여유롭다. 인터넷은 4개의 객실에 한해 제공되니 호텔에 문의하거나 각자 준비하는 것이 낫다.

쓰시마 이즈하라 펜션

対馬いづはらペンション [쓰시마이즈하라펜션]

📍 34.200125, 129.297229

주소 対馬市厳原町東里 2681　**mapcode** 526 110 568　**위치** ❶ 티아라에서 차로 5분 또는 도보 17분 ❷ 이즈하라항 국제터미널에서 차로 3분 또는 도보 12분　**요금** 4,320엔(1인당-4인 1실 비수기 평일), 8,100엔(1인당-4인 1실 성수기 주말) *객실당 3,240엔 추가(오션 뷰 선택시)　**전화** 0920-52-5701

미우다 펜션을 운영하는 주인장이 2017년 1월에 오픈한 최신 펜션으로 26개 객실을 갖추고 있다. 11개 동은 1동당 2개의 객실이 있으며 1개의 객실에 기본 2명, 최대 4명까지 투숙 가능하다. 복층 시설의 단체 2개 동은 1동당 12명이며 최대 16명까지 투숙 가능하다. 펜션 바닥이 온돌이라 따뜻하게 지낼 수 있고 침구를 비롯해 각종 전자 제품이 불편함 없도록 갖춰져 있다. 단, 샴푸, 칫솔, 치약, 타월 등은 본인이 준비해야 한다(대여 가능). 요금은 인원, 시즌, 요일, 오션 뷰 등에 따라 달라지기 때문에 예약 시 문의해야 한다. 체크인(15:00) 이전이나 체크아웃(10:00) 이후로 객실을 더 쓰고 싶다면 1시간당 1,080엔을 내면 된다. 객실 내 에어컨과 TV는 있으며 객실 내에서 무료 와이파이가 가능하다. 전압도 220V라 별도로 돼지코를 준비하지 않아도 된다. 오전 10시와 오후 3시에 티아라까지 무료 송영 서비스도 있다.

민숙 페코짱

民宿ペコちゃん [민슈쿠페코찬]

📍 34.186293, 129.283915

주소 対馬市厳原町久田 722　**mapcode** 526 049 880　**위치** ❶ 티아라에서 차로 5분 또는 도보 26분 ❷ 이즈하라항 국제터미널에서 차로 5분 또는 도보 28분 ❸ 이즈하라(厳原)에서 이즈하라 시내 순환선(厳原市内循環線) 타고 쿠타(久田) 버스 정류장 하차(20분 소요, 1일 4회 운행) 후 도보 3분 ❹ 이즈하라(厳原)에서 구타·아가미선(久田·安神線) 버스 타고 쿠타(久田) 버스 정류장 하차(5분 소요, 평일 1일 9회 운행) 후 도보 3분 ❺ 이즈하라(厳原)에서 나이인선(内院線) 타고 쿠타(久田) 버스 정류장 하차(5분 소요, 1일 2회 운행) 후 도보 3분 ❻ 이즈하라(厳原)에서 우치야마(内山)·구네하마(久根浜)·고쓰키(上槻)행 버스 타고 쿠타(久田) 버스 정류장 하차(5분 소요, 평일 1일 2회 운행, 토요일 1일 1회 운행, 일요일 및 공휴일 운휴) 후 도보 3분　**요금** 4,200엔~(1인당-숙박만), 5,000엔~(1인당-조식 포함), 6,000엔(1인당-석식 포함), 6,800엔~(1인당-1박 2식)　**홈페이지** www.scubadiving-joujou.jp/js-00-index.htm　**전화** 0920-52-1716

민숙 페코짱은 이즈하라항 국제터미널에서 도보로 28분 거리에 있는 구타 지역에 위치한다. 스쿠버 다이빙 하우스를 함께 운영하고 있어 숙박과 함께 스쿠버 다이빙 강습 혹은 체험을 해 볼 수 있다. 위의 요금에다가 6,500엔을 추가하면 점심 식사가 포함된 비치 다이빙 2회가 가능하다. 11,500엔을 추가하면 점심 식사가 포함된 체험 다이빙 1회 또는 보트 다이빙 2회를 할 수 있다. 장비는 별도로 준비 혹은 대여해야 한다. 다이빙은 5월부터 9월에 가능하며 주말에는 1인도 가능하다.

히노키 산소 쓰시마   檜山荘対馬 [히노키산소 쓰시마]   ♀ 34.223873, 129.297372

주소 対馬市厳原町南室 34-25 **mapcode** 526 200 448 **위치** ① 티아라에서 차로 8분 ② 이즈하라항 국제터미널에서 차로 9분 **요금** A동 : 6,400엔~(1인당-숙박만), 7,200엔(1인당-조식 포함) / B동 : 6,600엔~(1인당-숙박만), 7,400엔~(1인당-조식 포함) **홈페이지** www.sea.tccctv.ne.jp/hinoki3sou-24ma/kindex.html **전화** 0920-52-1776, 090-5480-8386

히노키 산소 쓰시마는 복층으로 2동이 있으며 2인 이상 예약이 가능하다. 한 동 전체를 빌려 쓰기 때문에 가족 또는 단체가 지내기 좋다. 특히 A동은 4인에서 8인까지 25,000엔, B동은 5인에서 8인까지 28,000엔으로 할인되며 기준 인원 외 1인 추가 시 2,500엔씩 추가 지불하면 된다. 11세 이하의 어린이 요금이 적용된다. 각 동에 화장실, 욕실이 있으며 냉장고, 전자레인지, 커피 메이커, 커피 머신 등을 비롯해 양념과 식기들이 갖춰져 있어 취사도 가능하다. 연박 시 숙박 요금 전체에서 2,000엔이 할인되고 일주일 이상은 10%가 할인된다. 바다를 바라보면서 통나무 바비큐(숯 5kg 포함 도구 대여, 2,500엔), 수제 피자 체험(가마 대여 2,500엔), 진주 액세서리 만들기 체험(강습료 500엔, 재료비 별도)도 가능하다. 홈페이지(영어)에서 직접 예약이 가능하다.

쓰시마 그랜드 호텔   対馬グランドホテル [쓰시마구란도호테루]   ♀ 34.258508, 129.322592

주소 対馬市美津島町鶏知甲 41-10 **mapcode** 526 323 599 **위치** ① 티아라에서 차로 15분 ② 이즈하라항 국제터미널에서 차로 18분 ③ 이즈하라(厳原)에서 히타카쓰(比田勝)・쓰시마뵤인(対馬病院)・쓰시마쿠코(対馬空港)・아카시마(赤島)・이누보(犬吠)・니이(仁位)행 버스 타고 타카하마(高浜) 버스 정류장 하차(15~20분 소요, 평일 26회 운행) 후 도보 10분 ④ 히타카쓰항 국제터미널에서 차로 102분 **요금** 8,790엔~(1인당-조식 포함), 13,110엔~(1인당-1박 2식) **홈페이지** tsushima-grandhotel.com **전화** 0920-54-9100

대마도에서 가장 좋은 호텔 중 하나다. 침대방, 다다미방, 화양실 등 23개 객실이 있으며 전 객실 오션 뷰로 객실 내에서 일출은 물론 밤에는 오징어잡이 배의 불빛을 볼 수 있다. 쓰시마 그랜드 호텔은 대마도 유일의 온천 호텔로 객실에서도 온천욕을 즐길 수 있으며 투숙객에 한해 호텔 내 가이보노유海望の湯를 무료로 이용할 수 있다. 호텔 바로 앞에 있는 대마도에서 가장 오래된 다마노유眞珠の湯 역시 투숙 시 무료 이용이 가능하다. 먹을 만한 조식, 맛있는 빵집 그리고 결혼식장으로 사용되는 조그마한 교회로의 산책 또한 이곳에 숙박한다면 빼놓지 말아야 할 것들이다.

히타카쓰比田勝항 주변

쓰시마 호텔 플라자 つしまホテルプラザ [쓰시마호테루푸라자]   ♀ 34.656715, 129.469341

주소 対馬市上対馬町比田勝 981-3 **mapcode** 539 866 378 **위치** 히타카쓰항 국제터미널에서 도보 1분 **요금** 5,400엔~(1인당-숙박만), 6,264엔~(1인당-조식 포함), 7,884엔~(1인당-1박 2식) **전화** 0920-86-3216

히타카쓰항 국제터미널에서 1분 거리에 있는 호텔이다. 다다미방 4개, 싱글 룸 10개, 트윈 룸 2개, 더블 룸 1개, 트리플 룸 4개가 있다. 객실은 3층 건물의 3층에 위치해 있으며 2층은 레스토랑이다. 대마도 대부분의 호텔이 그러하듯 이 호텔도 엘리베이터가 없어 짐이 많거나 무겁다면 다소 불편할 수 있다.

민숙 히타카쓰 民宿比田勝 [민슈쿠히타카츠]   ♀ 34.652911, 129.467746

주소 対馬市上対馬町比田勝 11-5 **mapcode** 539 836 882 **위치** 히타카쓰항 국제터미널에서 도보 10분 **요금** 4,500엔~(1인당-조식 포함), 6,860엔~(2인 이상 1인당-1박 2식), 7,400엔(1인당-1박 2식) **홈페이지** hitakatsu.com **전화** 090-1966-8439

한국어가 가능한 일본인 주인장을 비롯해 지배인과 요리사가 한국인이라 언어적인 어려움이 없는 곳이다. 일반 여행자들을 비롯해 낚시나 등산을 목적으로 하는 여행자들에게 선상낚시 알선 및 등산 가이드도 겸하기 때문에 여러모로 편리하게 지낼 수 있다.

민숙 니시토마리 民宿西泊 [민슈쿠니시토마리]   ♀ 34.656715, 129.478311

주소 対馬市上対馬町西泊 267 **mapcode** 539 867 380 **위치** 히타카쓰항 국제터미널에서 차로 4분 또는 도보 20분 **요금** 4,000엔~(1인당-숙박만), 4,500엔~(1인당-조식 포함), 6,000엔~(1인당-1박 2식) **전화** 0920-86-2685

2017년 3월에 문을 연 신관에는 다다미방 5개, 별관에는 다다미방 3개가 있다. 신축 건물인 신관은 히노키나무로 벽을 마감한데다가 방 안에서 항구의 전경을 볼 수 있어 투숙객들의 만족도가 높다. 별관은 다소 낡았으나 주택 전체를 빌릴 수 있으므로 인원이 많은 가족이나 동호회 등 단체가 편리하게 이용할 수 있다. 일본어 메일(taks3942@sky.tcctv.ne.jp)로 예약이 가능하며 사전 요청 시 히타카쓰항 국제터미널로 송영도 가능하다.

가미소 花海荘 [카미소]

📍 34.655322, 129.482677

주소 対馬市上対馬町西泊 390 **mapcode** 539 868 215 **위치** 히타카쓰항 국제터미널에서 차로 9분 또는 도보 26분 **요금** 6,200엔~(1인당-숙박만), 7,080엔~(1인당-조식 포함), 9,280엔~(1인당-1박 2식) **홈페이지** kamiso.jp **전화** 0920-86-3120, 0920-86-3721

2010년 4월 이전에는 국민 숙사 가미쓰시마소 上対馬荘 였던 곳이다. 상대마도에서 가장 좋은 호텔이자 대마도 전체에서 이름 있는 호텔로 손꼽힌다. 다다미방 18개, 트윈 룸 4개, 더블 룸 4개가

있으며 각 객실 내 화장실이 있으나 욕실은 없다. 그 대신 공중탕이 있어 나름 운치 있게 지낼 수 있다. 가미소의 장점은 높은 언덕에 있어 전망이 좋다는 것이다. 바다가 보이는 객실에 묵는다면 그것 하나만으로도 대마도 여행이 만족스러울 만큼 멋진 풍경을 볼 수 있다. 가미소는 1일 2회 투숙객들에게 무료 송영 서비스를 제공하는데, 오전 10시와 오후 3시에 가미소를 출발하며 히타카쓰항 국제터미널에서는 오전 10시 15분과 오후 3시 15분에 출발한다. 무료 송영 서비스를 이용하려면 사전 예약을 해야 한다. 숙박 예약은 실시간은 아니지만 인터넷으로 예약이 가능하다.

도노사키 방갈로 & BBQ

📍 34.663603, 129.489577

殿崎バンガロー&BBQ [토노사키반가로앤비비큐]

주소 対馬市上対馬町西泊字戸ノ崎 **mapcode** 539 899 210 **위치** ① 히타카쓰항 국제터미널에서 차로 8분 또는 도보 45분 ② 히타카쓰항 국제터미널에서 와니우라·히타카쓰 순환선(鰐浦·比田勝循環線) 타고 니시토마리(西泊) 버스 정류장 하차 후 도보 20분(내리고 싶은 곳에서 승하차 가능) **요금** 7,200엔(1동당-11~3월 전체, 4~10월 평일), 8,400엔(1동당-4~10월 토요일과 연휴 전날), 1동당 4인 기준, 최대 인원 5명, 5명째 추가 요금 있음 **전화** 0920-86-2685

2017년 5월에 새로 문을 연 곳으로, 도노사키 공원이나 미우다 해수욕장이 가까이 있어 느긋하게 휴식하면서 관광하기 좋다. 이곳은 방갈로당 요금을 책정하기 때문에 보다 저렴하게 숙박할 수 있다. 단, 침구류는 직접 준비해야 하며 대여도 가능하다. 대여 시 1인 1박당 침낭은 500엔, 이불 세트는 1,000엔이다. 만약 이불을 대여한다면 방갈로당 3명 이내의 숙박만 가능하다. 5개의 방갈로가 있으며 욕실과 화장실은 공동으로 사용하는데 화장실이 야외에 있는 것이 다소 불편하다. 이곳에서는 바다를 보면서 바비큐도 가능한데 재료를 가져왔을 때는 대인 800엔, 소인 400엔, 바비큐 재료 포함 시 대인 2,000엔, 소인 1,500엔이다. 숯, 철망, 집게 등은 제공되며 접시, 젓가락 등은 개별적으로 준비해야 한다. 바비큐 이용 시간은 11:00~15:00, 17:00~20:30이고 투숙객이 아니라도 이용 가능하다.

쓰시마 미우다 펜션 対馬みうだペンション [쓰시마미우다펜션] ♀ 34.669264, 129.480202

주소 対馬市上対馬町西泊 1201 mapcode 539 897 837 **위치** ❶ 히타카쓰항 국제터미널에서 차로 4분 또는 도보 29분 ❷ 히타카쓰항 국제터미널에서 와니우라·히타카쓰 순환선(鰐浦·比田勝循環線) 타고 나기사노유(渚の湯) 버스 정류장 하차(8분 소요, 1일 2회 운행) 후 도보 5분 **요금** 4,700엔(1인당-2인 1실, 1~5월 평일), 5,000엔(1인당-2인 1실, 6~9월 평일, 연중 금, 토, 일), 4,800엔(1인당-2인 1실, 10~12월 평일), 반액(5~11세), 무료(4세이하) **홈페이지** www.miudapension.info/miuda **전화** 0920-86-3110

쓰시마 미우다 펜션 주변에는 미우다 해수욕장을 비롯해 나기사노유가 있어 관광과 온천 그리고 휴식 모두를 해결할 수 있다. 미우다 펜션은 우리나라 온돌로 되어 있으며 히노키 나무로 마감해 산림욕을 하는 기분마저 든다. 각종 전자 제품을 갖추고 있어 취사가 가능하다. 침구류는 준비돼 있으나 샴푸, 치약, 칫솔, 수건 등은 개인이 준비해야 한다(수건 대여 200엔). 이곳은 1, 2층에 각각 2개의 객실을 갖춘 개별 2동과 단층에 2개의 객실을 갖춘 개별 1동 그리고 복층으로 3개의 객실을 갖춘 단체 2동으로 구성돼 있다. 바비큐 장비 대여는 1,500엔이고 바비큐 재료는 각자 준비해야 한다. 바비큐 이용 시간은 18:00~21:00이다.

민박 나쓰마루 民泊なつまる [민바쿠나츠마루] ♀ 34.651418, 129.474327

주소 対馬市上対馬町網代 516-1 mapcode 539 837 695 **위치** 히타카쓰항 국제터미널에서 차로 4분 또는 도보 21분 **요금** 4,500엔(1인당-조식 포함), 5,800엔(1인당-1박 석식), 6,300엔(1인당-1박 2식) **홈페이지** blog.naver.com/lutenist1/221021636449 **전화** 0920-86-4328

일본인 노부부가 운영하는 민박으로, 할아버지가 직접 잡아 온 각종 해산물을 식사로 제공한다. 가성비가 우수한 식사 때문에 우리나라 여행자들에게 인기가 높다. 더욱이 한국인 블로거가 무료 예약 대행을 해주기 때문에 더욱 편리하게 예약이 가능하다. 사전 예약 시 히타카쓰항 국제터미널까지 송영도 가능하다. 일본 여행을 하면서 현지인들이 살아가는 모습을 체험해 보고 싶다면 추천할 만한 곳이다.

미나토야 료칸 みなと屋旅館 [미나토야료칸] ♀ 34.640596, 129.395137

주소 対馬市上県町佐須奈乙 1080 mapcode 539 797 440 **위치** ❶ 히타카쓰항 국제터미널에서 차로 18분 ❷ 히타카쓰항 국제터미널에서 이즈하라(厳原)행 버스 타고 사스나(佐須奈) 버스 정류장 하차(23분 소요, 1일 5회 운행) 후 도보 4분 **요금** 5,000엔~(1인당-숙박만), 5,500엔~(1인당-조식 포함), 6,500엔~(1인당-1박2식) **전화** 0920-84-2023

어촌 마을의 풍경만으로도 힐링이 되는 듯한 사스나에 위치해 있는 료칸이다. 대마도의 다른 료칸들처럼 고급 료칸을 기대하면 한참 실망할 터이고 민박 수준이라 보면 된다. 다다미방 7개, 싱글 룸 1개가 있으며 각 객실에 화장실, 욕실이 있어 편하게 숙박할 수 있다. 료칸이지만 침구는 스스로 깔고 개야 하며 식사는 가정식으로 제공된다.

펜션 히노키노모리 ペンションひのきの森 [펜션히노키노모리]   📍 34.635203, 129.400863

주소 対馬市上県町佐須奈甲 1075-2 **mapcode** 539 768 761 **위치** ❶ 히타카쓰항 국제터미널에서 차로 19분 ❷ 히타카쓰항 국제터미널에서 이즈하라(厳原)행 버스 타고 사스나(佐須奈) 버스 정류장 하차(23분 소요, 1일 5회 운행) 후 도보 9분 **요금** 4,000엔~(1인당-숙박만), 4,500엔~(1인당-조식 포함) **전화** 090-4585-8615, 010-3588-0889(카카오톡 ID : cho0889)

2015년 8월에 문을 연 곳으로, 펜션 주인장이 히노키 목재 공장을 함께 운영하고 있어서 펜션을 계속 짓기 때문에 객실 수가 계속 늘고 있다. 펜션 이름처럼 편백나무 숲에 들어온 듯한 느낌이 가득하다. 은은한 향과 나무 목재의 감촉이 안정감을 준다. 객실은 바닥이 다다미로 되어 있는 곳과 나무로 되어 있는 곳이 있다. 다다미방은 객실 내 욕실과 화장실이 있으나 마룻바닥 방은 욕실과 화장실을 공동으로 사용해야 한다. 최근에는 객실 내 욕실과 화장실을 갖춘 우리나라식 온돌방도 만들었다. 이곳은 배를 갖고 있어서 배낚시도 가능하다. 4명 정원에 4시간에 20,000엔부터 시작한다.

우리들 펜션 ウリドゥルペンション [우리도루펜션]   📍 34.634012, 129.402145

주소 対馬市上県町佐須奈甲 1268-2 **mapcode** 539 768 645 **위치** ❶ 히타카쓰항 국제터미널에서 차로 19분 ❷ 히타카쓰항 국제터미널에서 이즈하라(厳原)행 버스 타고 사스나(佐須奈) 버스 정류장 하차(23분 소요, 1일 5회 운행) 후 도보 12분 **요금** 4,000엔~(1인당-숙박만), 4,600엔~(1인당-조식 포함), 반액(3~8세), 무료(2세 이하) *여름에는 1인 500엔 추가 **홈페이지** blog.naver.com/zontag **전화** 080-8579-6567(카카오톡용:010-5515-5250)

한국인이 운영하는 곳으로, 연수원으로 사용하던 건물이라 기숙사 같은 느낌을 준다. 온돌방 9개, 다다미방 1개, 벽면과 바닥을 히노키 나무로 마감한 히노키 방 1개가 있다. 남녀 별도의 샤워실과 화장실이 있으며 객실 내에도 간단하게 샤워를 할 수 있는 화장실이 있다. 각 방은 2인 기준이며 3인 숙박 시 1인당 500엔이 할인된다. 예약은 2인 기준 50,000원 예약금을 입금한 후 나머지 금액은 현지에서 체크인 시 엔화로 현금 지불하면 된다. 사전 예약 시 슈퍼 밸류 다케스에 오우라점スーパーバリュータケスエ大浦店에서 송영도 가능하며 주인장이 직접 운전해 주는 10인승 차량 렌트도 가능하다.

Daemado

여행 정보 대마도

대마도 기본 정보
대마도 여행 준비
대마도 여행 준비물
부산항 국제여객터미널 가기
입출국 준비하기
대마도 들어가기
시내 들어가기
대마도 내에서의 교통편

대마도 기본 정보

면적 면적은 708.65km²로서 제주도(1,849.02km²)의 반보다 작고, 울릉도(72.56km²)보다는 10배 정도 크다. 남북으로는 82km, 동서로는 18km로 남북으로 길다. 인구는 2017년 10월 말 현재 31,454명이다. 서울의 인구 밀도는 16,492人/km²인 반면 대마도의 인구 밀도는 42.9人/km²이다.

위치 동경 129도, 북위 34도에 위치해 있으며 부산에서는 49.5km, 후쿠오카에서는 132km로 한국과 훨씬 가깝다. 맑은 날에는 한국 전망소나 이국이 보이는 언덕 전망탑, 사오자키 공원 등에서는 부산의 산세나 아파트 등이 보이기도 한다.

구성 대마도는 1900년 아소만에 있던 일본 해군 군함을 동쪽으로 빠르게 이동시키기 위해 동쪽의 미우라만三浦湾을 연결하는 인공 해협을 파기 전까지는 하나의 섬이었다. 이후 2개의 섬으로 나뉘어 만관교万関橋[만제키바시]로 연결되며 히타카쓰항이 있는 가미시마上島 또는 상대마도上対馬 그리고 아즈하라항이 있는 시모시마下島 또는 하대마도下対馬로 나뉜다. 본섬 주변에는 유인도 5개를 포함한 109개의 섬으로 이루어져 있다.

행정 옛날 대마도의 정식 명칭은 쓰시마후추번対馬府中藩이다. 이즈하라에 쓰시마 번주의 성이 있어 이즈하라번厳原藩으로도 불렸으며 일반적으로는 쓰시마번対馬藩으로 불렸다. 2004년 3월 1일 이즈하라마치厳原町, 미쓰시마마치美津島町, 도요마치豊玉町, 미네마치峰町, 가미아카타마치上県町 그리고 가미쓰시마마치上対馬町 등 6개마치町를 통합해 쓰시마시対馬市로 발족했다.

기후 우리나라와 비슷하다. 여름에는 더 덥고 겨울에는 덜 춥다. 대마도는 규슈 지역과 함께 태풍이 지나가는 길목에 위치해 여름과 가을에 태풍이 잦은 편이다. 대마도행 선박의 운항은 파도의 높이와 바람의 세기에 따라 결정되니 출발 전, 아래 사이트를 참고하는 것이 좋다.
파도 높이 안내 www.imocwx.com/cwm.php

시차 우리나라와 동일하다.

화폐 화폐 단위는 엔円이며 지폐는 1,000, 2,000, 5,000, 10,000엔권이 있다. 2,000엔권은 2000년 오키나와 주요 8개국 정상 회담 개최를 기념하기 위해 발행한 것으로 오키나와에서는 많이 유통되고 있으나 일본 본토에서는 잘 사용하지 않는다. 자동판매기 등에서 사용할 수 없는 경우도 있지만 통용되지 않는 것은 아니다. 동전은 1, 5, 10, 50, 100, 500엔짜리가 있다.

> **TIP 시마토쿠**しまとく **판매 중지**
>
> 나가사키현에서 대마도를 비롯한 3개 시와 3개 초町의 관광 활성화 및 지역 경제를 위해 발행했던 지역 화폐다. 1천 엔짜리 6장이 한 묶음으로 5천 원에 판매돼 20%의 할인 효과가 있어 알뜰 여행에 도움이 됐다. 그러나 2016년 1월부터 대마도에서는 시마토쿠의 판매가 중단돼 더 이상 사용할 수 없다.

비자 대한민국 여권 소지자는 2005년 3월 1일부터 관광 목적 등 90일 이내의 단기 체류일 때 비자를 면제해 주고 있다. 여권의 유효 기간은 최소한 한국으로 돌아오는 날까지 남아 있으면 된다.

세관 일본 입국 시 면세는, 주류는 3병(1병당 760ml 정도), 담배 400개비다. 대한민국 입국 시 1인당 600달러까지 면세다.

긴급 연락처 언어적인 문제로 곤란한 일이 생겼거나 문제가 발생했을 때 이용할 수 있는 서포트 전화가 있다. 낮에는 관광 물산 협회(전화 : 0920-86-4838), 저녁에는 가미소 호텔(전화 : 0920-86-3120)로 하면 된다.

공휴일 국경일이 일요일과 겹칠 때는 그다음 날인 월요일도 공휴일이다. 12월 29일~1월 3일 기간 중 박물관, 전시관 등은 대체로 휴관하나 일반적인 관광지나 상점들은 대부분 문을 열어 여행에 심각한 차질을 주지 않는다. 단, 대마도 여행에서 음식점이나 상점은 부정기 휴일이 많아 주인장 마음대로 쉬는 경우가 많으니 꼭 방문해야 할 곳이라면 사전에 연락을 취해 보는 것이 낫다.

국경일
1월 1일 정월 초하루
1월 둘째 주 월요일 성인의 날
2월 11일 건국 기념일
3월 20일 또는 3월 21일 춘분
4월 29일 녹색의 날
5월 3일 헌법 기념일
5월 5일 어린이날
7월 셋째 주 월요일 바다의 날
9월 셋째 주 월요일 경로의 날
9월 23일 또는 9월 24일 추분
10월 둘째 주 월요일 체육의 날
11월 3일 문화의 날
11월 23일 근로 감사의 날
12월 23일 일왕 탄생일

> **TIP 여권을 분실 또는 도난당했다면**
>
> 여권은 여행 내내 보관에 유의해야 한다. 만약 분실이나 도난으로 여권을 잃어버렸다면 대마도에서는 해결할 방법이 없고 배나 비행기를 타고 후쿠오카로 가서 후쿠오카 대한민국 총영사관에 방문해 단수 여권이나 여행 증명서를 재발급받아야 한다. 총영사관 방문 전 대마도에 있는 가까운 경찰서나 파출소交番[코반]를 방문해 분실 신고 후 분실 신고 번호를 받는다. 여권 분실에 대비해 여권 사본, 사진 2장을 여권과 분리해 보관하는 것이 좋으며 여권 재발급 시에는 신분증(주민등록증, 국제 운전면허증, E-TICKET 중 1개)을 제시해야 한다. 수수료는 환율에 따라 수시로 변동되며 후쿠오카 대한민국 총영사관에서 확인할 수 있다.
>
> **주소** 福岡市中央区地行浜 1-1-3(1-1-3, Jigyohama, Chuo-ku, Fukuoka) **위치** 후쿠오카 지하철 도진마치(唐人町)역 1번 출구에서 도보 9분 **홈페이지** jpnfukuoka.mofa.go.kr **전화** 092-771-0461~2 **긴급 연락처**(근무 시간 외 휴일 및 야간) 080-1776-3653, 090-1367-3638 **외교부 영사 콜센터** 82-2-3210-0404

🛈 관광 안내소

히타카쓰항 국제터미널 比田勝港国際ターミナル 관광 안내소

주소 対馬市上対馬町比田勝 958-11 **위치** ❶ 히타카쓰항에 위치 ❷ 히타카쓰버스센터에서 도보 12분 **시간** 8:45~17:30 **휴무** 12월 29일~1월 3일

이즈하라항 국제터미널 厳原港国際ターミナル 관광 안내소

주소 対馬市厳原町東里 341-24 **위치** ❶ 이즈하라항에 위치 ❷ 티아라에서 도보 12분 **시간** 8:45~16:30(선박 운항이 끝나는 시간까지) **휴무** 연말연시 및 선박 운항이 없는 날

관광 정보관 후레아이토코로 쓰시마 観光情報館 ふれあい処つしま

주소 対馬市厳原町今屋敷 672-1 **위치** ❶ 티아라에서 도보 1분 ❷ 이즈하라항 국제터미널에서 도보 9분 **시간** 9:00~18:00 **휴무** 12월 29일 ~1월 3일 **홈페이지** www.tsushima-net.org/fureai **전화** 0920-52-1566

쓰시마 부산 사무소

주소 부산광역시 중구 대청로 124 창국빌딩 6층 **위치** ❶ 부산지하철 1호선 중앙동역 5번 출구에서 도보 3분 **시간** 9:15~18:00(점심 12:30~13:30) **휴무** 주말 및 공휴일, 연말연시 **홈페이지** www.tsushima-busan.or.kr **전화** 051-254-9205

국제 전화 한국으로 통화할 경우 일반적으로 자동 로밍이나 출국 전 해당 통신사에서의 로밍 신청으로 국제 전화를 이용할 수 있다. 참고로 일본 현지에서 한국으로의 국제 통화보다는 한국에서 일본으로의 통화료가 훨씬 저렴하다. 한국에서 일본으로 전화를 걸 때는 한국 발신자는 휴대 전화 규정 요금, 현지 수신자는 정해진 국제 통화료가 청구된다. 만약 공중전화에서 한국으로 전화를 걸 때는 국제 전화 식별 번호인 001과 국가 번호인 82 그리고 휴대 전화나 전화번호 맨 앞자리 0을 뺀 숫자를 누르면 된다. 참고로 한국 전망소나 이국이 보이는 언덕 전망탑 그리고 쓰쓰자키 전망대에서는 로밍이 아닌 우리나라 전화가 될 때도 있다.

인터넷 사용 일본에서 〈지금 시리즈〉의 '지금도'를 사용하거나 검색, 구글 지도 그리고 카카오톡 등을 사용하려면 한국에서 로밍 혹은 현지 유심 칩을 구입하거나 와이파이 도시락(공유기)을 대여해야 한다. 대마도의 경우 워낙 산지가 많기 때문에 이즈하라나 히타카쓰 중심가를 벗어나면 인터넷 사용이 원활하지 않다. 일부 호텔이나 중심가에서는 무료 와이파이를 사용할 수 있다. 참고로 구글 지도의 경우 사전에 인터넷이 되는 곳에서 해당 지역을 확대해 놓을 경우 인터넷이 연결되지 않는 곳이라도 구글 지도를 이용할 수 있다. GPS가 되는 지역이라면 GPS 역시 작동한다.

대마도 여행 준비

승선권 예약

대마도행 선박은 대아고속해운의 오션플라워호, 미래고속(주)의 코비호와 니나호 그리고 JR규슈고속선의 비틀호가 있다. 승선권은 각 선사의 홈페이지와 전화 예약 그리고 여행사나 소셜커머스 업체 등을 통해 예약이 가능하다. 당일치기나 1박 2일 승선권은 여행사나 소셜커머스 업체를 통해 특가가 많이 나오는 편이다. 2박 3일 또는 3박 4일 이상의 일정이라면 각 선사의 홈페이지 특가를 중심으로 살펴보는 것이 빠르다. 각 선사의 홈페이지를 통한 이벤트성 특가 예약도 있으니 알뜰 여행을 하려면 빠짐없이 비교해 보는 편이 낫다. 선박의 운항 여부는 기상에 따라 결항 또는 회항될 수도 있으므로 취소나 변경 여부를 반드시 확인하도록 한다.

여권과 비자

2008년 8월 25일부터 개인 정보 전자칩이 내장된 전자 여권으로 전면 개편됨에 따라 여행사 대행으로 여권 발급이 불가능해졌다. 본인이 직접 신청해야 하는데, 단, 18세 미만의 미성년자는 부모가 대신 신청할 수 있다. 여권 신청은 주민등록상 주소지 혹은 실제 거주지와 상관없이 도청, 시청, 군청, 구청 등 전국 239개 여권 사무 대행 기관에서 신청이 가능하다. 기본적으로 여권 신청 시 신분증과 여권용 사진 1매를 지참해야 하고, 기존 여권의 사용 기간이 남아 있다면 기존 여권을 반납해야 한다. 여권은 신청일로부터 3~4일 정도면 발급이 되지만 자칫 잃어버리거나, 유효 만료일이 지나면 여행 자체가 무산되니 미리미리 발급받거나 재발급받는 것이 필요하다. 미성년자나 병역 의무자, 이중 국적자 등의 보다 자세한 신청 서류 및 수수료, 발급 조회 등은 외교부 여권 안내 홈페이지(passport.go.kr)를 참고하면 된다. 일본은 관광 목적의 한국인 단기 체재(90일 이내)에 대해서는 2005년 3월부터 무기한 비자 면제 조치를 실시하고 있어 별도로 비자를 받을 필요는 없다. 여권의 유효 기간은 한국으로 돌아오는 날까지 남아 있으면 된다.

여행 경비 산출

호텔비

일본 호텔의 객실은 1인실인 싱글 룸, 2인실인 트윈 룸(침대 2개) 또는 더블 룸(침대 1개) 그리고 3인실인 트리플 룸(간이 침대 포함) 등으로 구성되며, 일본 료칸은 다다미방에 인원수대로 요금을 받는 것이 일반적이다. 대마도의 경우 일본 본토와는 달리 호텔도 1인당 요금으로 받는 곳이 많다. 2~3인용 방이라도 1인이 투숙할 경우 1인당 요금만 내면 되므로 이득이나 2인 이상일 경우 룸당 요금이 아닌 1인당 요금을 받으므로 가격이 더 높게 나온다. 대마도의 호텔은 대부분 낡고 오래된 곳이 많아 가성비가 그리 좋지 않다. 또한 여행객 수에 비해 객실이 월등히 부족하므로 저렴하면서도 만족스러운 객실을 찾기 힘들다. 대마도 여행 시 호텔비는 일본 본토 여행 시보다 20~30% 이상 높게 잡아 책정하는 것이 낫다.

교통비

대마도에서 노선버스를 타고 여행을 할 때는 히타카쓰항 국제터미널에서 미우다 해수욕장 또는 슈퍼 밸류 다케스에 오우라점을 단순 왕복하지 않는 한 노선버스 1,000엔짜리 1일 프리 패스권1日フリーパス券을 구입하는 것이 낫다. 만약 5일 이상 체류하면서 매일 노선버스를 이용하거나 한 달 사이에 5일 이상 노선버스를 이용할 계획이라면 5,000엔짜리 1개월 정액 프리 패스포트1ヶ月定額フリーパスポート가 이득이다. 만약 렌터카로 여행한다면 렌트 요금은 1일당 5,000~6,000엔 선이며 추가 1일당 4,000~5,000엔이다. 여기에 보험료가 1일 1,000엔 정도 더해진다. 가장 작은 차인 658cc 무브나 아토레 왜건을 렌트할 때는 2박 3일에 120,000원 선, 3박 4일에 180,000원 선 정도가 나온다. 휘발유는 기본 코스로 움직인다면 30,000~40,000원 정도, 좀 많이 돌아다닌다면 50,000~60,000원 정도 예산을 잡으면 된다.

식비

대마도는 먹방 여행지로 인기다. 대마도 여행객의 대부분이 한국인이기 때문에 한국인 입맛에 맞게 변형된 것도 한 원인으로 작용한다. 뿐만 아니라 대규모 음식점들이 부부 내지는 혼자 운영하는 형태이기 때문에 주문 후 20분 이상의 기다림은 필수다. 배고픈 상태에서 기다리니 맛있지 않은 음식들이 있다면 이상할 정도로 음식들에 대한 만족도가 높다. 점심 한정 메뉴는 저녁 식사에 비해 1.5배 내지는 2배 정도 저렴한 편인데 단품류는 800~900엔, 밥과 미소된장국이 함께 제공되는 정식류는 1,200~1,500엔 정도 잡으면 된다. 저녁 식사의 경우 단품은 1,200~1,500엔 이상이다. 여기에 생맥주 한 잔 정도 한다면 점심은 1,500~2,000엔, 저녁은 2,000~3,000엔 정도 있어야 한다. 저녁 식사 후 이자카야에서 한잔한다면 1일 식사비를 조식 빼고 5,000~6,000엔 이상 잡는 것이 낫고, 만약 이시야키처럼 특별한 음식을 계획한다면 이시야키만 1인당 3,000엔 이상은 준비해야 한다. 특히 대마도는 카드를 받는 음식점들이 거의 없기 때문에 현금을 지참해야 한다는 것도 기억하자.

관광지 입장료와 주차료
대마도 여행에서는 관광지 입장료는 신경쓰지 않아도 된다. 대학생 이상 300엔이라는 입장료를 받는 만송원萬松院(반쇼엔)이 유일하기 때문이다. 주차료도 대부분 무료며 만약 무료 주차장이 없는 호텔이라면 1일당 500엔 정도 주차 요금을 계산하면 된다.

환전

일본 여행은 일본 돈 엔화를 환전하면 된다. 물론 다른 나라를 여행하면서 남은 미국 달러나 유로화가 있다면 일본에 가서 엔화로 환전해 사용할 수 있다. 엔화를 환전할 때 출국 당일 부산항 국제여객터미널에서도 할 수 있으나 환율이 그리 좋지 않으므로 저렴하게 환전하려면 여행 준비 기간 동안 환율을 틈틈이 체크해 시내에 있는 은행에서 하는 것이 낫다. 시중 은행들의 환율이 다소 차이가 나고 환전 수수료 우대가 있어 약간의 차이는 있지만 큰 금액이 아니라면 크게 차이는 없으니 가까운 은행에서 환전하는 것이 현명하다. 사설 환전소가 싸다고 하지만 큰 금액이 아니라면 교통비를 따져 볼 때 별반 차이가 없다. 환전 시 기억해야 할 점은 대마도에서는 카드 사용이 거의 안되기 때문에 예상 경비보다 조금 더 넉넉하게 환전을 해야 한다는 사실이다. 물론 다이렉스나 밸류, 드러그스토어 모리, 마쓰모토 기요시 그리고 티아라 일부 매장 등에서 카드 사용이 되긴 하지만, 대부분의 음식점에서는 카드를 받지 않는다. 또한 날씨를 체크해 결항될 수 있을 때는 부득이 연장 체류해야 하므로 이에 따른 비상금 또한 준비하는 편이 낫다.

TIP 대마도에서 우리나라 돈을 엔화로 환전 가능

대마도에서는 ATM 기기에서 비자카드나 마스터카드 등 인터내셔널 카드를 이용한 현금 서비스가 불가능하다. 생각지 못한 추가 지출이 있거나 쇼핑을 너무 많이 했거나 혹은 기상 악화로 결항이 됐을 때 엔화 현금이 없다면 참으로 난감할 수 있다. 만약 우리나라 돈을 갖고 있다면 대마도에서 환전이 되니 참고하자. 월요일에서 금요일 동안 오전 9시에서 오후 3시(우체국은 오후 4시)까지 히타카쓰 중심가에 있는 히타카쓰 우체국이나 이즈하라 중심가의 신와은행新和銀行, 주하치은행十八銀行에서 환전이 가능하다.

소비세 면세
TAX FREE

일본에서 물건을 구입할 때 조건에 따라서는 소비세를 면세(Tax Free) 받을 수 있다. 2016년 5월 1일부터 일반 물품(가전제품, 의류, 신발, 가방, 시계, 액세서리), 소모품(화장품, 식음료품, 의약품, 건강식품, 담배) 등에 한해 일반 물품과 소모품

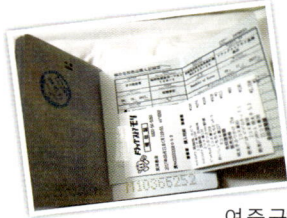

을 각각 5,401엔(소비세 포함) 이상 구매 시 면세(Tax Free) 가격으로 구입할 수 있다. 단, 동일 날짜, 동일 상점에서의 구입에 한한다. 즉, 같은 날짜에 같은 상점에서 몇 번을 사든 영수증 합산으로 5,401엔(소비세 포함)이 넘으면 면세가 되나 같은 상점에서 샀더라도 날짜가 다르면 면세 적용이 불가하다. 주의해야 할 점은 면세를 받으려면 여권을 지참해야 하고, 면세품 작성 후 여권에 붙여 준 구입 기록서를 떼지 말아야 한다는 점이다. 또한 포장해 준 면세품들을 뜯지 말아야 한다.

대마도 여행 준비물

캐리어 vs. 배낭

대마도 여행은 당일치기 혹은 1박 2일이 많기 때문에 대부분 가벼운 차림으로 배낭이나 가방 하나 들고 가는 여행객들이 많다. 그 가운데 19~20인치 기내용 캐리어는 물론 26~28인치 수하물용 캐리어도 심심찮게 눈에 띈다. 선박을 탈 때는 아무래도 캐리어보다는 배낭이나 가방을 드는 것이 타고 내리기 쉽고 머리 위 선반에 보관하기도 좋다. 캐리어는 별도의 짐칸에 보관해야 하며 캐리어 때문에 선박 승선과 하선이 뒤로 밀려 입출국 심사가 늦어질 가능성도 있다. 그럼에도 불구하고 만약 대마도 여행의 목적이 쇼핑이라면 캐리어를 갖고 가는 것이 여러모로 편하다. 더욱이 쇼핑 품목 중에 호로요이 등과 같은 음료나 맥주가 포함돼 있다면 더욱더 그러하다.

전압과 플러그

일본의 전압은 100볼트며, 지역에 따라 50~60Hz이다. 여행에 가지고 간 전기 제품 중 프리 볼트 혹은 100~220V 겸용 제품이라면 플러그 앞에 100볼트 변환 플러그(일명 돼지코)를 껴서 사용하면 된다. 만약 가져가지 않았다면 프런트에서 무료로 빌릴 수 있다(보증금이 있을 수 있음). 부산항 국제여객터미널에 있는 각 통신사에서 무료로 빌려주기도 한다.

로밍 vs. 유심 칩 vs. 와이파이 도시락

2017년 11월 현재 대마도에서는 로밍, 유심 칩, 와이파이 도시락 모두 잘 터지지 않는다. 이즈하라나 히타카쓰 중심가를 비롯해 마을에서는 잘 되는 편이나 그 밖의 지역에서는 카톡이 연결됐다가 끊겼다 하며 GPS도 잘 안 잡히고, 심지어는 통화까지도 안되는 곳이 많다. 2016년 12월 이후 한

국 여행객의 급격한 증가로 하루가 다르게 터널이 뚫리고 길이 새로 만들어지며 차선 도색을 하고 새로운 건물이 지어지는 등 빠른 변화 추세로 볼 때 인터넷 통신 환경도 점차 개선될 수 있다. 일본 유수의 통신사들인 도코모나 소프트뱅크 모두 계속 기지국을 늘리는 중이기 때문이다. 일본에서 인터넷을 쓰려면 가장 편한 방법이 해외 로밍이지만 편한 만큼 이 용료가 가장 비싸다. 비싼 만큼 가장 잘 연결된다고는 할 수 없다. 해외 로밍은 내 번호로 전화를 걸고 받을 수 있으며 메시지 송수신에 문제가 없다는 장점이 있다. 현지 유심 칩은 데이터 전용과 데이터와 전화를 함께 이용할 수 있는 것이 있는데, 전화를 이용할 수 있는 유심 칩은 휴대전화 번호가 현지 번호로 바뀌니 필요시 그 번호를 상대방에게 알려 줘야 한다. 현지 유심 칩으로 교체하면 전혀 다른 폰이 되는 것이니 데이터를 많이 사용한다고 해서 내 휴대 전화 번호로 데이터 폭탄을 맞거나 잘못 눌러 요금이 청구되는 일은 없다. 하지만 본인의 휴대 전화 번호로 걸려 오는 전화나 메시지는 받을 수 없다. 대안으로 밤에 호텔에 들어가서 잠깐 유심 칩을 다시 바꿔 호텔 내 무료 와이파이를 이용해 메시지 등을 확인하면 된다. 현지 유심 칩은 7~8일 사용에 1만 5천 원 미만이다. 와이파이 도시락의 가장 큰 장점은 여러 명이 함께 사용할 수 있어 보다 저렴하다는 것이다. 하지만 공유기를 항상 휴대해야 하며 공유기에서 멀어지면 인터넷이 잘 안되니 그야말로 일행끼리 붙어 다녀야 하는 불편함이 있다. 또한 배터리가 소진되면 인터넷 사용이 불가능하니 충전에 유의해야 한다. 분실 시 변상금도 크다. 임대료는 일반 로밍비에 1/2 수준이다. 만약 출장 중이거나 업무로 인해 통화를 하거나 수시로 문자 확인이 필요한 여행자는 해외 로밍, 수시로 인터넷이나 지도 검색 등으로 배터리 소모량이 많은 여행자는 유심 칩, 일행이 여러 명이고 여행 중 인터넷 검색이나 카카오톡 사용 등이 빈번하지 않은 여행자는 와이파이 도시락을 우선 고려해 볼 만하다.

여행자 보험

패키지여행에서는 여행자 보험을 필수로 가입하지만 자유 여행에서는 대부분 여행자 보험을 별도로 가입해야 한다. 여행자 보험은 동일한 기간이라도 보험사나 보상 한도액에 따라 보험료 차이가 많다. 여행자 보험은 휴대품을 도난당했을 때는 보험 적용이 되나 여행자 부주의로 인한 분실은 보험 적용이 되지 않는다. 휴대품을 도난당하면 가까운 경찰서에 가서 진술서를 작성해 귀국 후 보험사에 제출한다. 스마트폰 파손의 경우 제3자의 확인서를 함께 제출해야 한다. 보험사에 따라 제3자의 범위에 가족을 제외하는 경우가 있다. 질병이나 상해에 의한 병원 치료는 진단서가 필요하다. 병원 영수증으로는 처리가 되지 않으며, 경우에 따라서 진단서 등 발급 비용이 더 들어갈 수 있다. 또한 여행자 보험을 여러 개 가입한다고 해서 중복 적용이 되는 것은 아니니 알아 두자.

국제 운전면허증

대마도의 관광지들은 버스가 가지 않는 곳들이 있거나 택시 또한 콜택시로 운영되므로 대중교통을 이용하기 좋은 곳은 아니다. 때문에 일정에 따라서는 렌터카 여행이 더 편하고 효율적이다. 대마도를 비롯한 일본에서 렌터카를 운전하려면 반드시 국제 운전면허증을 지참해야 한다. 여권이 없다면 '여권-국제 운전면허증 원스톱 실시'라고 해서 여권 신청 시 국제 운전면허증을 함께 만들 수 있다. 여권과 국제 운전면허증을 함께 신청하면 7~8일이 걸리므로 보다 시간적인 여유를 두어야 한다. 만약 여권을 갖고 있다면 전국 운전면허 시험장이나 지정 경찰서 혹은 전국 218개 지방 자치 단체에서 신청이 가능하다. 준비물은 본인 여권(사본 가능), 운전면허증 그리고 6개월 이내에 촬영한 여권용 사진 1매(3.5cm x 4.5cm)를 준비하면 된다. 유효 기간은 발급일로부터 1년이며 수수료는 8,500원이다. 참고로, 렌터카 업체에 따라서는 한국 운전면허증도 요구하는 경우가 있으니 함께 준비해가는 것도 좋다.

부산항 국제여객터미널 가기

2015년 8월 31일부터 부산역 후문에 인접한 제3, 4부두에 부산항 국제여객터미널 신청사가 문을 열었다. 부산역 9번 출구로 나가 엘리베이터를 타고 1층으로 내려가서 횡단보도를 건너 왼쪽으로 약 7~10분 정도 걸어가면 부산항 국제여객터미널이 나온다. 횡단보도를 건너 오른편에 위치한 버스 정류장에서 순환 버스를 탈 수 있는데, 부산항 국제여객터미널까지 단 3분 만에 도착하나 1시간에 2대씩 운행하기 때문에 시간 맞추기가 쉽지 않다. 부산역에서 부산항 국제여객터미널까지는 택시 타기에는 너무 가까운 거리라 잘 가지 않으므로 부산역을 통해 부산항 국제여객터미널로 가는 여행자들은 걸어갈 작정으로 시간을 여유롭게 두는 것이 필요하다.

부산역에서 부산항 국제여객터미널 가기

❶ 부산역 9번 출구로 나가기
❷ 엘리베이터 타고 1층으로 내려가기
❸ 횡단보도 건너기
❹ 횡단보도 오른쪽 버스 정류장에서 순환 버스 타기
❺ 버스 없으면 횡단보도 왼쪽으로 걸어가기
❻ 건널목이 나오면 오른쪽으로 걸어가기
❼ 항구가 보이면 왼쪽으로 걸어가기
❽ 부산항 국제여객터미널 도착

부산항 국제여객터미널에 도착해 탑승 수속

❶ 해당 카운터에서 승선권 발권
❷ 출국 심사장 들어가는 시간까지 대기
❸ 출국 심사 (세관 검사→보안 검사→출국 심사대)
❹ 면세품 구입 시 면세품 찾기
❺ 면세점 구경하기
❻ 게이트 통과
❼ 에스컬레이터로 내려가서 승선장행
❽ 항만을 따라 승선장행
❾ 승선

입출국 준비하기

출국 심사받기

부산항 국제여객터미널에는 1시간 30분~2시간 이전에 도착하는 것이 좋다. 최대 1시간 전에는 도착해 해당 선사의 카운터에서 승선권 발권을 마쳐야 한다. 승선권은 출항 시각 기준 30분 이전까지만 발권이 되므로 유의해야 한다. 승선권을 발권할 때 출국 심사장으로 들어갈 시간을 알려 준다. 시간에 맞춰 출국장으로 가서 짐 검사와 함께 엑스레이 보안 검사 후 출국 심사를 받는다. 공항과는 달리 짐을 부치는 것이 아니라 항상 본인이 소지해야 한다.

입국 심사받기

2016년 4월 1일부터 외국인에 대한 일본 입출국 신고서가 변경돼 출국 신고서가 없어지고 입국 신고서도 국적, 성별, 여권 번호, 현금 소지액 등이 삭제됐다. 뒷장에 있었던 질문과 서명을 앞으로 옮겨 누락에 따른 입국 심사 지연을 미연에 방지한 것이 특징이다. 일본 입국 시 일본 입국 신고서와 일본 세관 신고서에 해당되는 휴대품·별송품 신고서를 작성해야 하는데 가족일 경우 일본 세관 신고서는 1부만 작성해도 된다. 입국 심사 시 별다른 질문을 하지 않으며 지문 인식과 함께 얼굴 전면 촬영을 한다. 입국 심사대를 통과해 세관에서 여권과 함께 휴대품·별송품 신고서를 세관원에게 제출하면 된다. 소량의 라면이나 고추장, 소주 등은 신고할 필요는 없다. 만약 휴대품·별송품 신고서의 내용상 문제가 있거나 1병당 760ml짜리 주류 3병 이상, 담배 401개비 이상, 향수 2온스(56cc)를 초과할 때 세관에 신고해야 한다.

대마도 들어가기

부산-대마도 교통편

부산에서 대마도로는 대아고속해운, 미래고속(주), JR규슈고속선 등 3사의 선박이 부산항과 대마도의 히타카쓰항과 이즈하라항을 매일 연결하고 있다. 2016년 12월 이래로 대마도에의 급격한 여행객 증가로 인해 주말이나 연휴에는 배표 구하기가 쉽지 않다. 특가가 떠서 갑작스럽게 여행을 떠나는 것이 아니라면 얼리버드 특가가 나올 때 미리 예약하는 것이 알뜰 여행의 지름길이다. 대마도 여행은 선박으로만 갈 수 있어 날씨의 영향을 많이 받는다. 만약 기상 악화로 배가 결항될 때는 취소 처리 후 환불되며 만약 다음 배로 출발을 원할 때는 잔여석에 한해 변경 가능하다. 또한 결항 시 현지에서의 체재비 일체는 승선객들 부담이기 때문에 대마도 여행에서는 여행 경비를 보다 넉넉히 준비하는 것도 좋다.

대아고속해운 2016년 12월 10일부터 825명을 태울 수 있는 초대형 고속 여객선인 대아고속해운의 오션플라워 2호를 오션플라워와 함께 운항했으나 2017년 7월부터 운항을 중단하고 443명이 승선할 수 있는 오션플라워만이 운항 중에 있다. 오션플라워는 2001년 7월 10일에 건조한 쌍동선으로서 묵호-울릉도 노선을 운항하다가 2012년 2월 1일부터 현재까지 부산-대마도 구간을 운항 중이다. 쌍동선은 파도가 높거나 바람이 셀 때는 휴항하는 경우가 많기 때문에 날씨가 좋지 않을 때는 출항 여부를 수시로 확인해야 한다. 또한 현지에서도 날씨에 따라 히타카쓰항과 이즈하라항이 바뀔 수도 있으니 유의해야 한다. 승선권은 출발 시각 기준 30~90분 전까지만 발권되기 때문에 늦지 않도록 한다.

미래고속(주)

미래고속(주)은 200석의 코비호와 440석의 니나호를 히타카쓰항(1시간 10분~1시간 30분 소요)과 이즈하라항(1시간 55분 소요)에 번갈아 취항 중이다. 복원력이 뛰어난 쌍동선인 니나호는 2016년 12월에 새로이 투입한 선박이나 높은 파도나 센 바람에 취약하기 때문에 운항 중 심하게 흔들릴 수 있어 승선감이 좋지 않은데다가 결항이 잦은 편이다. 때문에 소셜 커머스 등에 당일치기 왕복 특가가 29,000원이라는 파격적인 가격에 나오기도 한다. 각 항구 터미널에는 출발 시각 기준 1시간 30분 전까지 도착하는 것이 낫다. 코비호나 니나호는 특가 요금이 많이 나오기 때문에 이용객이 많아 출국 수속 시간이 많이 걸리기 때문이다. 탑승 수속 역시 20분 전에 마감되니 유의하도록 한다.

JR규슈고속선
JR九州高速船

JR규슈고속선의 비틀호는 1991년 3월 부산-후쿠오카 운항을 시작으로 2011년 10월 1일부터 부산-대마도 노선을 정기 운항하고 있다. 비틀호는 200석을 갖춘 초고속선으로 해수면으로부터 2m 정도 바다에 떠서 운항하는 제트포일 방식이라 웬만한 파도에는 결항하는 일이 거의 없다. 파도가 높지 않다면 승선감도 배를 타고 있다는 것을 느끼지 못할 정도로 편안하다. 비틀호는 부산-히타카쓰항을 매일 1~2회 1시간 10분 만에 연결한다. 비틀호의 경우 타 선사에 비해 요금이 비싼 편이므로 이용객이 비교적 적어 출입국 수속이 보다 여유롭다. 승선권은 30분 전까지는 반드시 발권해야 한다.

TIP 터미널 이용료 및 항만세, 유류 할증료

비행기를 탈 때는 항공료에 공항세와 유류세 등을 포함해 사전에 지불하나 배를 탈 때는 선사마다 정책이 다르므로 유의해야 한다. 미래고속의 코비호나 니나호는 좌석 예약 시 부산항 국제여객터미널 이용료와 유류 할증료는 함께 결제하나 현지 터미널 이용료와 유류 할증료는 현지에서 현금으로 지불해야 한다. 대아고속해운의 오션플라워호와 JR규슈고속선 비틀호의 경우 부산항 국제여객터미널 이용료와 유류 할증료는 부산항에서 그리고 히타카쓰항 터미널 이용료와 유류 할증료는 현지에서 각각 현금으로 지불해야 한다. 2017년 11월 현재 부산항 국제여객터미널 이용료는 4,300원, 히타카쓰항 또는 이즈하라항 터미널 이용료는 각각 200엔이며 유류 할증료는 매일 조금씩 변동한다.

일본─쓰시마(대마도) 교통편

일본 본토와 대마도는 나가사키와 후쿠오카에서 항공으로 그리고 후쿠오카의 하카타항에서 선박으로 연결된다. 항공의 경우 나가사키-대마도는 39석의 ORC오리엔탈 에어 브리지ORCオリエンタルエアブリッジ가 1일 4~5회 운항하며 요금은 편도 15,850엔, 소요 시간은 35분이다. 60일 전 할인 요금은 8,650엔부터 시작한다. 후쿠오카-대마도는 ANA전일본항공ANA全日空이 1일 4~5회 운항하며 좌석 수는 시간대에 따라 다르다. 요금은 15,900엔이며 소요 시간은 30분이다. 예약 시점에 따라 8,500엔부터 할인 요금이 있다. 부산과 대마도를 연결하는 선박이 기상 악화로 결항됐을 때 정해진 날짜에 귀국해야 하는 여행자가 있다면 후쿠오카를 거쳐 한국으로 돌아오는 방법 또한 고려해 볼 수 있다. 선박의 경우 하카타항에서 이즈하라항을 2시간 15분 만에 연결하는 고속선이 1일 2회 운항 중이며 4시간 30분이 소요되는 페리 역시 1일 2회 운항한다. 하카타항과 히타카쓰항을 연결하는 페리는 1일 1회 운항 중이며 5시간 50분이 소요된다.

시내 들어가기

히타카쓰항 국제터미널에서 히타카쓰 중심가까지는 도보로 가능하며 단 5분 만에 도달한다. 이즈하라항 국제터미널에서 이즈하라 중심가에 있는 티아라까지는 도보로 12분이 걸린다. 만약 히타카쓰항에서 이즈하라로, 이즈하라에서 히타카쓰항으로 이동해야 한다면 렌터카를 이용하지 않는 한, 히타카쓰와 이즈하라를 연결하는 노선버스를 이용

해야 하는데 하루에 5대밖에 운행을 하지 않으므로 놓치지 않게 시간을 잘 맞추어야 한다. 특히, 히타카쓰 출발 이즈하라행 16:36 출발 편은 막차이므로 사람들이 많으며, 이즈하라 출발 히타카쓰행 10:58 출발 편은 히타카쓰항을 통해 우리나라로 돌아오는 선박 이용자가 제일 많이 이용하는 시간대다. 다른 일정을 조금 포기하더라도 버스 정류장에 일찍 와 대기하는 편이 낫다. 다른 방법으로는 일정을 조금 조정해 이즈하라 출발 히타카쓰행 7:05 출발 편을 이용해 히타카쓰 쪽으로 미리 와서 이 부근에서 관광 또는 쇼핑하는 것도 괜찮다. 히타카쓰 출발 이즈하라행 역시 막차 전 시간대인 12:51 출발 편을 이용하는 것을 권장한다.

🚕 대마도 내에서의 교통편

렌터카

대마도의 도로는 폭이 좁고 왕복 1차선도 많으므로 658cc짜리 경차가 제격이다. 렌터카로는 주로 다이하쓰ダイハツ의 아토레 왜건アトレーワゴン과 무브ムーヴ가 많이 다닌다. 우리나라 여행자들은 캐리어를 여러 개 실을 수 있는 왜건 스타일의 차량을 선호하기 때문에 아토레 왜건이 더 많은 편이다. 아토레 왜건은 무브보다 차체가 크고 높기 때문에 배기량이 같은 무브에 비해 힘이 달리는 편이다. 또한 차체가 길어 주차나 좁은 골목을 다닐 때 무브보다 운전하기가 쉽지 않다. 대부분의 렌터카 업체의 경우 대마도에 도착해 전화를 하면 직원이 픽업 서비스를 해 준다.

택시

대마도 택시는 지역별로 여러 군데가 있으며 자체 택시 투어 프로그램을 운영하고 있다. 대마도에서는 우리나라처럼 길거리에서 택시들을 자주 볼 수 있는 것이 아니기 때문에 필요하다면 콜택시를 부르거나 아니면 택시 회사까지 찾아가야 한다. 택시 기본 요금은 1km에 510엔이고 이후 188m당 50엔이 추가된다. 시간 병산제로 1분 10초에 50엔이 가산된다. 소형차의 경우 1.3km에 550엔이고 이후 341m당 80엔이 추가된다. 시간 병산제로 2분 5초에 80엔이 가산된다.

노선버스

대마도의 노선버스 회사는 쓰시마 교통 주식회사対馬交通株式会社 한 군데다. 대마도는 버스로 연결되는 곳이 많지 않으며 버스 노선 또한 현지인들 출퇴근 목적으로 배정돼 있기 때문에 노선버스를 이용해 여행을 하기란 쉽지 않다. 그래서 하루에 여러 군데를 보기가 힘들다. 그러나  몇몇 노선은 이용할 만하니 적극 활용해 보자. 대마도 노선버스들은 이즈하라 중심가, 히타카쓰 중심가, 니이 중심가, 미쓰시마마치 쇼핑 스트리트, 이즈하라-쓰시마 병원, 이즈하라-쓰시마 공항, 이즈하라-구타 등을 제외한 구간에서는 위험한 구간이 아니라면 버스 정류장이 아니라도 타고 내릴 수 있다. 예를 들어 미우다 해수욕장에서 히타카쓰항 국제터미널로 올 때 버스를 향해 손을 들면 태워 준다. 대마도의 버스 요금은 비싼 편이므로 구간별 요금을 내기보다 차라리 1일 프리 패스권1日フリーパス券을 구입하는 것이 낫다. 2015년 5월 17일부터 판매하기 시작한 1일 프리 패스권은 중학생 이상 1,000엔, 7세 이상 초등학생은 500엔이며 6세 미만은 어른 1명당 1인까지 무료다. 1일 프리 패스권은 히타카쓰항 국제터미널 관광 안내소와 이즈하라의 티아라 1층에 위치한 쓰시마 교통 사무실에서 현금으로만 구입 가능하다(관광 정보관 후레아이토 코로 쓰시마에서는 판매하지 않는다). 물론 버스에 승차해 운전기사에게 구입할 수도 있다. 만약 장기간 체류하거나 한 달 내에 여러 번 방문 계획이 있다면 1개월 정액 프리 패스포트 1ヶ月定額フリーパスポート 구입도 고려해 볼 만하다. 중학생 이상 5,000엔이며 1개월 정액 프리 패스포트를 갖고 있는 보호자와 동반하는 초등학생 이하 3명까지는 무료 탑승이 가능하기 때문이다. 1일 프리 패스권 등은 하차 시 사용 일자가 적힌 면을 운전기사에게 보여 주고 내리면 된다.

홈페이지 tsushima-traffic.com

히타카쓰-이즈하라 연결 버스

- 니이 仁位 에서 3분간 정차하며 이때 화장실을 다녀올 수 있다.
- 히타카쓰항 국제터미널 출발은 16:36(막차)이 붐비며, 이즈하라 출발은 10시 58분이 이용객이 많다.

히타카쓰항 국제터미널 国際ターミナル	히타카쓰 버스 센터 比田勝	사스나 佐須奈	미네 三根	니이 仁位	만제키 万関	이즈하라 厳原
6:26	6:35	6:49	7:35	7:50	8:20	9:01
8:31	8:40	8:54	9:40	9:55	10:25	11:06
11:21	11:30	11:44	12:30	12:45	13:15	13:56
12:51	13:00	13:14	14:00	14:15	14:47	15:31
16:36	16:45	16:59	17:45	18:00	18:32	19:15

이즈하라 厳原	만제키 万関	니이 仁位	미네 三根	사스나 佐須奈	히타카쓰 버스 센터 比田勝	히타카쓰항 국제터미널 国際ターミナル
7:05	7:43	8:10	8:28	9:14	9:28	9:32
10:58	11:41	12:08	12:26	13:12	13:26	13:30
13:28	14:11	14:38	14:56	15:42	15:56	16:00
14:58	15:41	16:08	16:26	17:12	17:26	17:30
18:28	19:12	19:39	19:57	20:43	20:57	21:01

히타카쓰—이즈하라 구간 주요 관광지별 버스 정류장 안내

- 2017.10.1.~2018.3.31. 유효한 시간표로 현지에서 재확인하는 것이 좋다.
- ※표시는 토요일, 일요일 및 공휴일에 운행하지 않는다.
- 노선버스 운행이 정확히 맞지는 않으므로 미리 버스 정류장에서 대기하는 것이 좋다.

주요 관광지	·티아라 ·조선 통신사의 비 ·덕혜옹주 결혼 봉축 기념비	·베스트 전기 ·다이렉스 미쓰시마점	·야마다쇼게쓰도	·드러그스토어 모리 ·푸드 파워 센터 사이 ·키밸류 미쓰시마점 ·하루짱 라멘 ·쇼핑센터 파루 21	·소바 도장 미쓰시마점 ·유타리랜드
버스 정류장	이즈하라 嚴原	다카하마바시 高浜橋	큐나카쓰시마뵤인 旧中対馬病院	타루가하마이리구치 樽ヶ浜入口	쓰시마뵤인 対馬病院
시간표	7:05	7:19	7:21	7:23	7:26
	7:10	7:24	7:26	–	7:35
	7:55	8:09	8:11	8:13	8:16
	8:00	8:19	8:21	8:23	8:26
	8:10※	8:24※	8:26※	8:28※	8:31※
	8:40	8:54	8:56	–	9:05
	9:30	9:44	9:46	9:48	9:51
	9:50※	10:04※	10:06※	–	10:15※
	10:20	10:34	10:36	10:38	10:41
	10:58	11:14	11:16	11:18	11:21
	11:10	11:24	11:26	–	11:35
	12:00	12:14	12:16	–	12:25
	12:30※	12:49※	12:51※	12:53※	12:56※
	13:28	13:44	13:46	13:48	13:51
	13:50	14:04	14:06	14:08	14:11
	14:30※	14:44※	14:46※	14:48※	14:51※
	14:58	15:14	15:16	15:18	15:21
	15:30	15:44	15:46	–	15:55
	15:55	16:14	16:16	16:18	16:21
	16:20	16:38	16:40	–	–
	17:30	17:44	17:46	17:48	17:51
	18:20	18:34	18:36	18:38	18:41
	18:28	18:44	18:46	18:48	18:51
	18:55	19:09	19:11	19:13	19:16
	19:05	19:22	19:24	–	19:33
	19:23	19:42	19:44	19:46	19:49

·만관교 ·만제키 전망대	·아소 베이 파크	·고후나 코시 ·매림사	·와타즈미 신사 ·신화의 마을 자연공원 ·에보시다케 전망대 ·아나고테이 ·네즈카시호	·기사카노 모코야 ·기사카 해 신 신사	·사스나 마을	·히타카쓰 버스센터	·히타카쓰항 국제터미널
만제키 万関	이누보에이리 犬吠入口	고후나코시 小船越	니이 仁位	미네 三根	사스나 佐須奈	히타카쓰 比田勝	코쿠사이 타미나루 国際ターミナル
7:43	7:45	7:51	8:10	8:28	9:14	9:28	9:32
11:41	11:43	11:49	12:08	12:26	13:12	13:26	13:30
12:42	12:44	12:56					
14:11	14:13	14:19	14:38	14:56	15:42	15:56	16:00
15:41	15:43	15:49	16:08	16:26	17:12	17:26	17:30
16:12	16:14	16:26					
16:56	16:58	18:30					
19:12	19:14	19:20	19:39	19:57	20:43	20:57	21:01
20:09	20:11	20:22	20:44				

주요 관광지	·히타카쓰항 국제터미널	·히타카쓰 버스 센터	·사스나 마을	·기사카노 모코야 ·기사카 해신 신사	·와타즈미 신사 ·신화의 마을 자연공원 ·에보시다케 전망대 ·아나고테이 ·네즈카시호	·고후나코시 ·매림사	·아소 베이 파크
버스 정류장	코쿠사이 타미나루 国際ターミナル	히타카쓰 比田勝	사스나 佐須奈	미네 三根	니이 仁位	고후나코시 小船越	이누보에이리 구치犬吠入口
시간표					6:05	6:27	6:38
						7:48	8:00
	6:26	6:35	6:49	7:35	7:50	8:12	8:18
	8:31	8:40	8:54	9:40	9:55	10:17	10:23
	11:21	11:30	11:44	12:30	12:45	13:07	13:13
						13:58	14:10
	12:51	13:00	13:14	14:00	14:15	14:39	14:45
	16:36	16:45	16:59	17:45	18:00	18:24	18:30

·만관교 ·만제키 전망대	·소바 도장 미쓰시마점 ·유타리랜드	·드러그스토어 모리 ·푸드 파워 센터 사이키밸류 미쓰시마점 ·하루짱 라멘 ·쇼핑센터 파루 21	·야마다쇼게쓰도	·베스트 전기 ·다이렉스 미쓰시마점	·티아라 ·조선 통신사의 비 ·덕혜옹주 결혼 봉축 기념비
만제키 万関	쓰시마뵤인 対馬病院	타루가하마이리구치 樽ヶ浜入口	큐나카쓰시마뵤인 旧中対馬病院	다카하마바시 高浜橋	이즈하라 厳原
6:40	6:57	7:00	7:02	7:04	7:23
			7:03	7:05	7:23
	7:38	–	7:48	7:50	8:04
8:02	8:19	–	8:28	8:30	8:44
8:20	8:40	8:43	8:45	8:47	9:01
	8:45	8:48	8:50	8:52	9:06
	8:55	8:58	9:00	9:02	9:21
	9:10※	9:13※	9:15※	9:17※	9:31※
	9:25	–	9:34	9:36	9:50
	10:25	10:28	10:30	10:32	10:46
	10:35※	–	10:44※	10:46※	11:00※
10:25	10:45	10:48	10:50	10:52	11:06
	11:25	11:28	11:30	11:32	11:46
	12:15	–	12:24	12:26	12:40
	13:15※	13:18※	13:20※	13:22※	13:41※
13:15	13:35	13:38	13:40	13:42	13:56
14:12	14:29	–	14:38	14:40	14:54
	14:50	14:53	14:55	14:57	15:11
14:47	15:10	15:13	15:15	15:17	15:31
	15:15※	15:18※	15:20※	15:22※	15:36※
	16:40	16:43	16:45	16:47	17:06
	18:30	18:33	18:35	18:37	18:51
18:32	18:54	18:57	18:59	19:01	19:15
	19:15	19:18	19:20	19:22	19:36
	19:45	19:48	19:50	19:52	20:06

오후나에 유적, G 카페(이즈하라 시내 순환선 厳原市内循環線)

- 이즈하라 시내 순환선은 久田→厳原→振興局前→対馬高校前→厳原診療所→桟橋→厳原 순으로 도는 미기마와리右廻り와 厳原→桟橋→厳原診療所→対馬高校前→振興局前→厳原→久田 순으로 도는 히다리마와리左廻り가 있다.

미기마와리右廻り: 久田 → 厳原 → 振興局前 → 対馬高校前 → 厳原診療所 → 桟橋 → 厳原			
쿠타久田	이즈하라厳原	신코쿄쿠마에振興局前	이즈하라厳原
오후나에 유적, G 카페	티아라	오하시노쿠니, 사지키하라성의 고려문, 루팡	티아라
7:30	7:35	7:37	7:50
7:45	7:50	7:52	8:05
14:05	14:10	14:12	14:25
17:55	18:00	18:02	18:15

히다리마와리左廻り: 厳原 → 桟橋 → 厳原診療所 → 対馬高校前 → 振興局前 → 厳原 → 久田			
이즈하라厳原	신코쿄쿠마에振興局前	이즈하라厳原	쿠타久田
티아라	오하시노쿠니, 사지키하라성의 고려문, 루팡	티아라	오후나에 유적, G 카페
9:35	9:48	9:50	9:55
11:50	12:03	12:05	12:10
12:45	12:58	13:00	13:05
15:40	15:53	15:55	16:00

오후나에 유적, G 카페, 오우라 해수욕장, 붉은배새매 관찰지

- 구타久田·아가미安神행과 나이인內院행처럼 행선지가 달라도 하나의 버스가 연이어 운행되는 식이기 때문에 어떠한 노선인가는 그리 신경 쓰지 않아도 된다. 즉, 노선은 달라도 버스는 하나라는 이야기다. 제일 좋은 방법은 기사에게 하차하고자 하는 버스 정류장을 말해 확인한 후 탑승하면 된다.
- 오우라 해수욕장을 갈 때 해수욕장 바로 옆에 있는 오우라尾浦 버스 정류장에서 하차하는 것이 편하지만 하루에 3번밖에 정차를 안 하니 그 외 시간대에는 오우라이리구치尾浦入口 버스 정류장을 이용해야 한다. 오우라이리구치 버스 정류장에서 오우라 해수욕장까지는 도보로 26분(내리막)~32분(오르막) 정도 걸린다.

행선지	운행일	이즈하라 嚴原 티아라	쿠타 久田 오후나에 유적, G 카페	오우라 이리구치 尾浦入口 오우라 해수욕장	오우라 尾浦 오우라 해수욕장 (바로 옆)	아가미 이리구치 安神入口 붉은배새매 관찰지
구타久田·아가미安神행	매일	7:08	7:13	7:17		7:20
이즈하라 시내 순환선嚴原市內循環線	매일	9:50	9:55			
구타久田·아가미安神행	토	10:10	10:15	10:19	10:23	10:31
이즈하라 시내 순환선嚴原市內循環線	매일	12:05	12:10			
이즈하라 시내 순환선嚴原市內循環線	매일	13:00	13:05			
구타久田·아가미安神행	매일	13:20	13:25	13:29	13:33	13:41
구타久田·아가미安神행/ 나이인內院행	매일	13:35	13:40	13:44	–	13:47
구타久田·아가미安神/ 우치야마內山·구네하마久根浜· 고쓰키선上槻행	평일, 토	13:50	13:55	13:59		14:02
구타久田·아가미安神행/ 아자모하마浅藻浜행	매일	14:35	14:40	14:44		14:47
구타久田·아가미安神행	매일	15:20	15:25	15:29	15:33	15:41
이즈하라 시내 순환선嚴原市內循環線	매일	15:55	16:00			
구타久田·아가미安神행/ 아자모하마浅藻浜행	매일	17:15	17:20	17:24		17:27
구타久田·아가미安神행	평일	17:25	17:30	17:34	–	17:37
구타久田·아가미安神행/ 나이인內院행	평일	17:35	17:40	17:44		17:47

행선지	운행일	아가미이리 구치|安神入口 붉은배새매 관찰지	오우라 尾浦 오우라 해수욕장 (바로 옆)	오우라이리 구치|尾浦入口 오우라 해수욕장	쿠타 久田 오후나에 유적, G 카페	이즈하라 嚴原 티아라
이즈하라 시내 순환선 嚴原市内循環線	매일				7:30	7:35
이즈하라 시내 순환선 嚴原市内循環線	매일				7:45	7:50
구타久田·아가미安神행/ 우치야마内山·구네하마久根浜· 고쓰키선上槻행	평일, 토	7:40	-	7:43	7:47	7:52
구타久田·아가미安神행	매일	7:36	7:43	7:48	7:52	7:57
구타久田·아가미安神행/ 나이인内院행	매일	7:52	-	7:55	7:59	8:04
구타久田·아가미安神행/ 아자모하마浅藻浜행	매일	8:22	-	8:25	8:29	8:34
구타久田·아가미安神행	토	10:46	10:54	10:58	11:02	11:07
이즈하라 시내 순환선嚴原市内循環線	매일				14:05	14:10
구타久田·아가미安神행	매일	13:56	14:04	14:08	14:12	14:17
구타久田·아가미安神행/ 우치야마内山·구네하마久根浜· 고쓰키선上槻행	평일	15:10	-	15:13	15:17	15:22
구타久田·아가미安神행/ 나이인内院행	평일	15:12		15:15	15:19	15:24
구타久田·아가미安神행	매일	15:56	16:04	16:08	16:12	16:17
구타久田·아가미安神행/ 아자모하마浅藻浜행	매일	17:04	-	17:07	17:11	17:16
이즈하라 시내 순환선 嚴原市内循環線	매일				17:55	18:00

아유모도시 자연공원, 란테이, 쓰쓰

이즈하라에서 쓰쓰까지는 당일치기 여행이 가능하나 쓰쓰에 도착해 최대 1시간 30분 정도의 시간밖에 없으므로 사실상 무의미하다. 쓰쓰에서 쓰쓰자키 전망대까지는 택시 등을 이용하지 않는 한, 대중교통은 없다. 따라서 쓰쓰자키 전망대 관광은 렌터카 여행만이 가능하다고도 할 수 있다.

행선지	운행일	이즈하라 嚴原 티아라	쿠타 久田 오후나에 유적, G 카페	아유모도시 鮎もどし 아유모도시 자연공원, 란테이	쓰쓰 豆酘 쓰쓰
우치야마内山·구네하마久根浜·고쓰키上槻행	평일, 토	13:50	13:55	14:11	-
아자모하마浅藻浜행	매일	14:35	14:40	14:56	15:12
아자모하마浅藻浜행	매일	17:15	17:20	17:36	17:52
우치야마内山·구네하마久根浜·고쓰키上槻행	평일	17:25	17:30	17:46	-

행선지	운행일	쓰쓰 豆酘 쓰쓰	아유모도시 鮎もどし 아유모도시 자연공원, 란테이	쿠타 久田 오후나에 유적, G 카페	이즈하라 嚴原 티아라
우치야마内山·구네하마久根浜·고쓰키上槻행	평일, 토	-	7:31	7:47	7:52
아자모하마浅藻浜행	매일	7:57	8:13	8:29	8:34
우치야마内山·구네하마久根浜·고쓰키上槻행	평일	-	15:01	15:17	15:22
아자모하마浅藻浜행	매일	16:39	16:55	17:11	17:16

미우다 해수욕장, 나기사노유, 니시토마리 해수욕장 (와니우라·히타카쓰 순환선 鰐浦·比田勝循環線)

히타카쓰 버스 센터나 히타카쓰항 국제터미널을 기점으로 노선 버스를 이용해 관광을 한다면 노선버스 노선이 다양하지 않고, 운행 대수도 엄청 적어 미우다 해수욕장이냐, 한국 전망소냐를 선택해야 한다. 미우다 해수욕장을 선택할 경우 히타카쓰比田勝 (12:31)-히타카쓰항 국제터미널国際ターミナル(12:34)-나기사노유渚の湯(12:42)-미우다 해수욕장과 나기사노유 관광-나기사노유渚の湯(17:52)-히타카쓰比田勝(18:18)가 가능하다. 시간이 충분하지 않다면 미우다 해수욕장만을 구경한 후 나기사노유渚の湯 (14:27)-히타카쓰항 국제터미널国際ターミナル(14:35)-히타카쓰 比田勝(14:42)도 가능하다.

히타카쓰 比田勝	나기사노유 渚の湯	니시토마리 西泊	히타카쓰항 국제터미널 国際ターミナル	히타카쓰 比田勝
8:00	8:26	8:31	8:34	8:37
14:01	14:27	14:32	14:35	14:42

히타카쓰 比田勝	히타카쓰항 국제터미널 国際ターミナル	니시토마리 西泊	나기사노유 渚の湯	히타카쓰 比田勝
12:31	12:34	12:37	12:42	13:08
17:41	17:44	17:47	17:52	18:18

한국 전망소, 도요포대 유적 (와니우라·히타카쓰 순환선 鰐浦·比田勝循環線)

히타카쓰 버스 센터나 히타카쓰항 국제터미널에서 한국 전망소까지 노선버스로 갈 수 있다. 단, 이 구간의 버스는 1일 2회밖에 운행하지 않기 때문에 시간을 잘 맞춰야 한다. 즉, 히타카쓰항 국제터미널国際ターミナル(12:34)-와니우라鰐浦(12:57)-한국 전망소 관광-와니우라鰐浦(14:12)-히타카쓰항 국제터미널国際ターミナル(14:35)-히타카쓰比田勝(14:42)만 가능하다. 노선버스를 편도로 이용하고 택시를 타지 않는 한 실제로는 1일 1회만 가능하니 시간을 잘 챙겨 가며 움직이도록 한다.

히타카쓰 比田勝	와니우라 鰐浦	히타카쓰항 국제터미널 国際ターミナル	히타카쓰 比田勝
8:00	8:11	8:34	8:37
14:01	14:12	14:35	14:42

히타카쓰 比田勝	히타카쓰항 국제터미널 国際ターミナル	와니우라 鰐浦	히타카쓰 比田勝
12:31	12:34	12:57	13:08
17:41	17:44	18:07	18:18

슈시 단풍길, 긴의 큰 은행나무(슈시·오시카센 舟志·小鹿線)

슈시 단풍길이나 긴의 큰 은행나무로는 히타카쓰항 국제터미널에서 노선버스가 없다. 히타카쓰항 국제터미널에서 도보로 12분 거리에 있는 히타카쓰 버스 센터에서 있다. 히타카쓰 버스 센터 즉, 히타카쓰比田勝를 오전 11시에 출발해 진자마에 神社前 버스 정류장에 오전 11시 19분에 내리면 이곳으로부터 슈시 단풍길이 시작된다. 진자마에 버스 정류장에서 슈시 삼림 공원舟志森林公園 린칸히로바林間広場까지는 약 3.4km로 도보 약 50분 정도 소요된다. 진자마에 버스 정류장에서 긴의 큰 은행나무까지는 8.5km로 약 2시간이 소요된다. 슈시 단풍길을 맛보기만 보고 와서 진자마에 버스 정류장에서 오전 12시 22분 버스를 타고 히타카쓰로 되돌아가도 되고 트레킹하는 셈 치고 긴의 큰 은행나무까지 가서 킨琴 버스 정류장에서 오후 2시 16분 버스를 타고 히타카쓰로 되돌아가도 된다.

운행일	히타카쓰比田勝	진자마에神社前	킨琴
월~토	11:00	11:19	11:35
매일	13:10	13:29	13:45
매일	16:35	16:54	17:10
월~토	18:02	18:21	18:37
운행일	킨琴	진자마에神社前	히타카쓰比田勝
매일	7:20	7:36	7:55
월~토	8:43	8:59	9:18
월~토	12:12	12:22	12:41
매일	14:16	14:32	14:51

원통사(미네·시코에선 三根·志越線)

원통사에서 가까운 버스 정류장은 도보로 2분 거리에 있는 사가佐賀 버스 정류장이다. 사가 버스 정류장으로는 미네·시코에三根·志越선(일요일 및 공휴일 운휴)과 니이·긴仁位·琴선(학교 형편에 따라 시간 변경 및 운휴)이 정차하는데 미네·시코에선은 미네 버스 정류장에서, 니이·긴선은 긴의 큰 은행나무가 있는 킨 버스 정류장에서 탑승할 수 있다. 그런데 이 두 노선 모두 현지인들의 출퇴근용 노선버스라 여행자들이 관광하기에는 불편함이 있다. 단 하나 이즈하라嚴原에서 오전 7시 5분 버스를 타고 미네三根에 오전 8시 28분에 내린 다음 미네 버스 정류장에서 오전 8시 30분 버스로 환승 후 사가 버스 정류장에서 오전 8시 48분 하차가 가능하긴 하나 타이밍이 안 맞으면 환승 시에 오도 가도 못하는 상황이 발생한다. 이즈하라로 되돌아가는 버스 역시 사가 버스 정류장에서 오전 12시 12분에 탑승해 미네에서 오전 12시 30분에 내려 바로 이즈하라로 가는 버스로 환승하는데, 이 또한 시간이 맞지 않는다면 미네에서 노선버스로 이즈하라로 되돌아가는 방법은

없다. 히타카쓰에서는 오전 6시 35분 히타카쓰比田勝―이즈하라嚴原 노선버스에 탑승해 미네에서 오전 7시 35분에 내린다. 미네에서 사가로는 오전 8시 30분에 탑승해 오전 8시 48분에 하차하니 보다 여유롭다. 단, 히타카쓰로 되돌아갈 때는 사가 버스 정류장에서 오후 12시 12분에 탑승해 미네에서 오후 12시 30분에 하차한 다음 미네에서 히타카쓰로 가는 버스를 오후 2시 56분에 타서 히타카쓰에 오후 3시 55분 도착하니 시간 낭비가 꽤 크다.

운행일	미네三根	사가佐賀	운행일	사가佐賀	미네三根
평일, 토	8:30	8:48	평일, 토	9:17	9:35
평일, 토	11:25	11:43	평일, 토	12:12	12:30

【참고】원통사(니이・긴선仁位・琴線) * 학교 형편에 따라 시간 변경 및 운휴

킨琴	사가佐賀	니이仁位	니이仁位	사가佐賀	킨琴
7:05	7:39	8:07	14:43	15:12	15:46
16:00	16:32	17:00	18:00	18:29	19:01

사오자키 공원, 쓰시마 야생 생물 보호 센터, 사오자키 공원 캠프장

사오자키 공원으로는 운행 대수가 많지 않고 중간에 한 번 갈아타기 때문에 시간 맞추기가 쉽지는 않다. 히타카쓰比田勝―사고佐護는 1일 5대가 운행하나 사고佐護―미나토湊는 1일 1대만 운행하기 때문이다. 즉, 히타카쓰比田勝―이즈하라嚴原 노선버스를 타고(6:35) 사고佐護에서 하차(7:02)한 후 가미쓰시마뵤인上対馬病院 행 버스로 갈아타서(7:30) 미나토湊까지 간다(07:37). 미나토 버스 정류장에서 쓰시마 야생 생물 보호 센터까지는 차로 13분, 도보로 약 50분이 소요된다. 되돌아갈 때에는 미나토에서 오후 6시 27분 버스를 타서 사고에서 오후 6시 34분에 내려 오후 8시 30분에 출발하는 버스로 환승 후 히타카쓰에 오후 8시 57분에 도착한다.

히타카쓰比田勝	사고佐護	사고佐護	미나토湊	미나토湊	사고佐護	사고佐護	히타카쓰比田勝
6:35	7:02	7:30	7:37			9:01	9:28
8:40	9:07					12:59	13:26
11:30	11:57					15:29	15:56
13:00	13:27					16:59	17:26
16:45	17:12			18:27	18:34	20:30	20:57

> **시라타케, 조야마 트레킹**

시라타케나 조야마를 트레킹할 때에는 한 번에 가는 버스는 없고 쓰시마 병원에서 한 번 갈아타야 한다. 갈아타는 시간의 여유는 있으니 해당 버스가 오면 운전기사에게 하차하는 버스 정류장명을 이야기해 확인한 후 탑승하면 된다. 그런데 트레킹 특성상 늦은 시간에 하면 위험하므로 아침 일찍 혹은 오전 중에 가려면 버스가 없다. 버스를 이용하려면 이즈하라 시내에서 쓰시마 병원까지 택시를 이용한 다음 쓰시마 병원에서 버스를 타면 된다. 되돌아올 때에는 트레킹에 맞춰 버스가 없을 수도 있지만 오후에 버스가 있긴 하니 그것을 이용하면 된다. 참고로 버스 요금은 이즈하라-쓰시마뵤인 700엔과 쓰시마뵤인-스모 420엔 또는 쓰시마뵤인-미카타 630엔이 나오므로 노선버스 1일 프리 패스권1日フリーパス券(1,000엔)을 구입하는 것이 낫다.

운행일	이즈하라嚴原-히타카쓰比田勝		오자키선尾崎線		
	이즈하라嚴原	쓰시마뵤인対馬病院	쓰시마뵤인対馬病院	스모洲藻 / 시라타케白嶽	미카타箕形 / 조야마城山
매일	-	-	6:54	7:07	7:13
평일	15:30	15:55	16:14	16:27	16:33
주말 및 공휴일	15:55	16:21	16:54	17:07	17:13
평일	15:55	16:21	17:19	17:32	17:38

운행일	오자키선尾崎線			이즈하라嚴原-히타카쓰比田勝	
	미카타箕形 / 조야마城山	스모洲藻 / 시라타케白嶽	쓰시마뵤인対馬病院	쓰시마뵤인対馬病院	이즈하라嚴原
평일	7:27	7:33	7:46	8:19	8:44
매일	8:02	8:08	8:21	8:40	9:01
평일	17:22	17:28	17:41	18:30	18:51
주말 및 공휴일	18:02	18:08	18:21	18:30	18:51

Daemado Travel Conversation 대마도

❁ 기본 표현

안녕하세요. (아침 인사)	おはよう ございます。	오하요-고자이마스
안녕하세요. (점심 인사)	こんにちは。	콘니찌와
안녕하세요. (저녁 인사)	こんばんは。	콤방와
감사합니다.	ありがとう ございます。	아리가또-고자이마스
미안합니다.	すみません。	스미마센
괜찮아요.	だいじょうぶです。	다이조-부데스
부탁합니다.	おねがいします。	오네가이시마스
실례합니다.	しつれいします。	시쯔레-시마스
저기요.	すみません。	스미마셍
네.	はい。	하이
아니요.	いいえ。	이-에
좋아요.	いいです。	이-데스
뭐예요?	なんですか。	난데스까
어디예요?	どこですか。	도꼬데스까
얼마예요?	いくらですか。	이꾸라데스까
잘 모르겠어요.	よく わかりません。	요꾸 와까리마셍
일본어를 못해요.	にほんごが できません。	니홍고가 데끼마셍
영어로 부탁합니다.	えいごで おねがいします。	에-고데 오네가이시마스
천천히 말씀해 주세요.	ゆっくり はなして ください。 윳꾸리 하나시떼 쿠다사이	

다시 한 번 부탁드립니다.	もう いちど おねがいします。 모- 이찌도 오네가이시마스
써 주세요.	かいて ください。 카이떼 쿠다사이
저는 한국 사람입니다.	わたしは かんこくじんです。 와따시와 캉꼬꾸진데스

숫자

1	2	3	4	5	6	7	8	9	10
いち	に	さん	し	ご	ろく	しち	はち	きゅう	じゅう
이치	니	산	시	고	로쿠	시치	하치	큐-	주

돈

1엔	いちえん	치엔	100엔	ひゃくえん	햐쿠엔
5엔	ごえん	고엔	500엔	ごひゃくえん	고햐쿠엔
10엔	じゅうえん	주-엔	1000엔	せんえん	센엔
50엔	ごじゅうえん	고주-엔	5000엔	ごせんえん	고센엔
10000엔	いちまんえん	이치만엔			

❁ 공항에서

방문 목적이 무엇입니까?	にゅうこくの もくてきは なんですか? 뉴-꼬꾸노 모꾸떼끼와 난데스까
관광입니다.	かんこうです。 칸꼬-데스
어느 정도 체류합니까?	どのくらい たいざいしますか? 도노쿠라이 타이자이시마스까
일주일입니다.	いっしゅうかんです。 잇슈-칸데스

· 일주일 いっしゅうかん 잇슈-칸 · 이틀 ふつか 후쯔까
· 3일 みっか 밋까 · 4일 よっか 욧까

짐이 나오지 않았어요.	にもつが でてこなかったんです。 니모쯔가 데떼코나캇탄데스
제 짐은 두 개입니다.	わたしの にもつは ふたつです。 와따시노 니모쯔와 후따쯔데스

· 한 개 ひとつ 히또쯔 · 두 개 ふたつ 후따쯔 · 세 개 みっつ 밋쯔

신고할 물건 없습니까?	しんこくする ものは ありませんか? 신꼬꾸스루 모노와 아리마셍까
없습니다.	ありません。 아리마셍

🌸 교통

버스 정류장은 어디인가요?	バスのりばは どこですか? 바스노리바와 도꼬데스까
어디로 가야 하나요?	どこに いきますか? 도꼬니 이키마스까
서산사가 어디에 있나요?	西山寺がどこにありますか? 세이잔지가 도코니 아리마스카
이쪽입니다.	こちらです。 고찌라데스
・이쪽 こちら 고찌라　・저쪽 あちら 아찌라　・그쪽 そちら 소찌라	
표는 어디에서 삽니까?	きっぷは どこで かいますか? 킵뿌와 도꼬데 카이마스까
요금은 얼마입니까?	りょうきんは いくらですか? 료-킹와 이꾸라데스까
버스는 어디서 탑니까?	バスはどこで乗りますか? 바스와 도꼬데 노리마스까
몇 시에 출발합니까?	なんじ しゅっぱつですか? 난지 슛빠쯔데스까
이거 쓰시마 병원에 가나요?	これは対馬病院に行くんですか? 고레와 쓰시마뵤인니 이쿤데스카
어디서 갈아탑니까?	どこで のりかえますか? 도꼬데 노리카에마스까
걸어서 갈 수 있습니까?	あるいて いけますか? 아루이떼 이케마스까

❀ 호텔에서

체크인 부탁드립니다.	チェックイン おねがいします。 책꾸인 오네가이시마스
예약했는데요.	よやくしたんですが。 요야꾸시딴데스가
방에 열쇠를 두고 나왔어요.	へやに かぎを おきわすれました。 헤야니 카기오 오키와스레마시타
415호실입니다.	415ごうしつです。 욘이치고 고-시쯔데스
체크아웃은 몇 시까지입니까?	チェックアウトは なんじまでですか? 첵꾸아우또와 난지마데데스까
와이파이 되나요?	Wi-Fi できますか? 와이화이 데끼마스까
비밀번호 알려 주세요.	パスワードを おしえて ください。 파스와-도오 오시에떼 쿠다사이
편의점은 어디에 있나요?	コンビには どこに ありますか? 콤비니와 도꼬니 아리마스까

❀ 쇼핑

이것은 무엇입니까?	これは なんですか? 코레와 난데스까
저것 좀 보여 주세요.	あれ、みせて ください。 아레 미세떼 쿠다사이
옷을 입어 봐도 될까요?	きて みても いいですか? 키떼 미떼모 이-데스까
커요.	おおきいです。 오-키-데스
작아요.	ちいさいです。 치-사이데스
얼마입니까?	いくらですか? 이꾸라데스까
비싸요.	たかいです。 타까이데스
싸게 해 주세요.	やすく して ください。 야스꾸 시떼 쿠다사이
좀 더 둘러보고 올게요.	もうすこしみてくる。 모-스코시 미떼쿠루
영수증 주세요.	レシート ください。 레시-또 쿠다사이

🌸 음식

여기요(직원을 부를 때).	すみません。 스미마셍
주문 받아 주세요.	ちゅうもん おねがいします。 츄-몬 오네가이시마스
추천 요리는 무엇입니까?	おすすめ りょうりは なんですか? 오스스메 료-리와 난데스까
잘 먹겠습니다.	いただきます。 이따다키마스
잘 먹었습니다.	ごちそうさまでした。 고찌소-사마데시타
맛있어요.	おいしいです。 오이시-데스
메뉴판을 다시 보여 주세요.	メニューを もういちど みせて ください。 메뉴오 모-이찌도 미세떼 쿠다사이
생맥주 500CC 두 잔.	なまビール 中ジョッキで 2はい。 나마비-루 츄-좃끼데 니하이
한 잔 더 주세요.	もう いっぱい おねがいします。 모- 잇빠이 오네가이시마스
물 좀 주세요.	みず ください。 미즈 쿠다사이
커피 주세요.	コーヒー ください。 코-히- 쿠다사이

- 냉수 おみず 오미즈　・주스 ジュース 쥬-스　・맥주 ビール 비-루

| 개인용 접시 하나 주세요. | とりざら ひとつ ください。 도리자라 히또쯔 쿠다사이 |

❀ 관광(기타 표현)

사진을 좀 찍어 주시겠어요?	しゃしんを とって くれますか? 샤신오 톳떼 쿠레마스까
여기서 사진을 찍어도 돼요?	ここで しゃしんを とっても いいですか? 코꼬데 샤신오 톳떼모 이-데스까
얼마나 기다려야 해요?	どれぐらい まちますか? 도레구라이 마찌마스까
몇 시부터 문을 열어요?	なんじから オープンですか? 난지까라 오-푼데스까
몇 시에 문을 닫아요?	なんじに おわりますか? 난지니 오와리마스까
출구는 어디예요?	でぐちは どこですか。 데구찌와 도꼬데스까
화장실은 어디인가요?	トイレはどこですか? 토이레와도코데스카

지금,도 지도 서비스

여행 가이드북 〈지금, 시리즈〉의 부가 서비스로, 해당 지역의 스폿 정보 및 코스 등을 실시간으로 확인하고 함께 정보를 공유하는 커뮤니티 사이트입니다.

http://now.nexusbook.com

지도 서비스 '지금도' 에 어떻게 들어가나요?

1 녹색창에 '지금도'를 검색한다.
2 QR코드를 찍는다.
3 도메인에 now.nexusbook.com을 친다.
4 여행에 대한 궁금한 사항은 저자들의 친절한 답변으로 해결한다.

TRAVEL PACKING CHECKLIST

Item	Check
여권	☐
항공권	☐
여권 복사본	☐
여권 사진	☐
호텔 바우처	☐
현금, 신용카드	☐
여행자 보험	☐
필기도구	☐
세면도구	☐
화장품	☐
상비약	☐
휴지, 물티슈	☐
수건	☐
카메라	☐
전원 콘센트 · 변환 플러그	☐
일회용 팩	☐
주머니	☐
우산	☐
기타	☐

TRAVEL PACKING CHECKLIST

Item	Check
여권	■
항공권	■
여권 복사본	■
여권 사진	■
호텔 바우처	■
현금, 신용카드	■
여행자 보험	■
필기도구	■
세면도구	■
화장품	■
상비약	■
휴지, 물티슈	■
수건	■
카메라	■
전원 콘센트 · 변환 플러그	■
일회용 팩	■
주머니	■
우산	■
기타	■